I SAGGI

ISBN 978-88-6852-888-1

Art director *Mara Scanavino*
Graphic designer *Alberto Lameri*

www.baldinicastoldi.it
info@baldinicastoldi.it

BaldiniCastoldi
BaldiniCastoldi
baldinicastoldi
baldinicastoldi

Flavio Tranquillo

Basketball R-Evolution

BALDINI & CASTOLDI

Ai nonni e alle nonne

Senza memoria l'uomo è ridotto
al rango di animale inferiore.
Malcolm X

INDICE

INTRODUZIONE

In un'epoca di *storytelling*, ricordarsi da dove veniamo è più importante che mai. Il libro che state per leggere si occupa di personaggi non conosciutissimi che vengono dal passato perché più e prima che raccontare delle storie è importante raccontare la Storia, intesa come maestra di vita (in questo caso di basket). «Storia» è un termine che viene dal latino *historia* ma quest'ultimo deriva a sua volta dal greco ἱστορία (*istoría),* che significa ricerca e ha la stessa radice del verbo ὁράω *(orao)* cioè *«vedere»* o, in senso lato*, «conoscere».* Ok, ok, ammetto che sono partito un po' lento, ma volevo fissare bene i termini della questione per convincermi che dalle storie alla Storia il passo è breve. Quelle che ho provato a raccontare sono storie di persone, non personaggi, che hanno profondamente cambiato il basket. Io, che di basket americano mi occupo tutti i giorni della mia vita da oltre trent'anni, non le conoscevo, almeno non a sufficienza. Non sapevo dell'esistenza di Bob Douglas e Kenny Sailors, e se avevo letto dei libri su Molinas, Strom e Newell li avevo dimenticati completamente, il che è quasi peggio dell'ignoranza. Eppure la ricerca, grazie ai nuovi strumenti messi a disposizione dalla tecnologia, è diventata una parte importante del mio lavoro. C'è voluto però del tempo perché diventasse anche una nuova passione, e un invito del solito editore perché diventasse un libro.

Tornando al concetto iniziale, escludo che quanto andrete a leggere possa definirsi *storytelling* in senso proprio. Per lo *storytelling* ci vuole (ci vorrebbe) un grande narratore, un Buffa o un Velasco per rimanere in campo sportivo. Gente che sa cogliere il senso di una storia e trasmetterlo agli altri, con una capacità di narrazione che manca a un operaio della ricerca come il sottoscritto. Gente che starei a sentire per ore, e scommetto anche voi, per l'originalità dei contenuti. In questo caso, al contrario, si tratta di un servizio reso a chi non ha la fortuna di poter dedicare a questo affascinante processo di ricostruzione del passato il tempo che merita. Perché se la memoria è irrinunciabile, è giusto esercitarla con rigore certosino, senza fare sconti neppure al più insignificante dei *fact-checking* e senza negarsi una singola digressione o collegamento.

Ecco, *fact-checking* sì che è una parola che sento mia, molto più di *storytelling*. Le cinque storie che state per leggere sono molto più una ricostruzione che un racconto. Si parla di persone che non ho conosciuto e di fatti cui non ho partecipato come testimone, con i conseguenti rischi di riportare qualche circostanza in maniera parziale se non erronea. Pazienza, studiare ciò che non si conosce val bene il rischio di un'inesattezza, perché capire vale qualsiasi rischio. Capire come da una fattoria del Wyoming si possa tracciare una linea che arriva dritta agli Splash Brothers e agli altri grandi tiratori di oggi. Come una sala da ballo di Harlem abbia aiutato un intero popolo a trovare dignità. Come giudicare gli arbitri sia infinitamente più facile che essere giudicati da loro.

Come il male stesse dentro lo sport anche prima dello scandalo di cui avete, purtroppo, letto stamattina sul giornale. E come della parola «genio» si abusi in maniera oscena, ma qualche genio in panchina c'è pur stato, anche se non ha ricevuto il trattamento che avrebbe meritato.

Perché provare a capire quello che non si conosce sia davvero importante lo ha spiegato in maniera straordinaria Kareem Abdul-Jabbar, che incontreremo spesso in queste pagine. «Tutti noi – ha scritto – tendiamo a rifiutare quello che non capiamo, siano cibi, culture o idee. Uno studio dell'Università di Yale ha dimostrato che quando ci viene dimostrato che una nostra opinione è infondata il cervello rilascia un additivo chimico per farci sentire meglio, come se volesse incoraggiare ignoranza e paura. Se volete diventare uomini, combattete quell'impulso. Diventare uomini significa crescere, imparare e capire, non nascondersi sotto una coltre di nozioni confortanti».

Nello scrivere mi sono preso una bella soddisfazione personale: rendere giustizia alle centinaia di storie che in questi lunghi anni di telecronaca ho portato con me in cabina di commento, salvo poi sacrificarle invariabilmente sull'altare della partita. Storie di cui forse avete sentito qualche spezzone durante il *garbage time* e che qui, senza l'assillo dei valenti atleti che vanno avanti e indietro per il campo, posso raccontare per filo e per segno. Senza essere costretto ad acrobazie verbali per sintetizzare in pochi secondi vicende complicate, piene zeppe di aneddoti e di riferimenti storici. E poi il bello è la digressione, il collegamento, la chicca: quando mai ci sta tutta questa roba durante una partita? Un testo, al contrario, contiene senza sforzo tutto questo ben di Dio, vietato in onda a meno che non ci sia un noto avvocato al microfono. A voi, gentili lettori, chiedo solo un piccolo sforzo di contestualizzazione. Voglio dire, non fate come quelli che ascoltando i calembour e gli ammiccamenti del principe Antonio Griffo Focas Flavio Angelo Ducas Comneno Porfirogenito Gagliardi De Curtis di Bisanzio dicono che non fa ridere (eresia!). Per capire Totò dovete metterlo in relazione con l'Italia timida, omologata, retrograda e bacchettona di allora, altrimenti vi perdete il migliore di sempre. Lo so anche io che oggi andare a Zelig a dire «la serva serve» e «parli come badi» significherebbe farsi sommergere dai pomodori, ma se non ci fosse stato Totò Zelig forse non esisterebbe neppure.

Perciò, leggete tenendo sempre a mente che a quei tempi di tiro da tre, di scouting e di statistiche avanzate non si parlava. Il che non significa, come sostengono in troppi, che tutto quello che succedeva allora fosse meglio di oggi, anzi. Proprio mentre il libro va in stampa si ingrossa il coro degli *old-timers* che ci spiegano che questo Curry è tutto sommato uno normale e i Warriors non avrebbero avuto una chance contro i Rens, i Toronto Huskies e i Chicago Stags, per non parlare delle inaffondabili corazzate anni Ottanta. Detto da uno che negli anni Ottanta ci è cresciuto e ha volentieri passato mesi a fare ricerche sui tempi che furono: ma davvero non ci rendiamo conto di quanto sia ridicolo questo reducismo a oltranza? Il basket, come ogni cosa della vita, progredisce senza eccezioni. Nel bene e nel male c'era già tutto prima, ma oggi è fatto complessivamente meglio. Se però non sappiamo da dove siamo partiti e come ci siamo arrivati, non possiamo parlare in senso proprio di «progresso». Quindi, viva le intuizioni dei pionieri e viva la loro conoscenza.

Per sapere chi sono Stern, Bird e Magic, per non dire Steph, LeBron e Pop, non avete bisogno di nessuno, men che mai di me. In corso d'opera ho realizzato che sapevo troppo poco di troppe cose del passato, soprattutto quello meno celebrato. Durante le ricerche ho scoperto che se Abdul-Jabbar non fosse diventato un grande giocatore di basket avrebbe fatto l'insegnante di storia. L'entusiasmo con cui il professore mancato ha ricostruito la vicenda esaminata nel primo capitolo è stato un motivo di sprone a cercare altre storie del genere con cui confrontarsi, lasciando perdere i protagonisti dell'età moderna. Mi piacerebbe che il libro che state per cominciare abbia, anche solo in minima parte, lo stesso effetto che quello del numero 33 ha avuto su di me. E che, dopo averlo letto, anche a voi venga voglia di giocare con la ricerca, con le storie e con la Storia nel nome della memoria.

Buona lettura!

BOB DOUGLAS (1882-1979)

Non ho mai visto giocare di squadra così bene come i New York Rens.
John Wooden

I Rens erano forti quanto i miei Celtics quando hanno cominciato, e più forti di noi alla fine della loro storia. *Joe Lapchick*

Quando è giocato come si deve, il basket si sviluppa nell'aria elevandosi al di sopra del terreno, come gli oppressi si immaginano nei loro sogni di libertà. *John Edgar Wideman*

Non permettevamo a nessuno di negarci il diritto a guadagnarci il pane.
Eric Illidge

È importante per noi afroamericani sapere che non è sempre stato come oggi. *Grant Hill*

Se leviamo i fratelli Gasol, 13 dei 15 All-Pro NBA per la stagione 2014-2015 avevano sangue afroamericano nelle vene. Un contrasto molto forte con i primi vagiti della lega, se è vero che fino alla stagione 1950-51 la presenza degli afroamericani era pari a zero virgola zero. Poi arrivarono Chuck Cooper, «Sweetwater» Clifton, Hank DeZonie ed Earl Lloyd, che in quella stagione rappresentavano il 3% scarso dei 135 titolari di un contratto NBA. Solo che anche ben prima di loro erano successe cose assai rilevanti. Ok, non c'era ancora l'NBA, ma nel 1939 una squadra di professionisti neri chiuse la stagione con un record di 112-7, ovverosia il 94% abbondante. Per essere un caso economico, sociale, culturale e politico di prima grandezza quei New York Renaissance Big Five (più semplicemente New York Rens) a pallacanestro giochicchiavano proprio benino. Il loro benemerito biografo Kareem Abdul-Jabbar, che a Harlem ci è nato, li ha definiti «la più grande squadra di cui non abbiate mai sentito parlare». Esagerato? Non credo proprio: stando al bilancio complessivo di 2588 vittorie e 529 sconfitte, o 2318-381 secondo altri storici, la definizione pare oggettiva. Sono numeri da fuoriclasse, la cui rilevanza extrasportiva supera peraltro, e di molto, il dato tecnico. «I Rens sono stati pionieri che parlavano tramite il basket a persone che spesso non gradivano quel che avevano da dire» ha detto di loro Richard Lapchick, figlio del grande Joe e direttore del Northeastern University's Center per lo studio dello Sport nella Società. Insomma, gli Harlem Rens hanno fatto qualcosa di grande, di enorme anzi. Andando ben oltre le tante partite vinte, l'ammirato stile di gioco e la grande correttezza messa in campo. Qualcosa che non sarebbe stato possibile senza la visione di un uomo coraggioso e diverso, lucido e determinato, onesto e generoso a nome Bob Douglas, oggi celebrato con merito come il padre della pallacanestro nera. L'abilità dei suoi giocatori non sarebbe mai stata sufficiente per scavalcare le altissime barriere della società americana dell'epoca; ci voleva qualcos'altro, un executive brillante che sapesse sbrogliare le matasse più aggrovigliate. Uno, appunto, come Bob Douglas.

Robert L. «Bob» Douglas vide la luce il 4 novembre 1882 a Saint Kitts, piccola isola delle Indie Occidentali che quasi un secolo dopo avrebbe dato i natali a Kim Collins, campione mondiale dei 100 metri a Parigi nel 2003. A differenza di chi era cresciuto in loco, gli immigrati negli Stati Uniti da quei territori non davano importanza al colore della pelle ma alle classi sociali. Il loro obiettivo era il successo, e un lavoro umiliante era accettabile solo come passaggio verso la tappa successiva della scalata, non certo come prospettiva di vita. Per i neri newyorchesi esistevano invece due tipi di fratelli: quelli venuti dal Sud, bollati come irrecuperabili ignoranti, e quelli delle Indie Occidentali, dipinti come snob per via della forte componente british. I nativi di Harlem usavano una parola di slang per dileggiare i caraibici, «dicty», che significa «ben vestito», «snob», «aristocratico», «borioso», a seconda delle sfumature. Un appellativo sprezzante, che gettava una luce negativa sulla loro benemerita voglia di emergere. La radice di questo atteggiamento miope e autolesionistico sta nel fatto che i figli del Caribe, a parità di curriculum, venivano preferiti nel mondo del lavoro. Creare lo stereotipo del nero buono e acculturato aiutava i bianchi a tenere vivo, per contrasto, quello del nero lavativo e stupido, ma un meccanismo così banale sfuggiva alla maggioranza della comunità di Harlem. Dal che si evince, una volta di più, che le dinamiche del razzismo sono più complesse del binomio bianco-nero che tanto piace ai semplificatori di professione.

Nel 1901, a 19 anni, Bob Douglas intraprese la traversata verso Ellis Island portando con sé lo spirito imprenditoriale ereditato dal padre, responsabile amministrativo di un mercantile. La sua inventiva gli permise di raggiungere risultati impensabili, come essere inserito nel Consiglio di Amministrazione del celebre carcere di Sing Sing e venire nominato nel 1935 la seconda persona più popolare di Harlem, pur partendo da ben più umili premesse. Per quattro anni fece infatti il portinaio e il fattorino, quattro dollari alla settimana di stipendio per dodici ore al giorno di lavoro. Solo che c'è modo e modo di accettare passaggi del genere e tra rassegnazione e ambizione Bob non ha mai avuto dubbi nel preferire la seconda. Nel 1905 gli successero due cose fondamentali: trovò un lavoro migliore e, soprattutto, si innamorò perdutamente in una palestra tra la Decima Avenue e la 52esima Strada di un Gioco inventato pochi anni prima. In quella palestra ci capitò per merito di un collega, e dopo cinque minuti aveva già dimenticato il calcio e il cricket praticati con modesto successo in gioventù. Il basket divenne subito, nelle sue parole, «la più bella cosa del mondo». Di quel Gioco a Douglas piaceva tutto, ma soprattutto la sensazione di intimità e partecipazione di chi guardava da fuori, così vicino alla scena da sentirsene parte. Solo che all'epoca quel Gioco, e parecchie altre cose, erano proibite a chi aveva la pelle nera.

Negli USA di inizio Novecento erano infatti ancora in vigore le cosiddette Jim Crow Laws, leggi-vergogna che umiliavano un intero popolo sancendo la presenza di un mondo parallelo fatto per «Negroes», «Colored» e altre parole che, per come venivano utilizzate, evocano ancora oggi fantasmi orribili e ferite non rimarginate. Tutto era cominciato ancora prima, nel 1883, quando con una scellerata decisione la Corte Suprema abrogò la Legge per i diritti civili che otto anni prima aveva dichiarato illegale la discriminazione razziale in teatri, alberghi, ristoranti e altri luoghi pubblici. «Separate but equal» divenne lo scandaloso ossimoro che riassumeva una doppia e inaccettabile morale che pretendeva di risolvere con un gioco di parole l'umiliante situazione di 13 milioni di persone private di diritti e dignità per gli errori e le omissioni di altri 118 milioni. Nel nostro limitato immaginario è comune pensare che da questo abisso di arretratezza si sia arrivati dritti a Martin Luther King, senza nulla in mezzo, ma così non è. Già all'inizio del secolo scorso la voglia di emancipazione delle comunità afroamericane, soprattutto nelle città, era fortissima. All'inizio degli anni Venti quella voglia si trasformò in consapevolezza artistica dando origine al Rinascimento di Harlem, quello in cui un poeta come Paul Laurence Dunbar rivendicava con orgoglio la propria discendenza diretta da una generazione di schiavi. Sono gli anni in cui Louis «Satchmo» Armstrong sdogana il concetto di assolo nel jazz, in cui impazzano Duke Ellington e Count Basie, in cui si balla con Josephine Baker. E il basket? Il basket è parte integrante di questo movimento culturale, anche se si fa sempre troppa fatica ad associare i due concetti, sport e cultura. E invece che queste due entità insistano sullo stesso terreno dovrebbe essere scontato, pacifico, perfino banale.

È un discorso vecchissimo e particolarmente attuale allo stesso tempo: è nefasta l'idea che la competizione sia solo agonismo e *circenses*. Lo sport, nonostante le sue tremende contraddizioni e rovinose cadute, non è cultura di serie B ma modalità di espressione e crescita quanto le arti.

Il Rinascimento di Harlem, proprio come quello dei Raffaello e dei Michelangelo nel XVI secolo in Italia, ebbe un ruolo decisivo nel ridefinire i confini di un'intera cultura. Sfidando apertamente i bianchi, gli artisti e gli intellettuali *black* esaltarono la loro creatività, rivendicando i legami culturali con l'Africa. Un processo del genere non poteva prescindere da una forma di espressione così potente come lo sport, in particolare da quel basket che, sebbene giovanissimo, aveva già stregato la Black America. Le spinte socio-culturali che animavano gli atleti dei Rens erano identiche a quelle dei musicisti, pittori e scrittori che cercavano un riscatto.

Senza averlo programmato, il loro basket aveva un ritmo diverso dai canoni invalsi al tempo, proprio come il gospel, il blues e il jazz deviavano dalla tradizione musicale precedente. Stando al preziosissimo *On the Shoulders of Giants* di Kareem Abdul-Jabbar, il concetto musicale di cui stiamo parlando è quello del «call-and-response», «chiama e rispondi». Un musicista suona una nota, un secondo risponde come se stesse dialogando con lui, e così via. Lo stesso principio dei fedeli in una chiesa, che rispondono in coro alle sollecitazioni del predicatore, e dei cinque cestisti che costruiscono l'azione in armonia invece di calpestarsi i piedi. In campo l'uno contro uno è nocivo se fine a sé stesso, mentre diventa produttivo quando la squadra è in grado di accoglierlo e valorizzarlo come il jazz rispetto agli assoli. D'altronde se il verbo «to play» è lo stesso per chi suona e per chi gioca un motivo ci sarà: play music o play basketball, sempre di quello si parla.

Le scarsissime e ancor più sgranate immagini in movimento dei Rens ci mostrano una stretta e incredibile osservanza dei criteri che fanno grande un attacco oggi. Ball movement? Grazie anche al passo di quei filmati (effetto Ridolini) sembra che la palla sia posseduta da un'energia propria, cambiando vorticosamente di mano in uno spumeggiante rincorrersi di quelli che oggi si chiamano DHO, ovverosia Dribble Hand Off (la mezza ruota, va). Penetra e scarica? Barrare «sì». Spaziature? Eccome. Una delle preziosissime sequenze mostra un dai e vai che coinvolge il mitico William «Pop» Gates, commovente per qualità di esecuzione e cura dei dettagli (finta, cambio di direzione e ritmo, passaggio teso e sul bersaglio).

Tra gli spettatori rapiti che seguivano dalla balconata c'era Lou Carnesecca da Pontremoli, poi grande allenatore a St. John's. Anche dalla sua testimonianza arriva la conferma che «i Rens erano sì dei grandi atleti, ma soprattutto giocavano bene insieme». Uno stile affascinante e nuovo, fatto di connessione tra i singoli senza levargli il diritto/dovere di improvvisare. Perché improvvisare è l'essenza del basket, ma lo puoi fare davvero solo se i tuoi fondamentali sono perfetti e se questo Gioco lo capisci profondamente, come «Pop» Gates.

> Che tu sia alto o basso devi saper trattare e passare la palla. E poi devi difendere.

Con i Rens il basket diventò per i neri un'opzione di linguaggio, esattamente come la musica e le arti figurative. Nel 1997, in uno spot della fortunata campagna «I Love This Game», il grande jazzista Wynton Marsalis descrive il parallelo con parole semplici e profonde.

> Il jazz è libertà di espressione, la musica è l'arte dell'improvvisazione, e la stessa cosa vale per il basket, in cui i fondamentali hanno la funzione delle note nella musica. Da lì in avanti si improvvisa in ambedue i campi, ed è una cosa bellissima.

Tutto il Rinascimento di Harlem era pervaso da questa voglia di dialogo, inclusione e libertà intesa come partecipazione, alla Giorgio Gaber. Lo sport per gli afroamericani si limitava alle Negro Leagues di baseball, rigidamente segregate. Solo nel 1906 si registra la nascita del primo club sportivo nero, lo Smart Set Athletic Club di Brooklyn, che nel basket mette in campo gli imbattibili Grave Diggers ma dispone di poche risorse. Quello «smart» inserito nella denominazione fa capire bene su quale punto dolente batta la lingua; etichettare gli atleti in base al colore della pelle è infatti una nozione tanto ignorante quanto ancora oggi malamente diffusa. Se non stai attento ti può capitare di aderire superficialmente a una descrizione degli atleti neri come pigri e indisciplinati, come se il mondo non fosse pieno di bianchi, gialli, azzurri e verdi che non si passano la palla manco sparati e a cui la voglia di lavorare non salta mai addosso. Dobbiamo essere tutti più vigili, perché il tempo in cui neppure le più elementari forme di rispetto venivano garantite alle minoranze è vicinissimo. Nel 1936 gli americani si impadronirono delle vittorie di Jesse Owens e di altri diciassette medagliati neri in odio a Hitler, salvo poi trattare Owens in patria come un appestato, costringendolo ad abbandonare il college e a fare il fenomeno da baraccone per vivere, sfidando cavalli, motociclette e avversari con dieci metri di vantaggio. Il *New Orleans Picayune*, non il *Voelkischer Beobachter*, commentò il successo di Max Schmeling su Joe Louis nel 1936 con le vergognose parole «questo prova quale sia la razza migliore». Teoria in seguito sgretolata dai 124 secondi che bastarono al Brown Bomber per sdraiare il malcapitato tedesco nel '38. Se siamo intellettualmente onesti su questo versante si procede ancora a singhiozzo, con grandi rallentamenti e violente accelerazioni, come quella che i Rens impressero nei loro ventisei anni di pallacanestro.

C'è un grande dibattito sull'opportunità che gli atleti rappresentino un modello di comportamento, e si può convenire che non è logico ispirarsi a qualcuno solo perché tira bene o ha i tempi giusti nell'aiuto difensivo. Come ha detto Charles Barkley, «conosco un sacco di spacciatori che sanno schiacciare». Quando però LeBron James, Kobe Bryant e Derrick Rose indossano la maglietta «I can't breathe» (non riesco a respirare) in onore di Eric Garner, strangolato da un poliziotto di Staten Island, la loro presa di posizione guida nella giusta direzione migliaia di persone grazie alla popolarità di cui godono. Per come hanno giocato e si sono comportati i Rens sono stati dei modelli positivi per un'intera comunità. Non ci dovrebbe essere bisogno di vincere per vidimare un concetto banale come l'uguaglianza degli uomini, dovrebbero bastare (e avanzare) il libero arbitrio e la moral suasion. Se però dal mondo ideale passiamo a quello reale, chi ha successo nello sport si costruisce una piattaforma che può usare per migliorare il mondo. Bob Douglas, trent'anni prima di Walter Brown e quaranta prima di Don Haskins, lo ha fatto, picconando il bieco pregiudizio a suon di successi. Che sia stato mosso, come gli altri due, da una legittima e sacrosanta voglia di vincere e guadagnare nulla leva alla sua grandezza.

Torniamo al basket di inizio Novecento; nell'Est e nel Midwest squadre di dilettanti bianchi sfidavano regolarmente analoghe rappresentative di neri, mentre a Sud la pratica era scandalosamente proibita dalle già citate leggi razziali. L'integrazione appare a macchia di leopardo ma, sempre per restare in ambito zoologico, procede come i granchi. Il reportage sul primo cestista professionista di pelle nera sembra arrivare dalla notte dei tempi per quanta arretratezza esprime. Intanto siamo in un basket leggermente primordiale, che non prevede il tiro al tabellone per l'elementare ragione che il tabellone non c'è. Non ci sono neppure le rimesse, stante l'assenza di linee laterali. Dopo ogni tiro invece di un rimbalzo va in scena una rissa di strada e i giocatori mettono un piede in area con la stessa frequenza con cui i pontefici passano a miglior vita, perché i falli sono di durezza inusitata. Come nell'hockey la palla è sempre in gioco grazie a una recinzione in stile pollaio che circonda il campo, la famigerata «gabbia» («cage» in inglese). L'idea originale pare fosse quella di non far finire la sfera in mezzo agli spettatori ma qualcuno sostiene che invece si voleva favorire lo spettacolo (ehm). Sia come sia la gabbia c'è, ed è il motivo per cui «cagers» diventerà sinonimo di cestisti. E almeno la recinzione servisse a proteggere i malcapitati al suo interno! I giocatori neri vengono invece punti con gli spilli e bruciacchiati con le sigarette quando incautamente si avvicinano agli spettatori, sigari e bottiglie finiscono in campo con una certa frequenza e qualche contropiedista viene fermato dall'ombrello di uno sportivissimo fan che lo aggancia alla caviglia. Pensare che una volta fossero tutte anime belle con il santino di De Coubertin nel taschino è una pia illusione. Nelle città minerarie i lavoratori del sottosuolo portano gli elmetti in tribuna e puntano la lampada in faccia ai giocatori avversari per accecarli. Chi controlla la sfera lo fa a proprio rischio e pericolo, perché una muta di difensori si mette sulle sue piste con intenzioni bellicose e gli arbitri non fischiano finché il sangue non scorre copioso. Dopo ogni (raro) canestro ci si ferma per alzare una bella (insomma...) palla a due, che dà il via a una nuova e violenta canea. Sì, stiamo parlando di un altro mondo, e non solo dentro la gabbia.

È il 1902 quando una squadra della New England Basketball League, il Pawtuckerville Athletic Club di Lowell, Massachussets, vede il proprio roster falcidiato dagli infortuni. Il manager ha un'idea meravigliosa, degna di Cesare Ragazzi: mettere sotto contratto per la ricca somma di cinque dollari a gara Bucky Lew, diciottenne talento locale nero di 1,73 specializzato in difesa e tiri piazzati da lontano (ovviamente a due mani). Al tempo i primi cinque sono anche gli unici a giocare, il *platoon-system* non è stato ancora inventato. Bucky è lì per guardare i titolari bianchi evoluire, incassare i suoi cinque verdoni e stop. Di entrare non se ne parla e un'uscita per falli, visto il metro arbitrale, è un mero caso di scuola. Questo è il piano anche il 7 novembre, quando Lowell sfida Marlborough. Il caso, levatrice della Storia assai più della violenza, vuole però che uno dei titolari di Lowell si infortuni e debba uscire. Le rigide e assurde regole in vigore prescrivono che se un giocatore lascia il campo, che sia per un graffio o per una frattura esposta, non può più farvi ritorno nella stessa partita. In un primo tempo il disorientato e razzista allenatore imita Gene Hackman in *Colpo vincente* e lascia la squadra in quattro contro cinque. I rumorii del pubblico pagante lo convincono però a mettere in campo Lew, che dal quintetto non uscirà più fino al termine della stagione grazie ai meriti cestistici. Ecco come il pioniere ricorda quel periodo.

> Tutte quelle cose che avete sentito nei racconti di Jackie Robinson, gli insulti, i falli duri, la tensione, le ho vissute anche io quarantacinque anni prima. Era un basket durissimo, fatto di gomitate nello stomaco, ginocchiate e altri colpi proibiti. Io non mi tiravo indietro e ridavo tutte le botte che prendevo, se possibile con gli interessi. Una volta dimostrato che potevo stare in campo a quel livello di fisicità e sopportare l'abuso degli spettatori non ebbi più problemi. Alcuni degli avversari (bianchi, n.d.r.) che in campo mi picchiavano selvaggiamente sono poi diventati i miei migliori amici.

Il problema non è quasi mai chi pratica lo sport perché costui rispetta, conoscendola, la fatica altrui. Il problema sta quasi sempre tra quelli che guardano e parlano, spesso a vanvera. Il pubblico di quei match non si limitava a tifare ma pretendeva che la sua squadra prevalesse, e se vi ricorda qualcosa di più contemporaneo siamo in buona compagnia. Il distacco tra chi sta fuori rispetto a chi sta dentro il campo è un male che non siamo ancora riusciti a debellare, anche perché il dolo dei pochi in malafede e la colpa dei molti ignoranti superano lo sforzo degli uomini di buona volontà.

Quando il troppo stroppiava i Rens chiamavano lo schema «Finta». Il passaggio partiva teso e secco, il ricevitore posticcio in linea con il tifoso ignorante da punire si levava all'ultimo momento e il pallone aerostatico con cui si giocava interrompeva la sua corsa sul grugno del proto-hooligan. Certo, all'epoca assieme a maleducazione e ignoranza c'era molto razzismo. Cos'altro è però il razzismo, se non appunto ignoranza e maleducazione? I bianchi mangiavano al ristorante e dormivano in albergo, i neri dovevano accontentarsi di un sandwich in quella che sarebbe stata la loro dimora notturna, il bus. Neri forti e motivati, il cui valore andava ben oltre l'atletismo. Lew era decisivo perché la sua difesa soffocava le ali avversarie, le uniche designate a segnare dei canestri, e non perché facesse 20 punti a partita saltando sopra la testa degli avversari. Prima della palla a due nessuno eccepiva alla sua partecipazione pensando che un piccoletto del genere non sarebbe stato in grado di fare alcuna differenza. Dopo la partita si trovava invece il modo di asserire che la presenza di un negro (sic) in una lega di bianchi non doveva essere ammessa, ovviamente senza giustificare l'assurda pretesa. Gli afroamericani potevano competere a livello interrazziale, senza un titolo ufficiale in palio, solo per solleticare i più bassi istinti dei peggiori bianchi, a patto di accontentarsi delle briciole nella divisione dei proventi. Come però l'ineffabile John Salley avrebbe rimarcato qualche decennio più tardi, «il colore dei soldi è verde, non bianco o nero». Se escludere gli afroamericani dalla competizione assecondava le paure e i pregiudizi dell'America bigotta, andava anche contro gli interessi dei promoter. Dove non riusciva ad arrivare la coscienza civile potevano farlo calcolo e convenienza. Serviva solo un imprenditore coraggioso, nero ma figlio di una cultura a metà tra questi due mondi assurdamente divisi. Uno, appunto, come Bob Douglas.

Nel 1908 il figlio delle Piccole Antille fondò con George Abbott e J. Foster Phillips lo Spartan Field Club, organizzazione che permetteva ai giovani afroamericani di competere in vari sport (calcio, cricket, atletica leggera) oltre al basket. Nel frattempo giocava con successo in quella che oggi chiameremmo «prima squadra», gli Spartan Braves. Ritiratosi dal basket attivo a 36 anni, divenne manager alla Ferguson dei Braves, da lui condotti a una schiacciante vittoria nell'Eastern Championship del 1921 per dilettanti. Bello, per l'amor di Dio, ma del tutto insufficiente a soddisfare la sua sete di pallacanestro, riscatto e impresa. L'ambizioso obiettivo era infatti quello di creare la squadra nera più forte di sempre, e il campo diceva ripetutamente che gli Spartans non rispondevano a questo identikit. I Loendi Big Five di Pittsburgh, creatura del leggendario Cumberland Posey, li superarono due volte nel 1921 e un'altra volta nel 1922. Gli Spartans giocavano nella MBA, Metropolitan Basketball Association, lega distante ben più di un'iniziale dall'organizzazione oggi presieduta da Adam Silver. La MBA era devota a un concetto di dilettantismo arcaico e retrogrado, che rappresentava un serio ostacolo sulla strada del progresso. Sembrava che essere pagati per fare sport equivalesse a vendere l'anima al diavolo, e la pratica era farisaicamente tollerata nei fatti ma proibita nella teoria. «Il professionismo ha rovinato tutte le discipline sportive che lo hanno accolto» tuonò a fine diciannovesimo secolo Luther Gulick, l'uomo che diede a Naismith il compito di trovare per gli studenti dell'YMCA un passatempo al coperto. «Il professionismo è una strada che nel lungo periodo non porterà da nessuna parte» tromboneggiava di rimando il diversamente presciente *Chicago Defender*.

Insomma, i Padri Costituenti del Gioco non avevano esattamente in testa Michael Jordan e LeBron sul parquet con Jay-Z e Beyoncé in prima fila. Ossessionato dall'obiettivo di sconfiggere i rivali di Pittsburgh, Douglas si convertì al motto «se non puoi batterli, unisciti a loro» reclutando l'avversario più forte, James Sessoms, con un'offerta al rialzo. L'MBA, sorda e cieca di fronte a un processo irreversibile, multò Sessoms per professionismo e poi lo squalificò. Identico provvedimento colpì «Strangler» Forbes per la successiva gara contro Loendi, anche questa persa dai Braves per 30 a 26. La frattura tra le due concezioni di organizzazione sportiva, così simile alla diatriba FIBA-Euroleague, divenne definitiva quando la MBA dichiarò i Loendi Five «una minaccia alla pallacanestro dilettantistica», impedendo ai suoi membri di giocare contro gli impuri salariati di Pittsburgh. In una donchisciottesca lotta contro i mulini a vento la MBA sospese alcune sue squadre, ma più la reazione era forte più si andava verso l'inevitabile fine di un'era. Secondo il *New York Age*, «il basket regnava come sport supremo tra i colored di Harlem» ed era impossibile non cogliere la straordinaria occasione commerciale che questa dilagante passione offriva. Con il suo fiuto sopraffino Douglas aveva ben compreso che con quel bel Gioco si sarebbero potuti fare dei bei soldi, pur essendo nero in un mondo di imprenditori bianchi. Le partite erano diventate eventi sociali più che sportivi, il che ci conferma che noi crediamo moderno quel che è già successo. Si giocava in casino e night club, con orchestre o jazz band che prima e dopo i quaranta minuti di pallacanestro facevano danzare il pubblico pagante fino alle prime luci del giorno successivo. Nel 1922 i fratelli McMahon, nonno e prozio del guru del wrestling Vince, formarono i Commonwealth Big Five, prima squadra professionistica composta esclusivamente da neri. E quando due promoter di boxe bianchi prendono un'iniziativa del genere significa che c'è trippa per gatti. Tra il 1916 e il 1918 Joe Lapchick, stella dei bianchissimi Original Celtics, aveva guadagnato 33 dollari in tutto e per tutto in due stagioni di massacrante lavoro dilettantistico. Stufo della situazione, decise di mettere i propri servigi a disposizione del miglior offerente, spuntando una paga di cento dollari a partita e arrivando a giocare per quattro squadre contemporaneamente nella stessa stagione. La domanda era straripante rispetto all'offerta e ormai era questione di tempo: anche la comunità afroamericana avrebbe avuto i suoi professionisti del basket.

Galeotto nel 1923 fu William H. Roach, un emigrato da Montserrat, altra piccola isola delle Indie Occidentali Inglesi scoperta da Cristoforo Colombo. Nel 1920 Roach, titolare di una lavanderia, aveva comprato il terreno sito all'angolo nordoccidentale tra la 137esima Strada e la Settima Avenue, oggi noto come Adam Clayton Powell Boulevard, in società con un connazionale e un antiguano. L'anno seguente creò la Sarco Realty

Company per costruire il Renaissance Theater, cui fu in seguito aggiunto il Renaissance Casino, che si estendeva fino all'angolo con la 138esima. Oltre al Casino e alla sala da ballo la struttura includeva al livello della strada l'unico supermercato per neri della Grande Mela: se vi viene in mente il concetto di Centro Commerciale dei nostri giorni, direi che ci siamo. Al piano terra c'era un teatro da novecento posti, che inizialmente fu utilizzato per proiettare diversamente eccitanti film muti abbinati a rappresentazioni teatrali. In un secondo tempo, presumo per gli sbadigli degli spettatori, la sua destinazione fu mutata per ospitare spettacoli ben più remunerativi come commedie e concerti jazz. Al secondo piano stava invece la balconata che ospitava la ballroom, teatro di feste private e banchetti nonché antenata degli attuali *luxury box* per la splendida vista sul palcoscenico. L'architetto Harry Creighton Ingalls si ispirò allo stile islamico del Nord Africa, dando una forte identità black alla costruzione in mattoni rossi. Anche W.E.B. Du Bois, eclettico intellettuale dell'Harlem Renaissance, plaudì alla costruzione di un edificio per neri costruito dai loro fratelli, ma non tutto era rose e fiori. Il supermercato fallì quasi subito perché i fratelli di Harlem non volevano arricchire i «dicty» venuti dai Caraibi. Marcus Garvey, leader carismatico del popolare movimento «back to Africa» e re della contro-informazione, diffuse un dossier che dipingeva i tre soci della Sarco come un mero schermo di investitori ebrei. Le polemiche che seguirono furono una manna dal cielo per Douglas: Roach aveva bisogno di migliorare la propria intaccata immagine, e chi meglio di un garveyano puro come lui poteva darle una ritoccatina?

Il figlio di Saint Kitts sapeva bene cosa sarebbe servito per far decollare il progetto: una guida sicura in campo e fuori, cioè sé stesso, e un impianto degno di questo nome. Per associare il Renaissance al basket ci voleva solo un po' di immaginazione, merce che per fortuna non difettava al caraibico, soprannominato «Smiling Bob» per il carattere gioviale. Il risultato fu esplosivo dal punto di vista commerciale ma un po' lontano dall'idea di «basketball arena» odierna, come racconta William Gates.

> Sembrava una scatola rettangolare, e il campo era molto più piccolo rispetto a quello regolamentare, oltre che scivolosissimo. Solo l'illuminazione era perfetta, perché di norma utilizzata per il palco di Ella Fitzgerald e Duke Ellington.

La gente veniva per ballare, il basket all'inizio era un intermezzo: si danzava prima e dopo la partita ma anche durante l'intervallo, quando l'orchestra riprendeva possesso del campo. Con il tempo però il Renaissance divenne per il basket quello che il Cotton Club, il Savoy e l'Apollo Theater sarebbero diventati per la musica e il varietà: un tempio nel cuore della capitale nera degli USA, Harlem. Con un colpo di genio Douglas concesse a Roach una percentuale significativa delle entrate da botteghino in cambio della possibilità di allenarsi (poco) e giocare (molto) nella struttura di proprietà del secondo. E proprio la struttura avrebbe dato il nome alla squadra, secondo quell'idea di «naming rights» che tanta fortuna avrebbe riscosso qualche decennio più tardi.

Più ci si addentra in questa storia e più ci si rende conto che dovrebbe essere approfondita, assieme a storici, sociologi e sportivi, anche da qualche professore di marketing, perché questo Douglas era un genio assoluto. All'interno del rivoluzionario accordo Roach ottenne la cosa che gli premeva di più: la promessa che i cestisti non avrebbero rovinato il parquet ai ballerini, che cacciavano ben 55 centesimi a cranio per celebrare la notte a suon di danze. Gli Spartan Braves sparirono e nel giro di dieci minuti si trasformarono nei Renaissance Big Five. A Douglas il nome non piaceva, ma la sua percentuale sui 55 centesimi contava ben più di uno stupido nome. Un movimento culturale, un teatro/balera/night club/centro commerciale e ora anche una squadra di basket: sì, il Rinascimento ad Harlem negli anni Venti andava davvero di moda. Il 24 ottobre 1923 Bob Douglas annunciò al pubblico la nascita della franchigia; due sabati dopo, il 3 novembre, il Renaissance Casino and Ballroom ospitò la prima esibizione degli All-Blacks più famosi dell'epoca, che in maglia oro e blu marina sconfissero 28 a 22 i Collegiate All Stars, rappresentativa studentesca di bianchi. In campo Leon Monde e Frank «Strangler» Forbes, due degli squalificati della MBA, scrissero una pagina di storia assieme a Hilton «Kid» Slocum, Zack Anderson, Hy Monte, Harold Mayers, Tucker Wardell e Harold Jenkins. Nomi che i giornali dell'epoca non menzionarono, limitandosi a registrare che la squadra giocava «sotto la personale guida di Smilin' Bob Douglas», proprietario, promoter e allenatore della stessa. Al termine del match, intorno alle 23, i canestri portatili vennero rimossi in gran fretta, le sedie accatastate in magazzino e gli spettatori, tutti in abito da sera, invasero il campo più che pacificamente per altre tre ore di danza sfrenata al ritmo della musica suonata da Vernon Andrades e dalla sua Theatre Orchestra. Meraviglioso!

In quello stesso 1923 il Renaissance Casino ospitò una manifestazione di protesta della NAACP (National Association for the Advancement of Colored People) contro la terribile pratica del linciaggio, che costò la vita a quasi quattromila neri (uno alla settimana) tra il 1882 e il 1930. Douglas era un seguace di Marcus Garvey, il leader politico giamaicano che predicava lo sviluppo di imprese a capitale afroamericano come mezzo di lotta sociale e che più avanti sarebbe stato incriminato per collusioni con il Partito Comunista. Se queste componenti progressiste erano ben visibili sullo sfondo, i Rens lasciavano in primo piano solo due cose: la pallacanestro e i soldi, non necessariamente in quest'ordine. La competizione in città era feroce, e sarebbero bastati un paio di «bagni» per far calare a picco sul nascere la franchigia. Per evitare il pericolo il callido Douglas mise in calendario una lunga serie di «race matches», partite contro squadre di bianchi che pagavano grossi dividendi al botteghino. Per darvi un'idea, le due gare tra Commonwealth Five e Original Celtics di quel 1924 furono seguite da un totale di seimila fan, che pagarono la strabiliante cifra di quattro dollari e dieci a cranio (il prezzo di un concerto della New York Philarmonic) per vedere Lapchick e compagni battere due volte gli avversari. Se, mutatis mutandis, il prezzo dei biglietti era da NBA, altre fasi dell'organizzazione erano un filo più naif. Nel primo tempo era in vigore il regolamento AAU che limitava a uno il numero dei palleggi permessi prima del tiro (!), mentre dopo l'intervallo si passava disinvoltamente alla regola dei professionisti, priva di restrizioni. Nonostante quei pienoni i Commonwealth Five non se la passavano bene. I loro tifosi avevano ottenuto a furor di popolo il licenziamento di Forbes, giocatore/

allenatore in là con gli anni che nel quarto periodo si metteva in campo ai danni del più fresco Leon Monde tra le contumelie dei paganti, sprezzante di conflitto di interessi e senso del ridicolo. Il bastone del comando venne consegnato a «Fats» Jenkins, e fu lui a insaccare sulla sirena il canestro del 26-24 in overtime contro i quotatissimi Italian Catholic Five, che peraltro constavano di tre fratelli Cohen, un Lindbloom e un McKew. Che saranno anche stati cattolici, ma italiani a naso no.

La concorrenza della squadra di Douglas indusse i McMahon ad abbassare il prezzo del biglietto da 75 a 50 centesimi, mettendo in calendario una serie al meglio delle tre partite contro i nuovi protagonisti della scena newyorchese. I Rens persero gara 1 (38-35) e gara 2 (31-21), ma i loro avversari erano ormai alla canna del gas. Le successive sconfitte contro i Celtics e contro Loendi convinsero i McMahon che fosse venuto il momento di abbandonare il basket per tornare alla boxe. Quando anche Cumberland Posey a Pittsburgh gettò la spugna, Douglas si ritrovò padrone assoluto del mercato: dal rischio di scomparire al monopolio. Forti della loro dominante posizione i Rens contrattualizzarono Georgie Fiall e soprattutto Clarence «Fats» Jenkins e James «Pappy» Ricks, altrimenti detto «The Jersey Kangaroo» (sì, questi un paio di soprannomi li distribuivano). La squadra che avrebbe fatto tremare il mondo era formata: ora si trattava di farla giocare, e tanto. Nel weekend l'appuntamento serale al Casino in anteprima-danza era un must, ma durante la settimana e al sabato pomeriggio i Rens accettavano ingaggi da qualsiasi squadra del Midwest, bianchi o neri che fossero. Partite di beneficenza, accese rivalità, esibizioni contro squadre rionali: tutto faceva brodo, a patto che ci fosse una percentuale sulle entrate e che quest'ultima venisse erogata contestualmente all'arrivo in palestra dei giocatori. A volte i Rens giocavano otto partite la settimana, fino a tre nella stessa giornata. Tutte con un roster di otto giocatori, tenendo sempre in movimento uomini e palla e pressando a tutto campo. E tutte contro un avversario invisibile ma fortissimo chiamato pregiudizio. Nel tempo Bob Douglas non avrebbe più seguito la squadra in trasferta per badare ai numerosi e crescenti affari, delegando il compito al segretario/factotum Eric Illidge. Il cui game plan consisteva di un solo, fondamentale precetto: vedere cammello (pagamento *cash* anticipato in ragione di una percentuale sui biglietti venduti) e solo in questo caso fare riscaldamento e quindi giocare partita. Illidge viaggiava con due preziosi compagni: una macchina tabulatrice per contare gli spettatori in tribuna al momento della palla a due e una pistola per ammorbidire eventuali organizzatori poco desiderosi di versare la percentuale pattuita. Altro che lavagnetta, coperture difensive e spaziature!

La parola chiave per capire che ritmi si tenessero all'epoca è «barnstorming». Nell'aviazione i «barnstormers» sono i piloti acrobatici, nello sport il termine designa invece le squadre sempre in tour a caccia di esibizioni. Oggi solo gli Harlem Globetrotters rispondono a questa descrizione, e la logistica dei loro spostamenti è ben diversa da quella, avventurosa, degli anni ruggenti. I Rens viaggiavano sul bus di proprietà di Tex Burnett, poeticamente soprannominato dai giocatori «Blue Goose» («Oca Blu»). Sul mezzo trovavano posto gli otto giocatori, un segretario (il già citato Illidge con tabulatrice e revolver) e un eventuale massaggiatore/dottore/trainer di giornata. A bordo regnavano il nonnismo nell'assegnazione dei posti (Cooper davanti e i rookie dietro) e un buonumore da gita scolastica per combattere le infinite ore di trasferimento sulle strade di qualsiasi stato, Iowa, Wyoming e Louisiana inclusi. Nel 1928 i Rens allargarono infatti il proprio raggio d'azione al Midwest, inclusa l'Indiana del Ku Klux Klan. Nel 1933 portarono addirittura il *barnstorming* a Sud, dove la segregazione era tanto pesante quanto legale. Si calcola che la squadra percorresse fino a trentottomila miglia l'anno (oltre sessantunmila chilometri), una cifra clamorosa rispetto alle condizioni di viaggio e soprattutto di vitto e alloggio. Quanto clamorosa? Beh, nella regular season 2014-2015 LeBron James e compagni hanno percorso *in volo* poco più di trentacinquemila miglia, mollemente adagiati sulle sconfinate poltrone del jet privato. Finita la partita i Rens risalivano sul Blue Goose tra due ali di pubblico insultante e si facevano anche due o trecento miglia per tornare a casa o trovare una città abbastanza grande da mettere a loro disposizione un alloggio per neri in cui fare una doccia, mangiare qualcosa e avere un letto per dormire qualche ora prima del trasferimento successivo. Questo se erano nella parte «buona» del paese, Est o Midwest. Perché se erano a Sud, gli insulti bigotti si trasformavano in assalti, tanto che in cinque occasioni la gara venne sospesa per tumulti razziali. L'albergo diventava così uno YMCA, una Chiesa o una prigione, se andava bene. Se invece andava male, e spesso andava male, si «dormiva» sull'Oca Blu dopo una luculliana cena a base di pane e mortadella, cracker e formaggio o qualsiasi cibo in scatola Illidge fosse riuscito a rimediare. Solo una volta, nel 1933, i Rens ebbero il «privilegio» di essere ammessi a dormire nell'esclusivo

York Athletic Club per bianchi. Più del razzismo poté l'ammirazione per una squadra che in quella stagione era stata capace di inanellare 88 (ottantotto) vittorie consecutive.

Come nella Leggenda del Piave, tacere bisognava e andare avanti. Per far tornare i conti toccava giocare in posti piccoli e grandi, contro professionisti e dilettanti, bianchi e neri, senza andare troppo per il sottile. Quando la Depressione fece scemare l'entusiasmo nei confronti della danza si rese necessario cercare i clienti *door-to-door*, puntando esclusivamente sulla qualità del basket giocato. Il contesto economicamente proibitivo non spaventò mai Douglas, altrimenti la grande avventura dei Rens non avrebbe lasciato un segno così profondo nella storia dello sport e del costume. Oggi è normale parlare di sinergie, ma Smilin' Bob mise in piedi un modernissimo network ante litteram negli anni Venti. Una delle figure chiave di questo cerchio magico era il Reverendo John Johnson della Chiesa Episcopale di St. Martin. Vent'anni più giovane di Douglas, Johnson aveva giocato a basket per i Lions della Columbia University e in seguito allenato. Il suo incontro con il padre della pallacanestro nera, avvenuto per motivi di culto, portò molti fedeli sulle sedie pieghevoli del Casino, dove andavano in scena anche i balli parrocchiali di St. Martin. Abbiamo dunque un dinamico proprietario, un imprenditore del ramo entertainment e un solido legame con la Chiesa. Mancava solo il quarto potere, che venne rappresentato da Romeo Dougherty, emigrato dalla Guyana e influentissimo capo-redattore delle sezioni Sport e Spettacolo dell'*Amsterdam News*. Ogni stagione era lui ad annunciare in esclusiva la formazione che gli idoli di Harlem avrebbero messo in campo, ponendo fine alla fremente attesa di appassionati che non avevano altri mezzi per conseguire la preziosa informazione. Uomo colto e immaginifico che si vantava di aver letto tutti i libri della sterminata collezione personale «da copertina a copertina», Dougherty non scriveva, pennellava.

> I Rens sono ormai diventati un'istituzione a Harlem, e i tifosi neri trovano in loro l'occasione di sfogare le proprie emozioni e mostrare il proprio orgoglio di razza.

Vincere per i Rens significava certificare la possibilità per un'intera comunità di salire più velocemente gli sdrucciolevoli gradini dell'impervia scala sociale (scusate, mi è uscita un po' alla Dougherty). Battere una squadra di bianchi non era una questione sportiva, ma una speranza in più di diminuire le distanze fuori da quelle quattro linee bianche. Ogni volta che i Rens portavano a casa il referto rosa la «color line», la linea che divideva le persone a seconda del colore della pelle, si faceva più tenue. Pur dipendendo da quelle vittorie per stare a galla Douglas non ha mai concesso spazio a pratiche più o meno fraudolente. Bisognava vincere sì, ma in maniera pulita al 100%, senza trucchi e senza inganni. In una gara contro gli Xavier Five, squadra di bianchi che voleva metterla sul fisico, Douglas fece abbandonare il campo ai Rens anche se si erano giocati solo nove minuti, concedendo la vittoria agli avversari. La sua visione, non rispondere a scorrettezza con scorrettezza, andrebbe seriamente ripensata da tutti i faccendieri che volteggiano sulle spoglie dello sport professionistico in territori a noi vicini.

Fare le cose pulite è giusto e conviene, anche a costo di far finta di non vedere arbitraggi come quello che nel 1933 fischiò 7 falli ai

Celtics e 27 ai Rens, comunque vincenti in overtime 36-35. Douglas pretendeva dai propri giocatori un comportamento irreprensibile, in campo e fuori. Così nel 1925 li fece ammonire a mezzo stampa dal fido Dougherty per qualche notte brava di troppo nel privé del Renaissance e qualche allenamento saltato, anticipando anche qui la tecnica della soffiata alla stampa che sarebbe stata utilizzata negli anni a venire. Nel '26, precorrendo il metodo-Berruto, i Rens persero di un soffio contro i Bronx Professionals tenendo fuori il loro faro, «Fats» Jenkins, reo di non aver rispettato un coprifuoco. Quando Dougherty tuonava sull'*Amsterdam News* contro i facili costumi dei giocatori voleva ricordargli per conto di Douglas che il loro margine di errore era ben più risicato rispetto ai bianchi, giusto o sbagliato che fosse (la seconda ovviamente). Insomma, Bob Douglas è stato il primo vero manager sportivo, con solidi piani di organizzazione, business, marketing e comunicazione. Nell'aprile del 1932 i Rens sfidarono gli Original Celtics per raccogliere fondi a favore dei Boy Scout di Harlem, e le pause musicali dell'evento vennero gestite da Cab Calloway, scusate se è poco. Fare soldi, nonostante qualche superficiale commento dei tromboni in servizio permanente effettivo, non è pratica nemica dello Sport nel senso più pieno e puro del termine, anzi. Lo diventa solo quando i soldi si vogliono fare sulla pelle dello sport, che è concetto ben distante da quello messo in pratica da Douglas.

Viene facile pensare a certe disinvolte e infondate disamine dell'NBA di oggi che, standoagli orecchianti che le propalano, la dipingono come un circo che pianta costose tende in giro per gli USA per far divertire grandi e piccini con due schiacciate e qualche cross-over dopo aver deciso a tavolino il risultato, tanto vincere non interessa a chicchessia. Sarà, ma ho visto con i miei occhi malattie psicosomatiche manifestarsi in executive sotto la tensione di una partita o di una trade, allenatori andare a letto alle 4 e alzarsi alle 7, giocatori rischiare la disidratazione sul campo sotto sforzo. Questo non significa che non sia ben presente una dimensione di business e che più di una volta la stessa invada la competizione, come avveniva già allora. In trasferta il motto dei Rens era «Get Ten», «prendine dieci», sottinteso «punti di vantaggio». La strategia aveva due capisaldi: proteggersi il più presto possibile dagli arbitri, che per Douglas valevano proprio una diecina di punti di differenza pro-bianchi, e potersi permettere un calo programmato, per gestire la fatica e non far sfigurare troppo gli avversari, potenziali futuri clienti. Non particolarmente decoubertiniano, siamo d'accordo, a patto di capire che per fare una cosa del genere bisogna essere più forti dell'avversario e molto abili. Sì, perché per poter fare affari i Rens dovevano essere, ed erano, prima di tutto una straordinaria squadra di basket. Chuck «Tarzan» Cooper è stato il primo centro dominante, e quando teneva in mano l'enorme sfera con una sola mano avversari e spettatori cadevano in deliquio. Di Jenkins, epitome del generale in campo, abbiamo già detto. Ricks era il tiratore designato, e la squadra giocava una pallacanestro tanto essenziale quanto remunerativa, fatta di passaggi corti e tesi, tagli veloci e improvvisi, difesa soffocante e velocità di piedi irreale per gli standard del tempo, fissati da squadre yankee dai nomi affascinanti come i Philadelphia SPHAS (vedi capitolo 4), gli Oshkosh All Stars, gli Indianapolis Kautskys e, soprattutto, gli Original Celtics.

Il promoter James Furey, equivalente bianco di Douglas, aveva trasformato i New York Celtics, semiprofessionisti che si esibivano stancamente a cavallo della Prima guerra mondiale, in una dinastia che portava in tribuna tre o quattromila supporter a botta. La ragnatela di passaggi e la tostissima difesa non permettevano mai al punteggio di toccare quota 40, ma gli Original Celtics vincevano innovando. Alle loro partite, come a quelle dei Rens, non mancavano mai allenatori di ogni etnia, e nessuno tornava a casa senza aver preso appunti su qualcosa che la squadra di Lapchick o quella di Douglas avevano messo a fuoco prima e meglio degli altri. È pacifico che siano stati gli Original Celtics a «inventare» il dai-e-vai, una strategia assolutamente rivoluzionaria che fece impazzire centinaia di difensori dell'epoca, pietrificati mentre il loro uomo tagliava forte a canestro dopo un passaggio. I Celtics alternavano zona e uomo (a volte nella stessa azione!) e qualche storico gli attribuisce pure il definitivo perfezionamento del gioco del pivot, nella fattispecie il corpulento Henry «Dutch» Dehnert, un 4-5 di 1,85 per 95 chilogrammi che dominava gli avversari come lo Shaq di inizio millennio. Lo schema consisteva nel piazzarlo spalle a canestro in post alto, far tagliare un compagno e leggere la difesa del suo uomo. Se questi lo abbandonava attirato dal passaggio o dal tagliante «Dutch» eseguiva un movimento di pivot (cioè di perno) per andare a deporre nel canestro in perfetta solitudine tra gli «aah» e «ooh» di ammirazione di un pubblico non ancora avvezzo alla sofisticata manovra. Come i Rens, gli Original Celtics giocavano oltre cento partite l'anno, vincendone la maggioranza. Come i Rens macinavano miglia a un ritmo impressionante, nel loro caso addirittura oltre centocinquantamila l'anno (siamo sui duecentoquarantamila chilometri abbondanti per chi desidera la conversione). La differenza stava nella logistica e negli stipendi, stabilmente a nord dei diecimila dollari annui laddove un giocatore dei Rens intascava tra i 150 e i 250 dollari al mese, con spropositati bonus di 25-50 dollari in caso di vittoria sui Celtics e una assai meno spropositata diaria di 3 dollari giornalieri (oggi nella NBA siamo a 127). Tutto questo in anni in cui un insegnante viaggiava attorno ai cento dollari mensili. «Fats» Jenkins non arrivò mai a sfondare il muro dei duemila dollari annui, cinque volte meno della media dei suoi avversari, eppure il bianchissimo *New York News* lo definiva «un giocatore che vale una squadra».

Due squadre così non potevano che entrare in rotta di collisione, cosa che avvenne puntualmente senza che questo facesse mai mancare un grande rispetto reciproco. «I Rens hanno imparato tantissimo dai Celtics» ha ammesso infatti John Isaacs. La cifra stilistica delle due squadre era il passaggio, così raro all'epoca da stregare la stella dei St. Louis All-Star e degli Indianapolis Kautskys, tale John Wooden.

> I Rens avevano grandi atleti ma quello che mi impressionava di loro era il collettivo. La loro tecnica nel trattare la palla e nel passarla era incredibile, e credo che lo sarebbe anche oggi.

Wooden contro i Rens ci giocò, perdendo, nel gennaio del 1934 con la maglia dei Kautskys. «Negro cagemen down Kautskys» titolò in apertura di prima pagina l'*Indianapolis Star* del giorno dopo, tessendo sofferte parole di elogio per il «Renaissance Negro Team of New York» che era venuto in città a spiegare pallacanestro. I Rens erano avanti 22-3 quando al dodicesimo minuto i padroni di casa segnarono il primo canestro, prima di chiudere 34-26 in ossequio alla regola non scritta di far rientrare gli avversari a babbo deceduto. Chi ha visto pressare con un certo successo UCLA negli anni Sessanta e Settanta, sappia che Wooden cominciò ad apprezzare quella strategia in quanto annichilito dalla soffocante difesa dei Rens, che quel giorno lo tenne a secco. E per impressionare un attaccante come Wooden, che insaccò una serie di 134 liberi consecutivi, ci voleva qualcosa di davvero speciale. Quanto al *passing game* che i Rens, come i Celtics, sapevano sviluppare, vale il detto anglosassone che la necessità è madre dell'invenzione. Il passaggio prese infatti il posto del palleggio non tanto perché la palla viaggiava più veloce di qualsiasi giocatore ma per due motivi assai meno filosofici. Il primo: i pavimenti delle sale da ballo incerati a lucido erano più insidiosi della Streif di Kitzbühel ghiacciata. Il secondo: i difensori saltavano letteralmente addosso al portatore di palla, per cui le «quick decisions» non erano un optional bensì un mezzo di sopravvivenza. Passaggi diretti, sia ben chiaro, che quelli schiacciati erano fortemente sconsigliati dalle gigantesche e primitive cuciture delle *pallonesse* da 81 centimetri di circonferenza (oggi siamo a 75).

Per i giocatori e i dirigenti di Celtics e Rens sfidarsi era il massimo. *Pecunia non olet*, e il numero degli spettatori arrivò a toccare quota quindicimila. Mentre però gli spettatori, sbagliando grossolanamente, vivevano le partite come l'occasione per stabilire la supremazia di uno stereotipo su un altro, per i giocatori era invece l'occasione di assaporare il gusto della vera competizione dopo decine di partite che avrebbero vinto con la mano forte legata dietro la schiena. Non a caso tra gli atleti delle due compagini si instaurarono rapporti di sincera amicizia, ennesima riprova di quanto artificiale, e quindi ancor più odiosa, fosse la barriera razziale. I Rens in trasferta qualche volta perdevano, in casa mai. Con una sola, notabile eccezione: i Celtics. Che nel 1924 vinsero la prima sfida al Casino per 49 a 38 e la rivincita all'Orange Armory nel New Jersey davanti a tremila spettatori, cinquecento dei quali neri, per 31 a 29. Nel dicembre 1925, dopo altre due sconfitte, i Rens fecero un altro passo nella storia battendo gli Original Celtics per 37-30 davanti a duemilacinquecento spettatori, più altre mille persone all'addiaccio ad aspettare il risultato. Decisivo in quell'occasione fu il ritmo impresso alla gara, difficile da reggere per una squadra metodica come i Celtics. Per alzare quel ritmo bisognava però difendere, cosa che i Rens facevano come nessuno smentendo per l'ennesima volta lo stereotipo del nero lavativo e indisciplinato. Quella gara venne presentata dal pomposo Dougherty come «The Battle of the Gods», «La battaglia degli Dei».

> I bianchi hanno a lungo negato ai loro fratelli colored la possibilità di competere per un titolo, ma quando hanno abbassato le barriere la falsità della presunta superiorità della razza bianca si è dimostrata pienamente. Tutto quello che i neri hanno chiesto è un'equa possibilità, e quando l'hanno avuta hanno sempre saputo usarla per il meglio.

In quel '25-26 le due super squadre giocarono una contro l'altra per sei volte, vincendo tre volte a testa. Al Regiment Armory si presentarono in diecimila, testimoni di un netto 46-21 per i Celtics che in quella stagione chiusero con un bilancio a dir poco ragguardevole: 134 vittorie, 6 sconfitte e un pareggio.

Come Douglas aveva capito subito, per vedere quel Gioco tanta gente era disposta a spendere dei soldi. Così si formarono due leghe professionistiche: la NBL, con squadre prevalentemente in città rurali, e la ABL, con franchigie urbane. In campo non andavano i discendenti dei padri pellegrini del Mayflower ma i figli degli immigrati irlandesi, ebrei e italiani di prima generazione, che non subivano l'umiliante discriminazione toccata in sorte ai neri. Fino al 1948 i tentativi di affiliazione di Douglas, supportato dai soliti editoriali amici, vennero respinti con perdite. Jim Furey ricevette invece nel 1927, un anno dopo il primo no opposto ai Rens, un invito a entrare nella ABL che rifiutò seccamente. La versione più hollywoodiana della storia è che sia stato un gesto di solidarietà nei confronti del discriminato Bob Douglas; la più probabile è che mantenersi libero di giocare contro chiunque, squadre di neri incluse, fosse molto più vantaggioso.

Tra Rens e Celtics, come accennato, non è mai mancato il rispetto vero, non quello di cui troppo spesso si vaneggia oggi. Quando un promoter disonesto propose a Lapchick cinquecento dollari in contanti e a Douglas un mucchietto di assegni cabriolet nonostante gli accordi dettassero il contrario, fu proprio Lapchick a intimare allo sleale organizzatore di rispettare i patti, mettendo fisicamente il denaro nelle mani di Smilin' Bob. In un'altra occasione i Celtics si rifiutarono di giocare una partita contro i Rens perché qualche ora prima questi ultimi erano stati sfrattati con pochissime cerimonie dall'albergo che ospitava ambedue le squadre. Barriere o meno, nel 1928 la popolarità dei Rens era assurta a un livello tale che un gigante della radiofonia come WPCH dava conto in diretta delle loro gare casalinghe con la cronaca di Harold Baron «Hal» Jackson, un disc-jockey che divenne il primo radiocronista nero della storia. Douglas, fucina di idee, nel frattempo aveva firmato un contratto con il Palais Royal di Philadelphia per far giocare là, ogni lunedì, i suoi gioielli. In quella stagione, nonostante la brutale fatica degli spostamenti, i Rens vinsero 95 gare su 107. Harlem però aspettava solo una cosa: la vittoria contro i Celtics nella serie di tre match che rappresentava un ufficioso titolo mondiale. E invece Denhert, Lapchick, Nat Holman, Pete Barry, Horse Haggerty, Johnny Beckman e Chris Leonard guidarono gli Original a un rotondo 3-0, con altri diecimila spettatori in tribuna per il primo episodio del trittico.

L'anno seguente, il 1929, è quello del Venerdì Nero e della Grande Depressione. Undicimila delle venticinquemila banche americane falliscono, le azioni perdono l'80% del proprio valore, la produzione di manufatti cala della metà e quindici milioni di persone perdono il lavoro. È una sciagura, e Harlem la sente in maniera ancor più pungente. Jim Furey, che ha ceduto i Celtics alla Central Opera House mantenendo il controllo delle operazioni, cerca di portare a bordo i migliori giocatori di Douglas per creare gli Original Renaissance Five. L'idea è quella di colpire un concorrente in difficoltà, ma cela una situazione disastrosa. Smilin' Bob reagisce con veemenza e coraggio invece che abbassare la testa, come troppe volte la sua gente ha fatto.

> È strano che le stesse persone che hanno rilevato una franchigia moribonda come gli Original Celtics, per il solo fatto che siamo neri non ci abbiano reso l'onore di un'offerta ufficiale per comprare i Renaissance Five, avvicinando i nostri giocatori singolarmente.

Un movimento d'opinione fortissimo corre al capezzale dei Rens: si organizzano sottoscrizioni popolari e Douglas mobilita gli avvocati, che sconsigliano a Furey di proseguire nell'operazione. Harlem non perde i Rens mentre i nuovi Original Celtics perdono ventimila dollari, un capitale, nelle prime due settimane della nuova stagione. Furey cerca di liberarsi dei contratti più pesanti sostituendoli con rookie a buon mercato ma i Celtics colano a picco mentre i Rens rimangono sul mercato.

È un'altra grande vittoria di Bob Douglas, ma anche lui deve fare i conti con la maledetta Depressione. Il pubblico cala del 50% e il Casino è a un passo dalla bancarotta. Invece di farsi prendere dal panico Douglas convince Roach e i suoi soci a nominarlo manager della struttura. La prima decisione è di investire quindicimila dollari per rinnovare il Renaissance Casino and Ballroom e renderlo più attraente, alla faccia della crisi. Uno stile di management aggressivo e vincente, che paga subito dividendi tangibili. Douglas è un fiume in piena e crea due squadre dilettantistiche che allena personalmente, i Rens Clubs e i Rens Juniors. Bob stravolge anche il calendario organizzando tour di *barnstorming* molto più lunghi ed estesi. «Subito dopo Capodanno salutavamo Harlem – racconta John «Boy Wonder» Isaacs, prodotto dei Rens Juniors – e non la rivedevamo prima di aprile». Più trasferte uguale più soldi, ma anche (molto) più razzismo. A Chicago, contro i Bruins, il conto dei falli raggiunge un umiliante diciotto a zero. A volte la squadra trova da dormire solo nella prigione locale, perché gli alberghi da quell'orecchio non ci sentono. Eyre «Bruiser Snatch» Saitch ricorda un gentile gestore di una stazione di servizio armato di fucile per evitare che i Rens potessero fare il pieno al Blue Goose. «A volte avevamo in tasca mille dannati dollari – ha detto un incattivito Saitch – e ugualmente non trovavamo un ca--o di posto per mangiare». In un'altra occasione, quando un esasperato Illidge protestò contro l'ennesimo sopruso arbitrale la situazione volse rapidamente al peggio. I Rens formarono un cerchio a centrocampo e si schierarono a testuggine, pronti alla battaglia. Illidge mise mano al «ferro» di ordinanza e Jenkins estrasse un coltello celato in una calza, ma subito prima del contatto il provvidenziale arrivo della polizia disperse i facinorosi, salvando capra e cavoli. Nel '32-33 i Rens chiusero comunque con lo strabiliante record di 120-8, vincendo otto delle quattordici sfide con gli acerrimi rivali dei Celtics. Il *Chicago Defender* li definì «la cosa più vicina alla perfezione sportiva che possiate vedere», mentre Douglas inventava con qualche decennio di anticipo «NBA Cares». I Rens giocarono infatti per raccogliere fondi a favore degli Scottsboro Boys, nove giovani neri falsamente accusati di violenza sessuale perseguitati dall'ingiustizia, e pochi giorni dopo per l'American Jewish Congress Fund, per la gioia del solito iperbolico Dougherty.

Bob Douglas può essere fiero della sua squadra che veste il blu e l'oro, perché è il distillato regale della pallacanestro.

A parte le esagerazioni dei trombettieri mediatici l'avventura dei Rens rimane unica, anche se normalmente al nome «Harlem» si associano i Globetrotters, che si affacciarono sulla scena nel 1926. Checché qualche distratta e superficiale ricostruzione ne dica, si trattava di un'altra squadra di campioni che vinceva partite a grappoli (152-2 nel '33-34). La creatura di Saperstein, controverso padre-padrone e coach dei Trotters, mostrava però un'immagine del giocatore nero più docile e gradita all'audience bianca. I trucchi e gli intermezzi comici toglievano dignità alla prestazione di Haynes e compagni, laddove i Rens facevano un punto d'onore di giocare nel rispetto delle regole e senza lazzi per dimostrare a tutti l'inconsistenza dei pregiudizi razziali. Douglas promuoveva davvero sul parquet il «New Negro», educato, corretto, professionale, sicuro dei propri mezzi senza essere arrogante, in cerca di rispetto e non di rivincite. Il nero dei Globetrotters, concepiti peraltro a Chicago e non ad Harlem da un bianco nato a Londra, tendeva invece verso l'esotico e il primitivo, una differenza non di lana caprina di cui Douglas ha parlato a *Sports Illustrated*.

> Abe Saperstein è morto da milionario perché ha dato ai bianchi quel che volevano. Quando toccherà a me in tasca non avrò un centesimo ma la mia coscienza sarà pulita. Ho sempre avuto troppo rispetto nei confronti del basket per metterne in scena una parodia.

La grandezza dei Rens è stata quella di mostrare il volto autentico della rinascente Black America di Harlem, non un rassicurante cartone animato a base di stereotipi in grado di asseverare i pregiudizi dei bianchi. Come Billie Holiday ed Ella Fitzgerald nel jazz, come Locke e Johnson nella politica, come Hughes e Toomer nella scrittura, i Rens avevano faticosamente portato alla luce, come dei grandi archeologi, qualcosa che era stato fino a quel punto tenuto nascosto con protervia: l'orgoglio di una comunità. Due visioni così diverse non potevano che scontrarsi, e tutto il mondo del basket premeva con forza perché la questione si dirimesse sul parquet. In pubblico Saperstein si diceva prontissimo allo showdown, ma in privato nicchiava. Douglas e Illidge si infuriarono leggendo sui giornali le dichiarazioni del rivale e uscirono allo scoperto, definendo i Globetrotters «una squadra di clown» e sfidandoli a «giocare subito o tacere per sempre». Le attese erano tanto ipertrofiche quanto prive di senso, perché non sarebbe stata certo una partita a stabilire quale approccio fosse il migliore. Il che non toglie che il confronto diretto tra le due anime di Harlem, organizzato da una terza parte, rimanga scolpito a lettere cubitali nella storia del Gioco e del costume.

Di questo confronto torneremo a parlare tra poco, perché solo nel 1939 si arrivò alla partitissima. Nella nostra narrazione siamo invece rimasti al 1937, un anno importante per i Rens. Dopo centocinquantamila onoratissime miglia il Blue Goose si chiamò fuori spegnendosi all'improvviso come la Bluesmobile davanti agli uffici del Municipio, e Douglas spese senza battere ciglio diecimila verdoni per far viaggiare comodi i suoi ragazzi su un pullman nuovo di zecca. La notizia fu particolarmente gradita a John Isaacs, che in quanto ultimo arrivato viaggiava nel corridoio dell'Oca Blu su una sedia pieghevole da campeggio, posizione tanto scomoda quanto pericolosa. Alla guida del fiammante mezzo fu confermato il driver Tex Burnett; Illidge e «Fats» Jenkins (giocatore/allenatore) si videro riconoscere il diritto a sedere in prima fila dall'indiscusso dominus del pullman, Chuck Cooper. Tarzan deteneva questo titolo in quanto più alto, più grosso, più forte, più cattivo e più bravo degli altri, e il suo status non si limitava all'assegnazione dei posti. C'era da scegliere l'argomento di conversazione? Decideva Tarzan. Qualche madre, moglie o fidanzata mandava in trasferta l'amato con una torta? La prima fetta toccava a Tarzan. I tempi intanto, sia pure più faticosamente del dovuto, stavano cambiando. Anche a Sud qualche volta i Rens potevano giocare contro squadre di bianchi, ma per dormire bisognava appoggiarsi a college o famiglie di neri, e non era raro vedere un cuoco armato di doppietta «invitare» i Rens a non sedersi ai tavoli del suo ristorante. L'NAACP si rivolse con successo a un tribunale per interrompere la segregazione dei tifosi sugli spalti ma nulla fu più significativo del sostegno che ai Rens arrivò dai loro principali rivali sul campo, i bianchissimi Original Celtics. Prima di ogni scontro diretto Joe Lapchick abbracciava con trasporto Tarzan Cooper davanti alla folla strabocchevole, un gesto rivoluzionario degno di una Rosa Parks o di un marciatore di Selma. I sedicenti tifosi presenti infamavano Lapchick per il suo ardire e la posta recapitava a casa del futuro allenatore dei Knicks lettere anonime al vetriolo, senza che questo incrinasse minimamente la stima che Rens e Celtics si riservavano a vicenda.

Il 1938 cominciò con l'aggiunta di William «Pop» Gates, che a centoventicinque dollari al mese guadagnava più di sette volte quello che suo padre portava faticosamente a casa in cambio di un lavoro massacrante. L'altra novità fu Clarence «Puggy» Bell, tiratore ambidestro cresciuto nel mito dei Rens di cui avrebbe vestito la maglia per ben nove stagioni. Gli altri sei erano Cooper (1,93), «Willie «Wee» Smith (specialista dei rimbalzi di 1,95), Eyre Satch (1,85, idolo delle tifose e due volte miglior giocatore nero di tennis degli States), John Isaacs (1,83), Zachariah «Zack» Clayton (1,85, futuro arbitro di boxe di altissimo livello) e Clarence Jenkins, ormai quarantunenne playmaker/allenatore con venticinque anni di professionismo alle spalle. I Rens vinsero 109 gare e ne persero solo 7, un record che però impallidiva per significato rispetto all'invito ottenuto per giocare, a fine stagione, il primo World Professional Tournament di Chicago. Gli organizzatori Hannin e Wilson avevano selezionato quelle che a loro giudizio erano le migliori dodici squadre della East Coast e del Midwest, senza limiti di affiliazione e, soprattutto, di razza. Al vincitore sarebbero andati mille dollari e il titolo, non così platonico, di World Champion. Rens e Globetrotters ricevettero l'irrinunciabile invito al pari dei Kate Smith Celtics, non più «Original» in quanto acquisiti dalla cantante che con *God bless America* aveva commosso il paese e si era guadagnata abbastanza soldi da comprarsi la gloriosa franchigia. Non c'erano invece, fermati dagli infortuni, i Philadelphia SPHAs, che durante la stagione avevano inflitto ai Rens le sconfitte più brucianti tra le sette sofferte.

Nella stessa parte del tabellone dei ragazzi di Douglas trovarono posto i Globetrotters, e chi vuole inferire che si volesse evitare una finale tutta nera è liberissimo di farlo. Domenica 26 marzo i Rens, destinatari di un «bye» al primo turno, superarono agevolmente i New York Yankees 30-21. Nello stesso tempo i Globetrotters, chiamati invece alla doppietta, si sbarazzarono dei Fort Wayne Harvesters e dei Chicago All-Americans. Il giorno dopo il Chicago Coliseum divenne teatro del sospiratissimo derby di Harlem. In ottomila videro la squadra di Douglas puntare su un basket senza fronzoli per sfruttare il vantaggio fisico nei confronti degli avversari. Chiudendo l'area e concedendo solo tiri da lontano i Rens controllarono punteggio e ritmo, andando avanti 11-2 prima di subire nel finale il disperato tentativo di rimonta degli avversari. A quindici secondi dalla fine Tarzan Cooper sfruttò l'anticipo del suo uomo per segnare in backdoor il canestro della staffa, e i Rens vinsero la storica gara 27-23. Nell'altra parte del tabellone gli Oshkosh All-Stars erano arrivati in finale segnando per due volte quaranta punti, un bottino clamoroso per le medie del tempo. Nelle ultime due stagioni i Rens avevano perso 7 volte su 10 contro Oshkosh, l'ultima volta di 22, e il loro cammino era stato molto più difficile. Aveva senso dare ugualmente a quella finale il compito di migliorare le condizioni civili, sociali ed economiche dei neri d'America? No e poi no e poi no. Eppure era esattamente la vera posta in palio quel giorno.

I Rens, come avrebbe fatto ventisette anni più tardi Texas Western contro Kentucky, sovvertirono il pronostico con una partita di grande applicazione e concentrazione, bocciando su tutta la linea le fandonie dei razzisti. I ragazzi di Douglas implementarono una strategia opposta rispetto a quella della semifinale, frustrando Oshkosh con transizione e *passing game*. Neppure l'uscita per falli dei due lunghi principali (Cooper e Smith) fermò i Rens, spinti dai 12 punti di «Pop» Gates e dal gioco a tutto campo di «Puggy» Bell, eletto MVP dopo il 34-25 finale. Al banchetto post-partita presso l'Hotel Grand, pagato da un commosso Bob Douglas, i giocatori ricevettero le giacche riservate ai campioni, oggi sostituite dagli anelli. Sulla schiena stava la scritta COLORED WORLD CHAMPIONS, che non sfuggì all'orgoglio del grande John Isaacs. L'asso dei Rens prese le forbici e si mise con certosina pazienza a tagliare la prima di quelle tre parole. «Così rovini le giacche» gli disse un preoccupato Douglas. «Tutt'altro – rispose imperturbabile

Boy Wonder – le sto migliorando». Anche se la stampa dei bianchi relegò in un trafiletto la notizia, quei pezzi di stoffa che cadevano a terra segnarono un punto di non-ritorno. Otto anni prima che il grande Jackie Robinson calcasse il diamante dell'Ebbets Field una squadra, non un individuo, aveva detto con i fatti che i neri non erano più disposti a rimanere indietro. Più che un evoluzione del basket e della società, quella che andò in scena fu una vera e propria rivoluzione.

L'anno seguente i Globetrotters superarono a Chicago i Rens per 37-36 con un tiro da centrocampo allo scadere. Douglas capì che si trattava dell'inizio di un lento ma inevitabile declino, quello che lo portò nel 1949 a noleggiare la sua amata creatura al meno amato Saperstein. L'ultimo colpo di coda sarebbe potuto arrivare nel 1946, quando Joe Lapchick si incontrò a Philadelphia con i nove proprietari della BAA per convincerli ad accettare i Rens. Andò buca ancora una volta però, e a comunicare la notizia al suo allenatore fresco di firma fu Ned Irish, proprietario dei Knicks. Lapchick era fermamente intenzionato a dimettersi ma Douglas lo convinse a rimanere, spiegandogli che sarebbe stato più utile alla causa rimanendo sul campo di battaglia. Quando nel dicembre del 1948 i Dayton Rens ottennero la sospirata affiliazione alla NBL, solo perché erano saltati per aria gli improbabili Detroit Vagabond Kings, fu semplicemente un preludio ai titoli di coda definitivi. I Rens divennero per un breve periodo di tempo lo show d'anteprima dei Globetrotters, mentre nel palinsesto del Casino venivano sostituiti senza troppe cerimonie dal wrestling. Lo sport professionistico stava cambiando, e un'epoca si stava chiudendo.

Il tramonto arrivò troppo presto per molte delle stelle di quegli anni indimenticabili. Non tutti sono riusciti a chiudere in gloria come John Isaacs, scomparso a 94 anni nel 2009 dopo un'esistenza piena di energia che da novantenne suonato lo vedeva fare corda e pesi ogni mattina prima del volontariato per i giovani della Big Apple. Se accettate un consiglio, cercate di vedere nel lavoro cinematografico di Jabbar il suo sguardo fiero mentre racconta un episodio di quegli anni decisivi. Alle prese con una brutta influenza «Boy Wonder» non era riuscito a salire sull'Oca Blu per una gara in programma ad Atlanta. Rimessosi, decise di raggiungere i compagni in treno il giorno seguente. Arrivato alla stazione si trovò di fronte a due file, una per bianchi e una per «colored». Distratto imboccò la fila «sbagliata» e si presentò allo sportello con i soldi chiedendo un biglietto per Atlanta, Georgia. Questo il dialogo che ne seguì.

Bigliettaio: come mai sei qui, boy?

Gates: non sono un boy, ma un adulto come lei

B: mi sa che vieni da nord, vero?

G: sì, vengo da nord

B: buon Dio, noi qui facciamo le cose diversamente

G: buon Dio, è ora che cambiate

Rientrato nella fila «giusta» Isaacs trovò lo stesso bigliettaio (spostatosi di un metro) che lo accolse con un caloroso «posso esserle utile, signore?», incurante del ridicolo e dell'ignobile. Prendere un treno, bere alla fontanella, andare in bagno, mangiare, dormire: tutto questo è stato un umiliante tormento per lui e i suoi compagni, che però non hanno mai fatto un passo indietro. Nel 2015, con colpevole ritardo, Boy Wonder ha raggiunto a Springfield nella Hall of Fame l'intera squadra '32-33 dei Rens, Pop Gates, Tarzan Cooper e, ça *va sans dire*, Smilin' Bob, la cui candidatura fu sponsorizzata con decisione da Nat Holman, colonna degli Original Celtics. Il ritratto di Douglas che viene fuori da questa storia è quello di un uomo deciso senza essere spregiudicato, onesto senza doverci rimettere, abile senza dipendere dalla politica. Un leader leale, moderno, carismatico, amato e temuto.

Alcuni dei suoi ragazzi, purtroppo, hanno avuto meno fortuna una volta slacciate le scarpe. Pappy Ricks, dopo essere stato assunto come bidello in una scuola, finì nella trappola dell'alcolismo. Casey Holt, diventato poliziotto, fu ucciso da un collega che lo scambiò per un ladro. Wee Willie Smith ebbe una gamba amputata e Chuck Cooper, l'immagine della forza e della potenza, rimase cadavere nella sua casa di Philadelphia parecchi giorni nel 1980 prima che qualcuno lo trovasse, dopo anni passati a fare un lavoro decoroso ma duro come quello dell'imbianchino. Nonostante la morte in solitudine e povertà, crudelmente ironica per un grande capo, Tarzan è la prova che i ventisei anni di Rens non sono passati invano. Quando nel 1939 la squadra di Bob Douglas divenne «World Champion» il tasso di afroamericani nella ABL era quello dell'NBA del 1950, lo 0%. Oggi siamo ben oltre il 70%, LeBron James e Steph Curry sono due degli sportivi più influenti del pianeta e nessuno mette in dubbio il ruolo degli afroamericani in questo Gioco. Da 0 a 70 non si arriva in un giorno e il passo più difficile da fare è quello iniziale, anche se è pure il più difficile da ricordare. Piace pensare che non sia un caso che il primo giocatore nero scelto dalla NBA vestisse la maglia dei Celtics, quelli di Boston non gli Original, e per un incredibile caso di omonimia si chiamasse Chuck Cooper, proprio come Tarzan. «Boston sceglie Chuck Cooper da Duquesne» disse quel 25 aprile 1950 al draft Walter Brown, proprietario dei predetti Boston Celtics. «Ma Walter, non lo sai che è un colored boy???» gli rispose incredulo un collega. «Non me ne frega un c---o se è nero, a strisce, a quadretti o a pois – reiterò Brown – Boston sceglie Chuck Cooper da Duquesne». Subito dopo i New York Knicks misero sotto contratto Nat «Sweetwater» Clifton, affidato alle cure di coach Lapchick. Lo stesso Lapchick che non riuscì mai a invitare fuori Douglas dopo una partita per il motivato rifiuto dell'amico-rivale.

> Nei posti dove mi vuoi portare tu, io non sono ben accetto. Non voglio vedere lo sguardo di riprovazione dei bianchi solo perché mi permetto di frequentare uno dei loro bar.

Robert L. Douglas è morto nel 1979 a 96 anni, otto anni dopo essere stato indotto nella Hall of Fame. Questo riconoscimento e una Summer League che porta il suo nome sono tra i pochi segnali che quel che ha fatto viene ricordato. È poco, dannatamente poco, perché è stato un uomo vero. Molti allenatori cercano di manipolare i media per creare l'illusione che ci sia un nemico da battere, per creare la mentalità «noi contro il mondo». I Rens erano sempre 5 contro 7 in campo e il nemico non dovevano crearselo con qualche artifizio. La loro lezione sta nel non aver mai accettato che le difficoltà, eufemismo, si trasformassero in scuse. Oggi la costruzione in mattoni rossi sulla 138esima è in rovina e la proposta di Spike Lee di trasformarla in monumento nazionale non è stata ancora accolta, purtroppo. Come purtroppo non possiamo dire di aver sconfitto il razzismo, in campo e fuori. Tutti quelli che guadagnano benone giocando a basket dovrebbero essere grati a Bob Douglas, specialmente se il colore della loro pelle è il nero. I professionisti afroamericani di oggi possono giocare, mangiare, bere, dormire e viaggiare dove e come vogliono perché qualcuno ieri ha fatto quel primo passo per loro. Senza i New York Renassaince Big Five, senza l'Harlem Renaissance Casino and Ballroom, senza il primo Chuck Cooper e soprattutto senza Smilin' Bob Douglas, tutto questo non sarebbe mai successo. Mai.

KENNY SAILORS (1921-2016)

Non importa se cadi sette volte, ti devi rialzare sempre.

Cora Belle Sailors

Il basket non è per te, non sei alto abbastanza.

Bud Sailors (al fratello minore)

La persona che più probabilmente ha usato per primo il tiro in sospensione è un certo Kenny Sailors, da University of Wyoming.

Bobby Knight

La storia dell'uomo è piena di grandi innovatori accolti con scetticismo. Sir William Preece, ingegnere capo dell'Ufficio Postale Britannico, sostenne che la lampada di Edison era «un'idea completamente strampalata». Il *New York Times*, l'esercito e molti accademici e scienziati derisero i fratelli Wright perché era «scientificamente impossibile che delle macchine potessero volare». John Logie Baird fu attaccato dagli esperti dell'epoca, per i quali era una grossa sciocchezza pensare che le onde televisive potessero riprodurre un'immagine, e i fratelli Lumiere auto-liquidarono la propria invenzione come «senza futuro», spiegando che gli spettatori si sarebbero presto stufati di vedere delle immagini in movimento. Nel basket non sono state molte le prime volte, perché come abbiamo visto parlando dei New York Rens pensiamo di aver inventato delle cose che erano pratica comune un secolo fa. Una delle eccezioni che confermano la regola si chiama jump shot, tiro in sospensione. C'è chiaramente un periodo ante JS ed uno post JS, ma l'anno zero è avvolto in una nebbia fittissima. Più avanti proveremo a diradarla ma possiamo dire con sicurezza che il nobile Kenneth Sailors è uno dei padri di questo fondamentale. Prima di lui, e di qualcun altro, si tirava con due mani e con i piedi saldamente piantati per terra. Al primo precetto qualche eccentrico poteva anche derogare esibendosi nel cosiddetto «push shot» a una mano (conclusione peraltro oggi recuperata dai vari Curry, Wade, Rose e Ginobili per le loro incursioni a centro area o dal mezzo angolo). Il secondo assunto però era sacro e inviolabile: lasciare il terreno con i piedi non era un'opzione praticabile, vade retro Satana. Almeno prima che il fratello minore di Bud Sailors si stancasse di farsi stoppare a ripetizione.

Kenneth L. Sailors è nato a Bushnell, nel Nebraska, il 14 gennaio 1921. La famiglia viveva in un ranch in aperta campagna, a dieci miglia abbondanti dal centro (relativamente) abitato. Papà Edward comprava e vendeva mucche al mercato di Omaha, e la presenza in casa era marginale al pari della sua istruzione. Dopo Gladys e Barton, detto Bud, mamma Cora Belle partorì Kenneth detto Kenny a 44 anni in casa, con la mera assistenza spirituale della primogenita che stava nella stanza accanto fornendo qualche conforto verbale durante il travaglio. Niente dottore, niente ostetrica, niente domestica e, soprattutto, niente marito. Edward continuava infatti a lamentare l'eccessiva presenza infantile in casa, rendendo la vita impossibile a Cora. Che ci crediate o no, gli sfuggiva l'elementare rapporto intercorrente tra quel proliferare di marmocchi e le pratiche di soddisfacimento della propria sessualità che implementava senza sosta alcuna, anche con altre donne. Cora decise che si doveva sbarazzare di un individuo di cotanta ignoranza e infedeltà e si trasferì con i due figli maschi nell'angolo opposto dello Stato, dove il padre aveva un negozio. D.D. Houtz, questo il nome del nonno di Kenny, aveva fatto il preside per cinquant'anni ed era alto e tosto: a un nipote avrebbe trasmesso il primo tratto ereditario, al secondo l'altro. In occasione del primo giorno di scuola era suo costume riunire gli alunni e chiedere se qualcuno si sentiva in grado di eludere il suo controllo. Una volta uno studente di venticinque anni, con barba e muscoli in abbondanza, si fece avanti con strafottenza e nonno D.D. lo sdraiò con un bel diretto all'addome, chiarendo una volta per tutte che lui e Montessori non erano perfettamente allineati. Falls City, Nebraska, era però un'autentica metropoli con i suoi 4.300 abitanti, troppi per i gusti di Cora. Così, alla morte del padre, la mamma-coraggio vendette il negozio e portò i ragazzi in quello che riteneva un ambiente più adatto a loro. Prima tappa a Egbert, Wyoming, dove era andata a risiedere Gladys con le tre gemelle, tutte purtroppo decedute in tenera età. Poi Hillsdale, cittadina di quarantasette abitanti non lontano da Cheyenne, la capitale dello Stato. Hillsdale era la Drogheria Curry's, l'ufficio postale, la Chiesa Metodista, il magazzino della ferrovia, la scuola e una dozzina di case buttate qua e là, null'altro. Quattro miglia a est dal centro (ehm) c'erano 320 acri di terreno, 80 dei quali adibiti a fattoria, con tanto di stalla, mulino e granaio: l'American Dream dei Sailors.

Coltivare a patate, fagiolini e granturco la tenuta era uno sforzo micidiale, anche perché il trattore era fuori budget e si seminava a cavallo. La parte più dura spettava a Bud, di cinque anni maggiore di quel Ken cui toccavano comunque lavori massacranti per un bambino. Eternamente affamato e assetato, al trentesimo giorno consecutivo di semina il novenne sbroccò e disse alla madre che era troppo stanco per continuare. Cora rispose con amorevole pazienza che lo capiva e lo giustificava, ma quelle patate erano l'unico mezzo di sostentamento della famiglia e andavano curate, soprattutto con la Grande Depressione in arrivo. Il piccolo, esausto, reiterò con rabbia la richiesta ottenendo un freddo invito a lasciare i campi se era quello che desiderava. Mentre già pregustava il piacere di buttarsi sul letto Kenny sentì la voce della madre che lo trafiggeva alle spalle come una lama: «Ah Kenneth, naturalmente non ti presentare a cena, e men che mai domani a colazione, neppure nei giorni a seguire». Quel giorno nacque il giocatore che non avrebbe mai considerato troppo duro un allenamento o troppo difficile una situazione.

Bud a 17 anni era già 1,95, un'altezza spropositata allora per un atleta mobile e coordinato che avrebbe giocato a livello liceale e collegiale (University of Alaska) prima di una carriera in Aviazione fino al grado di Colonnello. Nel raggio di miglia e miglia non esisteva un uomo di simili misure e chi passava davanti alla fattoria allungava sempre lo sguardo per vedere Gulliver. A tredici anni Kenny misurava invece 1,67, poca cosa rispetto all'unico compagno di giochi possibile. Mamma Cora non era infatti il tipo da organizzare delle belle merende con gli amici più normolinei, che peraltro risiedevano a chilometri di distanza, spersi a propria volta nella campagna. La religiosissima genitrice era una signora poco portata alla mondanità e alle smancerie; quando scoccava l'ora di uno dei polli ruspanti della fattoria gli faceva saltare la testa da cinque metri di distanza col fido fucile calibro 22, altro che merende. Ergo, se i fratelli Sailors volevano giocare dovevano farlo assieme, per forza o per amore. Cresciuti dividendo un solo letto e una sola freddissima stanza, Ken e Bud vivevano in simbiosi i pochi momenti liberi dal lavoro sui campi, dedicandoli esclusivamente al nobile Gioco. Bud era già molto forte e il suo allenatore Floyd Domine gli suggeriva di tenere la palla alta e tirare mentre i lillipuziani difensori si affannavano sotto di lui. Domine gestiva anche un pallone di cuoio che era il sogno di tutto il liceo. Quel pallone che, durante un colloquio prima dell'estate, il coach teneva in mano e Bud guardava con cupidigia. «Lo vorresti? E per farne cosa?» chiese Domine, titubante al pensiero della preziosa fibra ridotta a una pappetta informe dal reiterato contatto col ghiaietto della fattoria. «Per allenarci, perché non possiamo comprarne uno» rispose speranzoso Bud, pensando al canestro di fortuna che era riuscito ad appendere a una parete del mulino a vento in quel maggio del 1934. «Beh, mi spiace, non posso» rispose il coach gettandolo nella disperazione. Poi però gli vennero in mente i quindici chilometri che Bud aveva percorso per due anni di fila montando a pelo un pony per venire in palestra, i 39 punti segnati contro Burns e la lotta che ogni giorno i Sailors conducevano per esistere. L'arcigno custode dello sferoide si risolse perciò a cambiare registro, intenerito dal giovane discepolo. «Beh, forse si può fare uno strappo alla regola – cedette – ma riportalo alla ripresa degli allenamenti ufficiali».

Bud Sailors voleva quel pallone, o supposto tale, per tirare. Solo che la nozione di «tirare» differiva non poco da quella corrente. Una delle prime codifiche del fondamentale risale al 1922, quando Walter E. Meanwell scrisse *The Science of Basketball for Men*. Meanwell, che ritroveremo più avanti, era stato definito da Knute Rockne «la parola definitiva sul basket». Nel capitolo sul tiro esaminava la conclusione a due mani da sotto, da eseguire a gambe divaricate, e quella a due mani da sopra la testa, che doveva partire dal petto senza che i piedi lasciassero il terreno per alcun motivo. Assieme a un improbabile tiro a due mani dalla spalla, si menzionava anche fuggevolmente un tiro a una mano (One Hand Push Shot), da prendere solo in posizione statica. Dodici anni dopo quel testo le idee di Meanwell erano ancora universalmente riconosciute come le uniche con diritto di cittadinanza. Il «pallone» dei fratelli Sailors era un gigantesco ammasso di cuoio e aria con enormi cuciture a mano, una ancor più grande valvola in tela e un ago che veniva riattaccato alla sfera dopo l'uso. Per loro, era ugualmente come toccare il cielo con un dito. Dopo un po' al mulino Bud si annoiava, e invitava con un ghigno sardonico Kenny al più classico degli uno contro uno fra germani. La sfida era ridotta all'osso nella sua sostanza tecnica: quando la palla l'aveva Bud, due palleggi di back-in e canestro da vicino; quando invece toccava a Kenny, serie di palleggi ubriacanti, terzo tempo a velocità folle, tiro in corsa e… palla tra patate e fagiolini, con contorno di *trash-talking* alla campagnola.

Ne abbiamo già parlato, la necessità è la madre dell'invenzione. Figuriamoci la necessità alimentata dalla frustrazione e coadiuvata da una spiccata maturità e dall'irriducibile tenacia materna. Per intere settimane il cervello di Ken cercò una soluzione al problema di evitare quelle brucianti stoppate, senza alcun apprezzabile risultato. Poi, un giorno di maggio 1934, la folgorazione. Il piccolo di famiglia partì a tutta in direzione del fratello, come per cercare l'ennesimo tiro da sotto, salvo arrestarsi all'improvviso, saltare (!!!) staccando con due (!!!) piedi e far partire con una (!!!) mano una parabola morbida e arcuatissima sopra la testa dell'incredulo

Bud. Con una sola mano, sia ben chiaro, non per una raffinata analisi cestistico-biomeccanica ma perché l'istinto gli disse che il tiro così sarebbe andato più in alto e la stoppata sarebbe stata più facile da evitare. Nelle centinaia di rievocazioni dello storico episodio Ken ha chiuso il racconto con vari finali, dal canestro perfetto al cross, ma il successo del primo tiro in sospensione della storia è del tutto irrilevante rispetto alla magnitudo del momento. Con il tempo alcune di quelle conclusioni cominciarono a entrare. «Kenny, questo è un buon tiro per te, ci devi lavorare» gli disse con una notevole dose di prescienza e affetto fraterno Bud, creando le premesse per lo sviluppo di un'arma che nel tempo sarebbe diventata micidiale.

Fermiamoci sul favore che il fratellone riservò alla novità, perché è tutt'altro che banale. Intanto fa riflettere sulla modalità di formazione di un'opinione. Quella di Bud era purissima, godendo del massimo grado di indipendenza e autonomia visto l'isolamento totale in cui era maturata. Nessuno aveva mai visto quel tiro, costruito da un autodidatta assoluto, e Bud lo valutava solo per quel che era, cioè una cosa inaspettata che gli aveva fatto perdere un vantaggio competitivo. Niente condizionamenti, niente opinioni altrui, niente confronti. Quel gesto tecnico, inconsulto per gli standard del tempo solo in quanto non contemplato dagli stessi, era nel senso più letterale del termine un «playground move», un «movimento da campetto». Anzi, in questo caso più precisamente «da campagna», perché col cavolo che i Sailors avevano a disposizione un po' di asfalto e delle righe. Quando oggi sento dire che una volta era tutto migliore, penso che se Kenny Sailors avesse incontrato questi nostalgici a prescindere si tirerebbe ancora a due mani con i piedi per terra, altro che Splash Brothers. La cartina al tornasole è rappresentata dal primo tiratore in salto a una mano, Hank Luisetti. L'italoamericano usava questa tecnica solo in allenamento quando i coach avevano lasciato la palestra, perché gli era stato insegnato che in partita era *off-limits*. Perché? Perché sì, e se lo dicevano tutti doveva ben essere vero, no? Anche i passaggi dietro la schiena e i palleggi incrociati di Bob Cousy nei primi anni Cinquanta, prima che i Celtics vincessero grappoli di titoli, erano guardati con disprezzo. È solo il naturale rifiuto verso una cosa nuova, per paura dell'ignoto e del diverso. Un rifiuto che dobbiamo combattere opponendogli una cartesiana analisi. Se quella splendida idea fosse venuta a Kenny Sailors in un contesto meno bucolico un allenatore l'avrebbe probabilmente frustrata e dell'episodio non sarebbe rimasta alcuna traccia. Meglio ricordarselo quando la prossima volta (perché lo faremo, oh se lo faremo) bolleremo come sbagliato qualcosa che è solo diverso dai nostri canoni. Kenny non sapeva di aver scoperto qualcosa di importante, e se Bud dall'alto del suo fisico e del suo carisma avesse denigrato quella trovata l'avrebbe certamente abiurata. Il fratello piccolo voleva solo trovare un modo di non subire un'umiliante stoppata, mica cambiare il Gioco. La Storia però è fatta di circostanze, oltre che di volontà, e può cambiare anche in un paese di quarantasette abitanti.

Nel distretto scolastico di Hillsdale rientravano quaranta ragazzi, il che rendeva impossibile pensare al football americano, anche a voler tacere il proibitivo costo delle attrezzature. Volenti o nolenti si giocava a basket da Egbert a Carpenter, da Chugwater a Pine Bluff, da Burns ad Albin. In più a basket giocava Bud, il padre/fratello/amico, che gli ripeteva che non sarebbe mai cresciuto abbastanza da diventare un vero giocatore, motivandolo a dimostrare il contrario. L'opinione di Bud era sensata, perché a quel tempo dopo ogni canestro ci si fermava e si ripartiva dalla palla a due, per cui i piccoli *contropiedisti* veloci avevano un ruolo molto secondario nell'economia del 5 contro 5. Mamma Cora sognava un Ken violinista ma alla terza lezione, torturato dalla cacofonia, il maestro gettò la spugna e anche la matriarca si arrese: basket doveva essere e basket sarebbe stato. Basket e caccia alla lepre, un'altra attività in cui la coordinazione occhio-mano dava buoni risultati.

Ogni volta che si ragiona del tiro dopo grandi discussioni di filosofia si arriva sempre alla stessa conclusione: se vuoi tirare bene devi farti il culo, altro non v'è. Un altro errore comune è pensare che si tratti di un fondamentale a sé stante, sotto vuoto. Il tiro è altresì legato alla corsa, al palleggio, all'arresto e a mille altri dettagli, fisici e mentali. Per Kenny Sailors tirare bene era una conseguenza diretta del palleggiare bene, un'altra delle virtù create dalla necessità. Quando infatti lo scuolabus sbarcava i ragazzi e le ragazze delle campagne del Wyoming, il loro primo pensiero era correre in palestra e appropriarsi della palla fino alla campanella della prima ora. La regola del gioco, chiamato *keep-away*, era quella del Fight Club. Potevi fare quello che volevi, doppia, tripla, buttare la palla addosso agli altri e riprenderla, ma se te la fregavano diventavi inseguitore. Grazie a quel tutti contro tutti Kenny diventò il più veloce a correre e il più bravo a palleggiare in totale controllo di corpo e palla. Mica perché sognava di diventare campione NCAA o giocare per Auerbach, ma solo perché non voleva mollare l'unico motivo di svago, il pallone, agli altri adolescenti infoiati. Le prime esperienze con il tiro in sospensione non saranno state fallimentari (vedi Renato Zero) ma vanno comunque annoverate sotto la voce «work in progress». Oggi un quindicenne può decidere se farsi ispirare da Reggie Miller, Ray Allen, Klay Thompson, Larry Bird, Kyle Korver, J.J. Redick, Danilo Gallinari o altri favolosi modelli visivi. Il nostro invece non aveva un singolo predecessore, e l'unico metodo possibile era il «trial-and-error», lo «sbagliando s'impara» della nostra gioventù. Kenny non usava correttamente polso e polpastrelli e il rilascio della palla avveniva dall'anca come succede a molti giovanissimi, *quorum* il più volte evocato Wardell Stephen Curry prima di diventare bi-MVP. Il problema principale però era un altro: siccome il tiro era lo *spin-off* di una penetrazione Kenny usava sempre una sola velocità in palleggio, la massima, con la conseguenza di rovinare su diecine di difensori dopo il rilascio e vedere altrettante diecine di arbitri battere con forza il pugno contro il palmo per segnalare uno sfondamento. Bisognava lavorarci, ma questo per sua fortuna era l'ultimo dei problemi. Pioggia, vento o neve che fosse, lui e Bud ci davano dentro alla fattoria. E tirare cinque minuti in quelle condizioni vale trecento realizzati al calduccio della palestra con la Jacuzzi che ti aspetta. Al tempo, con quell'area strettissima e senza la regola dei tre secondi, tirare da fuori era giustamente considerata una pratica da evitare. Meglio trovare un bel mammuth di centotrenta chili, dargli la palla a un metro dal canestro e riscuotere i dividendi. I tempi però stavano cambiando, e le regole con loro. Nel 1938 gli Dei del Basket illuminarono le menti dei legislatori ponendo fine alla ridicola contesa dopo il canestro segnato (prima o poi l'NCAA arriverà anche a cancellare il possesso alternato, ma con comodo). Ora un giocatore piccolo, veloce e abile nel trattare la palla diventava assai utile, eccome. E atteso che quelle ore passate a giocare a *keep-away* avevano trasformato Ken in un mago del palleggio, anche Bud convenne che il piccolo Kenny poteva diventare uno importante. Serviva però qualcosa di più degli 1 contro 1 a 21 puntualmente vinti dal fratello maggiore per fare il vero salto di qualità.

Le scuole a Hillsdale si fermavano alla terza media, ma per i suoi ragazzi Miss Sailors voleva di più. Così vendette la fattoria e si stabilì a Laramie, sulla Quinta Strada, a pochi passi dalla sede di University of Wyoming. Una casa enorme, con otto camere da letto al piano superiore, ideale per il nuovo progetto: un pensionato per studenti a prezzi super competitivi. Bud si iscrisse al vicino college e Ken alla Laramie High School, dove divenne la guardia titolare dei freshmen per i Plainsmen. L'unico cruccio era che mamma lo costringeva a frequentare la scuola indossando dei calzoni alla zuava come quelli di Capannelle in *Audace colpo dei soliti ignoti*, laddove per un paio di pantaloni lunghi e una cintura avrebbe fatto qualsiasi cosa. Quando coach Floyd Foreman vide per la prima volta il suo miglior giocatore tentare quel tiro sghimbescio, coi piedi per aria, sgranò gli occhi sorpreso. Anche i suoi assistenti guardavano Ken come fosse un marziano, ma non lo forzarono mai a cambiare stile perché le percentuali erano ragguardevoli rispetto agli standard dell'epoca. Sailors ricorda che invece l'allenatore cambiò lo stile di alcuni compagni che non la mettevano, perché l'obiettivo di un tiro dovrebbe essere quello di entrare nel canestro, e non di rispettare dei canoni astratti.

L'unica situazione in cui era consentito saltare era a rimbalzo; per il resto, attacco o difesa che fosse, piedi a terra e pedalare. Ken non è neppure in grado di dirci se qualche suo compagno al college fosse in grado di schiacciare, perché causa la fragilità dei tabelloni in vetro l'ordine tassativo era di non azzardarsi neppure a considerare l'ipotesi. Sailors invece non aveva paura di librarsi verso l'alto: rispettava le altrui opinioni ma insisteva su quel tiro. E i risultati, da sempre i migliori alleati dello sportivo, erano dalla sua. Da freshman andò a vedere con gli amici il torneo AAU che a Denver, nel vicino Colorado, assegnava il titolo. La stella di quella manifestazione era un giocatore reduce da una grande carriera universitaria con gli Stanford Cardinals. Il suo nome, che abbiamo già incontrato, era Angelo Giuseppi (sic) Enrico Luisetti, ma tutti lo chiamavano «Hank» perché Angelo non gli pareva abbastanza macho. Suo padre, Stefano, era arrivato a San Francisco nel 1907 da Ranco, civettuola cittadina in provincia di Varese di un migliaio di abitanti che guarda sul golfo della Quassa, Lago Maggiore. Mamma Amalia Grossi insegnò al figlio l'unica lingua che conosceva, il dialetto, e fino alla prima elementare Hank parlò solo un varesotto appena macchiato da qualche parola di italiano. A quattro anni Angelino scivolò di soppiatto in cucina mentre mamma e zie erano impegnate in un ramino all'ultimo sangue, e con un gesto atletico degno di un Cassina si sedette in salto sul bancone. «St'a fet? Ven gioò de lì!» urlò mamma Amalia dopo un attimo di paura, riuscendo a malapena a nascondere l'orgoglio per il salto felino del figlio unico, che sarebbe poi stato soprannominato «spiderlegs», «gambe di ragno». Il vero prodigio di Angelo occorse però qualche anno più tardi, nel 1932. Imparato l'inglese e scelto il basket come sport di elezione, il quindicenne Luisetti era in campo al Kezar Pavilion, nel Golden Gate Park di San Francisco, a difendere i colori di Galileo High School contro St. Ignatius. Lanciato in palleggio alla massima velocità, a sei metri dal canestro fece una cosa del tutto inconsulta, come quel volo sul bancone con atterraggio perfetto. Invece di arrestarsi e scegliere tra piazzato a due mani e passaggio, staccò in corsa e mentre era in volo (!!!) sparò un tiro a una mano (!!!) sulla testa dello stranito difensore. Il pubblico, distratto, non batté ciglio, perché non sempre tutto è chiaro dall'inizio. L'allenatore, Tommy DeNike, lo investì invece con un cazziatone degno del miglior Popovich, minacciando rappresaglie terribili in caso avesse rivisto quello scempio. Cosa che peraltro non scoraggiò più di tanto il primo *cinquantellista* della storia che, per lo stile e la testardaggine, ricorda a molti biografi Manu Ginobili. Il fantasioso ragazzo mise a punto non una ma ben due eresie: assieme al già citato tiro in corsa da sopra la fronte si esibiva infatti in un larghissimo gancio (in corsa o staccando dal piede perno) che eseguiva indifferentemente con entrambe le mani. «Cosa si può fare contro uno così? Salta un milione di miglia in aria e poi ti arriva addosso come i martelli dell'inferno» si chiese retoricamente Leo Merson dopo che Stanford nel 1936, interruppe una serie di 43 vittorie della sua Long Island. Ok, Merson tendeva un po' al melodrammatico, ma Luisetti era un fenomeno vero. Uno che senza tecnica saltava in alto 1,91 quando il record mondiale era 2,05, uno che mandava in visibilio le folle e che aveva la scorta come Sinatra ed Elvis. Senza la guerra e un problema al ginocchio sarebbe diventato una leggenda, e invece a ventisette anni fu costretto a chiudere con il basket, una storia che ricorda quella di Lou Gehrig, un altro che l'inglese lo imparò come seconda lingua. Capite che, per Kenny Sailors, vedere giocare uno così fu un'autentica epifania.

Immagino che qualcuno stia pensando: ma se Sailors ha visto Luisetti tirare a una mano, allora è di Hank che dovrebbe occuparsi questo capitolo, e non del figlio di Cora. La risposta tecnica è che tra tiro a una mano e tiro in sospensione c'è molta differenza, come avremo modo di spiegare tra pochissimo. Non si tratta di stabilire chi è arrivato prima, e men che mai chi è più importante tra Sailors, Luisetti (scomparso nel 2002 a 86 anni) e un'altra diecina di nomi su cui tra poco ci soffermeremo. Non ha alcun senso scimmiottare la contesa tra Meucci e Bell (più Manzetti, Reis e Gray) per il telefono. Si tratta invece di capire che il progresso è la somma di tante piccole intuizioni e casualità, affascinanti da ricostruire ma di cui non diventare schiavi, perché la foia della primogenitura fa perdere di vista il processo, l'unica cosa importante. Un processo lento se il leggendario Nat Holman, allenatore a CCNY, vedendo Luisetti tirare a una mano sentenziò che quel tiro era "una preghiera", e come tale da evitare. Kenny invece, vedendo «Spiderlegs» prese ulteriore fiducia nella conclusione che aveva inventato in stato di necessità al mulino, ripudiando definitivamente il tiro a due mani ma non il piazzato, ritenuto adatto a determinate situazioni. Il che è concetto ancora validissimo, perché se c'è tempo e spazio si può benissimo tirare da lontano senza staccare troppo i piedi da terra, anzi, si deve. Dal grande Luisetti il ragazzo del Wyoming prese anche l'esecuzione dei tiri liberi «da sopra», considerata eretica rispetto al sottomano che rappresentava l'unico stile accettato. Quella trasferta a Denver è una rarissima eccezione alla regola secondo la quale nessuno sapeva alcunché di quel che succedeva fuori dalla propria cinta daziaria, specialmente se nato nel mezzo del nulla come il nostro eroe. Per questo Sailors ha sempre rifiutato la patente di inventore.

> Non sono mai andato in giro a dire di aver inventato il tiro in sospensione. Come faccio a sapere se sono stato io il primo? Magari Naismith un paio di volte ci ha provato, e noi non lo sappiamo. Qualsiasi tiro eseguito in salto, lay-up incluso, è tecnicamente uno jump shot. E poi vai a sapere se qualche ragazzo in un punto sperduto del mondo non tirava in sospensione già nel 1800.

Già, impossibile saperlo. Quello che sappiamo è che due storici del Gioco, Jerry Krause e John Christgau, hanno lavorato a fondo per raccogliere la maggior quantità di dati possibile. L'ex General Manager dei Bulls di Phil Jackson, soprannominato «briciole» da Michael Jordan per la relativa eleganza a tavola, ha una sua idea precisa sul punto.

> Molti giocatori eseguivano variazioni sul tema del tiro in corsa a una mano, ma il tiro di Kenny Sailors è quello che si avvicina di più al concetto odierno di tiro in sospensione, eseguito staccando da due piedi e tirando all'apice del salto. Se sia stato il primo non lo so e non lo può stabilire nessuno, ma è stato certamente il primo a perfezionarlo e a usarlo con regolarità.

Nella sua ricerca Christgau mette invece l'accento su come il concetto di «national media» fosse sconosciuto all'epoca, per cui potrebbero benissimo esserci stati molti «inventori», ognuno all'oscuro degli altri. Non Luisetti, per motivi che lui stesso ci ha spiegato con grande onestà intellettuale.

Io non avevo uno jump shot come è inteso oggi, ma un tiro in corsa a una mano.

Lasciamo ai due protagonisti, messi a confronto tramite le rispettive dichiarazioni, il compito di entrare nei dettagli.

SAILORS: non farei eseguire lo jump shot ai ragazzi troppo giovani. Ci vuole molta forza nel polso e nelle dita per questo tipo di tiro e i più piccoli tendono a usare la fase ascensionale del salto per aiutarsi, il che è profondamente sbagliato (dovremo spiegarlo a Steph, n.d.r.). Quelli con meno forza nelle braccia devono mettersi vicino al canestro, uno o due metri al massimo, e imparare a saltare in verticale quando tirano, trovando l'equilibrio ideale tra salita e discesa. Non si tira mentre si sale e non si tira mentre si scende, si tira all'apice del salto. Ci vuole molto allenamento, è una questione soprattutto di polso e polpastrelli e non bisogna scordarsi di chiudere con il braccio a collo d'oca.
LUISETTI: tirando a due mani non riuscivo ad arrivare al canestro, così sviluppai l'abitudine di fare uno o due palleggi, saltare e tirare durante la fase ascensionale. Non tiravo all'apice del salto come fanno oggi, lasciavo semplicemente andare la palla in corsa da sopra la mia faccia spingendola con le dita. Sono stato fortunato perché i miei allenatori a

Galileo e a Stanford, vedendo che facevo canestro, non hanno provato a correggere il mio stile (dopo la sfuriata iniziale di DeNike, n.d.r.).

Mi pare chiarissimo: Kenny Sailors era Klay Thompson e Hank Luisetti era Steph Curry. Il primo tirava in sospensione, il secondo in elevazione. Come dimostrano gli Splash Brothers, una cosa non esclude minimamente l'altra nella somma bellezza di un Gioco fatto di mille sfaccettature. Il dibattito sulla nascita del tiro in salto, che ricomprende le due categorie, non riguarda solo questi due complementari pionieri ma molti altri, che meritano una citazione in rigoroso ordine alfabetico:

- **Johnny Adams**, figlio della Depressione, cresciuto in povertà a Beebe, Arkansas raccogliendo il cotone. Jumpin' Johnny giocò con i Razorbacks la Final Four del 1941 dopo aver eliminato la Wyoming di Sailors segnando 26 dei 52 punti di squadra con ben 11 canestri dal campo, 9 dei quali in sospensione. «Il tiro da canguro di Adams è instoppabile» commentò il giorno dopo l'*Associated Press*, certificando la bontà di quella tecnica. Uno dei suoi avversari in quella partita, quel Curt Gowdy di cui torneremo a parlare, ha sempre sostenuto che sia stato Adams il primo a utilizzare lo jump shot. In realtà quest'ultimo aveva mutuato quella tecnica da Gaylon Smith, giocatore di Beebe nel 1934 e poi stella del football, perfezionandolo da solo con il placet del suo allenatore Bro Erwin.
- **John Miller Cooper**, stella di Missouri riconosciuto dagli archivi ufficiali NCAA come il primo a tentare un tiro in sospensione a livello collegiale. Stando al suo racconto Cooper venne folgorato dalla visione di un tap-in al volo di un giocatore di

University of Chicago, e da lì cominciò a esercitarsi per emulare quel tiro volante in situazioni più canoniche. «Sailors è venuto dopo di me – sostiene il laureato in fisica – e ha portato lo jump shot tra i professionisti». Sia come sia, Cooper ha insegnato kinesiologia a Southern California per ventun anni e a Indiana per altri sedici, ed è considerato il padre della biomeccanica moderna. È scomparso nel 2010 a 98 anni.

- **«Jumpin'» Joe Fulks**, figlio del Kentucky come Cooper. A Birmingham, città oggi sommersa dalle acque del Kentucky Lake, crebbe in povertà assoluta con un padre alcolizzato e depresso. Imparò a tirare con un pallone imbottito di segatura, che ovviamente richiedeva un salto per essere in qualche maniera indirizzato verso il canestro. Fu il primo a segnare 1000 punti in una stagione NBA e il 10 febbraio 1949, senza cronometro dei 24 secondi e già alle prese con un serissimo problema di alcolismo, ne mise 63 (sessantatre) in Philadelphia Warriors-Indianapolis Jets pur sbagliando 6 dei primi 7 tiri. Quella prestazione sarebbe stata record per undici anni ma siccome quella sera i mezzi pubblici entravano in sciopero a mezzanotte, solo 1500 coraggiosi auto-muniti ne furono testimoni. Fulks venne assassinato nel 1976 dopo una notte dal forte sapore di vodka dal compagno di bevute, il rancoroso figlio di una donna rimasta vedova con cui aveva una relazione.
- **John Joseph «Mouse» Gonzales**, peso piuma (sessantuno chili) da Lowell High School a San Francisco, che mostrò il «nuovo» tiro nella vecchia palestra del Japanese YMCA su Buchanan Street una notte di ottobre del 1942. Gonzales, che più tardi cambiò il cognome in Burton, giocò per San Francisco

State University diventando il primo Gator a chiudere la carriera con 1000 punti. Il grande Pete Newell (vedi capitolo 5) lo ritiene il primo vero tiratore in sospensione della West Coast lasciando fuori Luisetti per i motivi già citati. Sailors sostiene che nel 1943 circa un giocatore su dieci tirasse a una mano, una percentuale che aumentava parecchio considerando solo le principale scuole dell'Ovest (BYU, Utah, Wyoming, California, Stanford).

- **Davage «Dave» Minor** da Gary, Indiana, noto come «The Steel City Wheelhorse». Il suo primo tiro in salto è datato 1937, quando in una partita di allenamento si trovò in aria e segnò con un bel finger roll per evitare la stoppata. Quando il suo allenatore Hank Mantz gli chiese con aria severa se sapeva cosa avesse combinato, rispose semplicemente di no. Quel gesto inconscio si trasformò in un tiro a una mano alla Luisetti che nel 1941 era così migliorato da trascinare i Blue Devils della Froebel High School alla Final Four del mitico torneo statale dell'Indiana, quello di *Colpo vincente.* Se non vi sembra una grande impresa sappiate che quel torneo lo avevano iniziato 777 squadre, e che Froebel superò Central, allenata da un certo John Wooden. Dopo una militanza con gli Oakland Bittners della AAU, campioni nel 1949 con il discreto record di 67-1, fu uno dei primi afroamericani a giocare nella NBA a partire dal '51-52.
- **John Shove «Bud» Palmer**, figlio del fullback e attore Maurice Dennis «Lefty» Flynn e di Blanche Palmer, non eccelso soprano. La segaligna ed esplosiva ala di 1,93 ambientò i suoi flirt con il tiro in sospensione, dovuti alla gracile costituzione, nella

palestra resa famosa da John Knowles nel fortunato romanzo *A Separate Peace*. Dopo gli studi in Svizzera esibì il suo marchio di fabbrica con la maglia di Princeton e poi con i New York Knicks, di cui fu capitano e capocannoniere nella stagione inaugurale della BAA ('46-47). Coach Neal Cohalen, irlandese che fumava la pipa ed era titolare di un negozio di liquori, vedendo il suo tiro al training camp esclamò: «ma che diavolo è 'sta roba?» Il figlio di Dennis Flynn gli spiegò che era il suo tiro, che nessuno glielo aveva insegnato ma che ormai si trovava bene così. Cohalen non cedette, e per conquistare i minuti Bud dovette invitare il suo allenatore al bar per un paio di bicchieri di quello buono. Dopo un'ottima carriera da telecronista è morto nel 2013, a 91 anni.

- **Glen «Glenn» Roberts**, nato nel 1912 in una piccola città della Virginia. Cresciuto tra metri di neve da spalare e decine di chilometri da percorrere *pedibus calcantibus* per andare e tornare da scuola, diventò *obtorto collo* un eccellente atleta, come i sei fratelli. Galeotta, in questo caso, fu la neve. Con la coltre bianca e il conseguente fango per terra i fratelli Roberts erano costretti a giocare a «chi la prende tira», e l'unica maniera di scagliare la *pallonessa* verso il cerchio, in assenza di palleggio, era saltare il più in alto possibile. Salta che ti risalta, condusse Christopher Gist High School a due titoli dello Stato e una stagione da 35-0 nel 1931, prima di riscrivere il libro dei record a Emory & Henry College, dove per la prima volta ebbe a disposizione una palestra indoor per lavorare su quel tiro strano. In 104 gare universitarie da pivot (a 1,93 per 81 chili) tenne la stellare media di 19,4 punti, sollecitando paragoni con Joe Lapchick e Dutch Dehnert, le stelle degli Original Celtics che avete incontrato nel capitolo 1. Il tiro che Glenn prendeva grazie al lavoro di coach «Pedie» Jackson era l'antenato del moderno *fadeaway turnaround*, di cui l'elevazione e l'effetto corretto impresso al pallone con una sola mano erano elementi costitutivi. Allo straripante dominio di Palmer, cui quel tiro concorreva in maniera cospicua, si deve la definitiva istituzione della regola dei tre secondi. Dopo aver giocato nella NBL Roberts abbandonò il professionismo. Con cinque dei sei fratelli mise in piedi una squadra a conduzione familiare che divenne il terrore delle leghe industriali del Northeast Ohio. Durante le rispettive ferie i Roberts giocavano in Virginia, Kentucky, Tennessee, North Carolina e West Virginia contro università, professionisti e dopolavoristi per sostenere i reduci di guerra. Il suo tiro cadendo indietro, spesso appoggiato al tabellone, continuò a mietere vittime fino agli anni Cinquanta.

- **Myer «Whitey» Skoog**, figlio di un emigrato dall'isola di Rolla, sulla costa norvegese, guardia di cui si ricorda nel 1944 un improvviso tiro in salto, sbagliato, nel terzo quarto di una partita tra la sua Brainerd e Bemidji, due scuole del Minnesota, cercando di superare la mano protesa del centro avversario. Il salto era dovuto all'istinto che aveva maturato praticando il salto con gli sci in gioventù, e ci sarebbero voluti cinque anni perché l'ormai All-American a Minnesota University trovasse il coraggio di replicarlo. Quel tiro, ormai sdoganato, sarebbe poi diventato il suo marchio di fabbrica ai Minneapolis Lakers, con cui vinse tre titoli NBA consecutivi tra il 1952 e il 1954.

- **Belus Van Smawley**, nato tra i monti Appalachi del North Carolina. Nella fattoria di famiglia a Ellenboro, tra Charlotte ed Asheville, lui e gli amici attaccarono un cestino per le pesche con un cavolo come retina a un muro del magazzino ferroviario abbandonato, passando ore e ore a combattere con l'antenato del pallone e con la superficie di gioco, non esattamente parquet. Nell'ottobre del 1934, poche settimane dopo il fatale giorno al mulino dei Sailors, nel bel mezzo di una di queste jam session campagnole usò la sua terrificante elevazione per prendere un tiro a cavatappi che nessuno aveva mai visto prima. Quella domenica pomeriggio fece un arresto improvviso e secco, un mezzo giro sul perno e quindi un gran salto, durante il quale si rimise in asse con il canestro prima di far partire un folgorante tiro a una mano che si infilò nelle foglie di cavolo. Con quel movimento, che oggi ha interpreti preziosi come Kobe Bryant e Gigi Datome nelle rispettive categorie di peso, Belus Smawley divenne una delle prime stelle dell'NBA dei vostri nonni dopo aver frequentato Appalachian State.

Al termine di questo elenco vi girerà un po' la testa, ma era doveroso rendere omaggio a tutti gli scienziati dello jump shot, più o meno pazzi, prima di rilasciare il tasto pausa e tornare a Kenny Sailors. Lo abbiamo lasciato al liceo, reduce dalla visione delle magie di Hank Luisetti e pronto a prendere in mano i Plainsmen di Laramie HS. Quando e se Sailors tirava da lontano lo faceva quasi sempre piazzato, il tiro in salto era riservato alla media distanza. Per il miglior realizzatore della squadra (12 punti di media ma il *pace factor* non era quello dei Warriors) andare a giocare dietro casa per i Cowboys di UW fu una decisione scontata. Solo Utah si era fatta avanti con un timido reclutamento ma Cora aveva fatto subito capire che di allontanarsi non se ne sarebbe neppure parlato. Per pagarsi la retta Kenny doveva servire i pasti alla mensa e fare i turni al bar, pulendo i pavimenti e servendo soft drink e bevande calde agli studenti più ricchi. Roba da ridere rispetto alla semina in fattoria, e qui in cambio ti davano anche venticinque centesimi all'ora e un pasto gratuito. A University Avenue trovò coach Everett «Ev» Shelton, proveniente dai mitici Phillips 66ers Oilers e dai Denver Safeways della AAU. Gli Oilers, undici volte campioni AAU, formarono con i «Fabulous Five» di Adolph Rupp l'ossatura degli USA campioni a Londra nel 1948, e venire da lì era una garanzia di valore. Shelton capì subito che anche se pesava 62 chili bagnato quel Sailors era un eccellente atleta, come testimoniava il successo da «end» nel football americano. Quando si parla di un «end» di quegli anni si intende sia un ricevitore sia un *defensive end*, perché il doppio ruolo era una regola senza eccezioni. Dubbioso sul da farsi il diciottenne si consultò con Coach Foreman, che lo aveva allenato anche nel football. Questi, con i dovuti modi, gli fece presente che 62 chili per un difensore di linea nel college football avrebbero rappresentato un lieve svantaggio competitivo. Coach Shelton, ex quarterback a Phillips University, fece meno giri di parole: «se giocherai a football – gli spiegò scandendo bene le parole – scordati la mia squadra». Kenny decise che avrebbe potuto utilizzare la sua attitudine al contatto anche nel basket per subire dei falli e il dado venne definitivamente tratto.

Il ragazzo della prateria non era cresciuto più di tanto, arrivava a 1,75, ma era diventato molto più sicuro di sé. In quel 1939 i freshmen non giocavano la competizione principale. Kenny e i suoi compagni capirono fin dal primo allenamento che, seppur inesperti, erano più forti della prima squadra. In doccia era una continua sfida ai veterani, che Shelton lesse come pura impertinenza di quei galletti cui andava abbassata la cresta. Perciò organizzò una partita ufficiale contro i «veri» Cowboys, con tanto di pubblico e stampa accreditata. Come sarebbe successo qualche anno più tardi a UCLA con Alcindor, i freshmen fecero però seguire alle parole i fatti vincendo 42-31 con 11 punti di uno scatenato Sailors. L'anno seguente gli autori della prodezza entrarono a far parte a pieno titolo della squadra che giocava le sue partite interne alla mitica Half Acre Gym, un'arena che oggi si definirebbe *multi-purpose* in cui potevano trovare posto 4000 spettatori seduti (più svariati altri abbarbicati ai corrimano), teatro delle gesta dei Cowboys dal 1928 al 1951. Allora quello che oggi è un centro di ricreazione per bambini era uno dei campi più grandi di tutti gli Stati Uniti. Coach Shelton utilizzava una difesa rigorosamente a uomo e il *box-weave offense* (poi definito *Wyoming Weave* o *Shelton Weave*), un sistema offensivo di mezza ruota in continuità con partenza 1-2-2 larghissimi in cui l'unica regola consisteva nel bloccare per qualcuno dopo aver passato la palla. Proprio per la sua semplicità si trattava di un attacco estremamente sofisticato ed efficace, predicato sull'eterno concetto di ball-movement. Il cocktail risultava micidiale per le difese avversarie grazie all'altitudine (Laramie è situata a 2184 metri sul livello del mare) e alla scarsa conoscenza che ne avevano le squadre della Costa Est, votate al dai-e-vai. Sailors, uno Steph Curry ante litteram che utilizzava finezze come il palleggio in esitazione per aprire il campo e ripartire all'improvviso, era perfetto per il modernissimo concetto di liberare la zona centrale e guadagnare vantaggi con i blocchi, tutti irregolari secondo gli avversari.

Shelton lavorava in profondità anche sulla psicologia, insegnando ai suoi giocatori che essere fischiati in trasferta era un segno di distinzione. «Nessuno fischia i brocchi – era il suo efficace ragionamento – se vi fischiano è perché vi temono, per cui deve trasmettervi sicurezza». Arrivando a Laramie Ev aveva promesso che i tempi cupi avrebbero avuto vita breve, e non si trattava di quello che Eliot Ness era per Al Capone a parte il distintivo. Parliamo di un coach con 850 vittorie in carriera, indotto nella Hall of Fame nel 1980, sei anni dopo la sua scomparsa. Uno che negli Sterling Milk della AAU aveva insegnato il basket a un certo Henry Iba. Nell'anno da sophomore di Sailors, come promesso da Shelton, i Cowboys vinsero quattordici partite perdendone sei, un bilancio eccellente considerato che due terzi delle gare vennero giocate in trasferta perché nessuno voleva sottoporsi alla tortura dell'altura. Per Kenny oltre 7 punti di media, e soprattutto 17 con 6 canestri e 5 su 5 ai liberi nella già citata sconfitta 52-40 contro Arkansas al West Regional che i giornali del 22 marzo 1941 commentarono così.

Un sophomore salterino che ha iniziato la gara in panchina ha conquistato gli spettatori di Wyoming-Arkansas. Anche se sconfitto Ken Sailors è stato l'eroe della serata, senza per questo dimenticare le prodezze dell'artista del tiro in sospensione Johnny Adams, le cui parabole trovano sempre la retina.

Assai meno impressionante di Sailors e Adams in quella partita fu un'altra guardia di Wyoming che chiuse con 0 punti, 4 falli e due errori ai liberi. Il nome di quell'oscuro junior? Il già citato Curt Gowdy, radio e telecronista che al termine di una carriera cominciata raccontando il football 6 contro 6 da dentro una cassetta di drogheria in plastica avrebbe commentato tredici World Series, nove Superbowl, otto Olimpiadi e ventiquattro Final Four. Il suo ricordo di Kenny?

> Sailors era un grande palleggiatore, veloce come un serpente a sonagli. Aveva anche un buon tiro ed era divertente da veder giocare.

Già, aveva *anche* un buon tiro, ma soprattutto 91 centimetri di elevazione da fermo e un palleggio degno di Marques Haynes e «Curly» Neal. Per Gowdy e per i giornali dell'epoca il vero maestro del tiro in sospensione in campo quella sera a Kansas City era Adams, non il figlio di Cora. Ennesima prova di come l'angolo da cui guardiamo le cose, in ottima fede, altera la nostra percezione al pari degli elementi (parziali) in nostro possesso. Quel che Gowdy sosteneva è che il primo tiro in sospensione efficace che vide in partita fu quello di Adams. Anche perché, come ovvio, di quanto avvenuto nelle campagne del Wyoming sette anni prima era all'oscuro.

Sailors intanto cresceva come uomo e come giocatore. Shelton gli diede perfino le chiavi della palestra, un segno di grande fiducia, e quasi tutte le sere Kenny trovava conforto nel piacere dell'allenamento solitario, mettendo una fila di sedie a un metro di distanza e percorrendo avanti e indietro, prima di destro e poi di sinistro, l'intera lunghezza del campo slalomeggiando strettissimo. E poi virate, cambi di mano, direzione e ritmo. E ancora layup a diverse velocità, sempre con ambedue le mani. Pochissimo tiro in quanto tale, perché all'epoca non si riteneva che valesse la pena insistere più di tanto su questo fondamentale, neppure se stavi perfezionando qualcosa di rivoluzionario. E poi Sailors era un giocatore completo, che non si fermava ai punti segnati. In difesa la sua strategia era di tenere gli occhi sull'ombelico dell'attaccante, come aveva imparato nel football americano, senza guardare gli occhi, la testa o le anche.

Ev Shelton ebbe due grandi meriti: percepire subito il valore di quella squadra, che molti sottovalutavano pregiudizialmente perché confinata presso le periferie dell'Impero, e constatarne la dipendenza tecnica e psicologica da Kenny Sailors. Così decise di alzare la posta e disse ai Cowboys: «ho vinto un titolo nella AAU, voi mi aiuterete a fare la stessa cosa a livello universitario». Per raggiungere l'apparentemente folle obiettivo decise di alternare disciplina e libertà con grande intelligenza. La seconda venne in gioco al momento di non limitare, e neppure incoraggiare per la verità, quello strano modo di tirare del suo leader. A lui interessava quella che si chiama *bottom line*, ovverosia il risultato. Se a quel palleggiatore piaceva tirare così, nessun problema. A patto che facesse canestro ed eseguisse gli ordini.

Per convincere i suoi e gli altri che la previsione di vittoria non era una fanfaronata, Shelton portò i Cowboys a giocare ovunque e contro chiunque. Nel corso della sua gestione Wyoming sconfisse due volte nella stessa stagione i già citati Phillips 66ers Oilers, campioni AAU in carica. Sarebbe come se oggi Duke superasse, se non i Golden State Warriors, perlomeno il Real Madrid. Un'altra abitudine era quella di fare i bagagli e andare per tre giorni a New York prima dell'inizio del secondo semestre scolastico. Ken non dimenticherà mai quel primo mitico viaggio in una città che con i suoi sette milioni e mezzo di abitanti sopravanzava di 300 volte le anime che occupavano l'intero Stato del Wyoming. La notte del 23 dicembre 1940 lui, che non era mai andato oltre il Colorado dal giorno del suo arrivo in Wyoming, si addormentò a Laramie e si svegliò, stranito, alla stazione di Chicago, da dove proseguì verso New York. I lunghi della squadra, soprattutto il povero Komenich, hanno un ricordo meno idilliaco della tradotta dalle strettissime cuccette, ma per dei ragazzi cresciuti in aperta campagna arrivare a Penn Station fu qualcosa di surreale. E ragazzi, che arrivo fu mai quello! Ned Irish, il promoter del Madison Squadre Garden, aspettava alla stazione con una fila di macchine a noleggio e i fotografi erano pronti a immortalare la discesa dal treno dei Cowboys, termine che va inteso in senso letterale. Il vecchio mago del marketing aveva infatti convinto i giocatori a indossare stivali e cappelli alla Pecos Bill, un autentico colpo di genio per quanto vagamente *volgarotto*. Immaginatevi i commenti dei newyorchesi quando questa variopinta compagnia si presentò al check-in del Paramount Hotel, albergo di primissima a pochi isolati dal Garden dell'epoca. E immaginatevi ancora di più l'impatto di New York sui figli della prateria. Per prima cosa la squadra si immerse in una feroce partita di poker, gioco proibitissimo dalle regole di Shelton. La circostanza doveva rimanere segreta, ma quando Komenich andò sotto di un dollaro e mezzo mandò letteralmente per aria il tavolo. La scena seguente fu quella di un nugolo di giganti vestiti da cowboy che raccoglievano nichelini per terra mentre il più grosso, 2,05, dava fuori di matto. Quella sera Sailors uscì sognando una notte di bagordi a Times Square, ma la voglia gli passò vedendo un passante svenuto calpestato con nonchalance dagli indifferenti autoctoni. Intristito, pensò che New York era certamente un posto interessante, ma non per viverci.

Se invece volevi farti conoscere nel basket in quell'epoca pre-internet, da lì dovevi passare. Più precisamente dovevi dimostrare di saper domare l'esigente Madison Square Garden, equivalente di quello che la Scala rappresenta per tenori e soprano. «Quando senti il tuo nome, apri quella porta e avanza fino a centrocampo». Con queste scarne istruzioni Sailors affrontò la prima presentazione individuale della carriera. Il problema è che, una volta a centrocampo, alzò lo sguardo e vide diciottomila cristiani assiepati a perdita d'occhio, uno spettacolo che avrebbe paralizzato chiunque. Kenny e gli altri però, catechizzati a dovere da Ev Shelton, batterono la CCNY di Red Holtzman per 49 a 43. Era la notte del 30 dicembre, e quella fu la prima di cinque vittorie su altrettanti incontri per i ragazzi di Laramie. L'anno dopo Wyoming, ormai habitué del Garden, superò St. Francis dopo che Ned Irish aveva portato la squadra al Radio City Music Hall a vedere un musical. Jack Rose, dodicenne che vide quella gara in tribuna, scriverà qualche anno dopo a Sailors una lettera per raccontargli l'emozione nella scoperta con gli amici di un nuovo modo di tirare.

E quello cos'è? Come si chiama? Forse si potrebbe definire uno jump shot, no? Ho trascorso giorni nell'inutile tentativo di perfezionare quel tiro.

«Quel tiro», perché non esisteva ancora un termine universale per definirlo. Qualche commentatore aveva parlato di «un tiro eseguito con lo stile del lancio del peso», dimostrando di avere poche idee ma molto rozze e confuse. Sia come sia, Kenny, Jack Rose e i suoi amici avrebbero presto avuto ben altri problemi che non trovare una parola per definire un fondamentale del basket. Quando i Cowboys tornarono a scuola nell'autunno del 1941 l'aria era già di guerra, e tutti sapevano fin troppo bene quali nere nubi si addensassero sul loro futuro. Poche settimane dopo, il 7 dicembre, fu bombardata Pearl Harbor e per gli americani in età arruolabile cominciò un periodo di angoscia e incertezza. Il *draft* che occupava la mente di Sailors non era quello dell'NBA ma quello delle Forze Armate. Il nucleo della squadra rimase intatto e continuò a giocare a basket, sia nel '41-42 (15-5 il record) sia nella memorabile stagione successiva. Quando si cominciò Kenny non era neppure fidanzato, alla fine della stessa era già sposato con Marilynne, morta nel 2002 dopo 59 anni di matrimonio. A ottobre pochissimi esperti conoscevano il suo nome, ad aprile era sulla bocca di tutti gli addetti ai lavori d'America. E prima della fine di quel fatale 1943 il termine «uniforme» avrebbe assunto un significato diverso e più drammatico rispetto alla gloriosa maglia marrone e oro di Wyoming.

Il playmaker della prateria, che aveva già firmato le carte per servire nei Marines, divenne un Consensus All-American guidando i Cowboys a un record di 31-2 (33 partite in una stagione, un'enormità!). Per lui oltre 15 punti a partita, una cifra incredibile considerato il contesto tecnico. Dopo una sconfitta sul campo di Duquesne i «Punchers», come parte della stampa aveva preso a chiamarli, inanellarono 23 vittorie consecutive rimanendo imbattuti nelle dieci gare disputate all'interno della Conference. L'unica altra sconfitta stagionale arrivò nelle semifinali AAU di Denver, tappa fissa di avvicinamento al Torneo NCAA nella strategia di Shelton, per mano dei Denver Legion (33-41). Al Western Regional di Kansas City i Cowboys sopravvissero due volte, battendo Oklahoma 53-50 con 22 punti di Lomenich e Texas in rimonta 58-54 nonostante i 29 punti di John Hargis. In quest'ultima gara, con la squadra sotto in doppia cifra all'intervallo, Shelton rientrò in spogliatoio trovando i suoi visibilmente giù di morale. Prima di chiudersi teatralmente la porta dietro le spalle il grande Everett giocò la carta della psicologia.

Beh ragazzi, pare che sia finita allora. Io vado in albergo a fare le valigie, voi cominciate a giocare e quando ho terminato con i bagagli vi raggiungo e torniamo a casa.

Il lungo silenzio che seguì l'uscita di Shelton fu rotto dalla voce di Komenich. «Dai non deludiamo il vecchio, andiamo a vincere 'sta partita!» «Siamo pronti Milo – fece eco Sailors – tu pensa ai tabelloni, io mi occupo degli esterni e la portiamo a casa». In questa gara Wyoming utilizzò al meglio la regola che permetteva, segnato il primo tiro libero, di rinunciare al secondo e rimettere dal lato. Con questo discutibile accorgimento si potevano segnare tre punti nello stesso possesso per recuperare oppure far correre il tempo se in vantaggio, e i Cowboys sfruttarono ambedue le opzioni per sorpassare prima e controllare poi i Longhorns.

Tre giorni dopo, il 30 marzo 1943, Kenny Sailors, un pugno di ragazzi di campagna e un centro di Chicago arrivato a Laramie povero in canna scesero in campo al Madison Square Garden per giocare la finale NCAA contro la favoritissima Georgetown. Tutti i duecentocinquantamila abitanti dello Stato erano attaccati alle radio nella speranza di distrarsi dalle notizie drammatiche che rimbalzavano dal fronte. In molti trascorsero due ore in macchina gironzolando per le colline, dove grazie alla vicinanza delle antenne il segnale radio era più stabile rispetto alle città. Mentre nel mondo si scriveva la Storia, quelle radio parlavano di una storia, molto meno drammatica ma assai speciale. Le due partite vinte a dicembre contro St. Francis si dimostrarono l'ennesimo grande investimento di Shelton, perché ormai la squadra conosceva la magica atmosfera del Madison. Gli Hoyas, guidati dall'imponente centro John Mahnken (2,03), avevano battuto prima New York University per 55-36 e poi, nella finale dell'Eastern Regional al Garden, la mitica DePaul del grande George Mikan, tenuto a 11 punti da Mahnken. In quella gara il centro degli Hoyas aveva giocato sul perimetro per lasciare spazio alle incursioni delle guardie Dan Kraus e Billy Hassett (e noi pensiamo di avere inventato lo *spacing*...). La scelta degli Dei del Basket a favore di Georgetown fu conclamata ben prima del 53-49 finale, quando il siluro a due mani da 15 metri di Lloyd Potolicchio (uno dei due paisà della squadra con Dan Gabbianelli) trovò il fondo della retina allo scadere del primo tempo. La finale venne giocata davanti a diciottomila spettatori, gli unici testimoni visivi del match. Per la prima e unica volta nella storia, infatti, l'ultimo atto del Torneo NCAA non venne documentato neppure da una singola cinepresa (nel 2016 la sola CBS ha usato oltre quaranta telecamere ad alta definizione).

Coach Shelton non aveva mai visto giocare gli Hoyas, e il suo intelligence consisteva di una chiacchierata con un allenatore che una volta aveva affrontato Mahnken e compagni. Fino all'intervallo dominò la tensione, e l'ultimo dei sette pareggi della prima frazione venne rotto dal canestro di Sailors per il 18-16. A sei minuti dalla fine Georgetown era avanti 31-26 e pregustava già il successo, prima che il figlio di Cora prendesse in mano la partita con la decisiva collaborazione del panchinaro James Collins. Un 11-0 e un 9-0, separati da 3 punti di Georgetown, fissarono il punteggio finale sul 46-34. Komenich fece pari e patta con un Mahnken autore di soli 6 punti, 2 meno di quelli segnati dal sorprendente Collins, un altro nativo di Laramie. Con 16 Kenny Sailors, unico giocatore in doppia cifra della serata, si assicurò il titolo di MVP della Final Four, un traguardo incredibile per uno che nove anni prima desiderava solo riuscire a tirare senza farsi stoppare dal fratello. Clair Bee, leggendario allenatore di LIU che ha disegnato la prima 1-3-1 della storia e invocato con successo la regola dei 24 secondi nei pro, commentò così la prova dell'MVP.

> È stato Ken Sailors, un piccolo grande giocatore, a salvare la situazione per Wyoming, perché uno così è in grado di tenere sulle spalle il peso della squadra. Giocategli vicino e ha velocità e palleggio sufficienti per battervi con il cambio di ritmo. Stategli lontano e lui vi punta in palleggio, si arresta, si separa con lo step-back e tira, spesso con successo.

Bee non citava quella tecnica così innovativa che Louis Effrat, sul *New York Times* del giorno dopo, definì «l'elettrizzante tiro a una mano». La sua descrizione ci fa però capire che la parte davvero futuristica era il depistaggio in palleggio del difensore, un'arte possibile solo a chi dà del «tu» alla palla. Sailors non ricorda un suo singolo tiro in sospensione al liceo o al college stoppato, circostanza credibile pensando a difensori lenti e macchinosi al cospetto di una «cosa», lo step-back, che nessuno aveva mai neppure lontanamente immaginato. Oggi la storia dei Cowboys campioni NCAA nel 1943 finirebbe qui, al massimo con l'appendice della parata e dei festeggiamenti vari. In quello splendido e terribile anno invece, il meglio e il peggio dovevano ancora venire.

La Final Four NCAA si era giocata sullo stesso parquet che una settimana prima aveva ospitato la finale dell'NIT, il torneo di maggior prestigio per tradizione e montepremi. Quella finale l'aveva vinta St. John's, squadra virtualmente di casa, e nella città che non dorme mai si dava per scontato che i più forti collegiali d'America fossero i Johnnies, e non certo quei ragazzotti venuti giù da Laramie con il loro trenino. Precorrendo il grande avvocato Porelli, coach Shelton esclamò «non passa!» e disse che i Cowboys non si sarebbero accontentati di essere considerati la seconda miglior squadra di college, specialmente in una stagione in cui Illinois, dopo aver vinto 17 delle prime 18 gare stagionali, aveva visto l'intero quintetto-base partire per il fronte. «Sfideremo St. John's a casa loro se hanno il fegato di accettare» sbottò l'ambizioso allenatore, trovando un immediato alleato nel solito Ned Irish, che quando vedeva un grande affare lo riconosceva all'istante. Il primo aprile, invece del solito Pesce, gli appassionati si videro regalare il Red Cross Game, i cui proventi sarebbero stati destinati ad aiutare i feriti di guerra tramite la Croce Rossa. Vennero in 18316 e il Garden recava all'entrata la scritta SRO, Standing Room Only (solo posti in piedi); siccome invece da nessuna parte c'era scritto «No Smoking», i giocatori passarono due ore avvolti in una nuvola di fittissimo fumo. La squadra del grande Joe Lapchick era un gruppo speciale, guidato dal centro di 2,05 Harry Boykoff, dal futuro allenatore dei Knicks Fuzzy Levane e dal piccolo e razzente Hy Gotkin. St. John's aveva sgretolato nella finale dell'NIT i Rockets di Toledo battendoli con 21 punti di scarto tra gli osanna del pubblico di casa. Spesso gare del genere non corrispondono alle attese ma questa fece decisamente eccezione, e non solo perché al netto delle spese la Croce Rossa ricevette quasi trentamila preziosissimi dollari. Pur giocando in campo avverso e contro una squadra fenomenale i Cowboys tennero in mano il pallino per 38 minuti prima di perdere per falli Komenich e subire un 8-0 finale dei Redmen che mandò la gara ai supplementari sul 46 pari, non senza qualche polemica per un fischio dell'arbitro Matt Kennedy, teatrale direttore di gara alla Earl Strom (vedi capitolo 4). Chi ha agganciato miracolosamente il prolungamento di solito vince, ma per i Cowboys di quella stagione la logica non valeva. Sailors orchestrò da par suo le operazioni (11 punti alla fine) e James Weir, ala da Green River che si sentiva più portato a giocare centro, segnò 5 dei 6 punti con cui Wyoming vinse 52-47. I Cowboys festeggiarono con una cena di gala al Waldorf Astoria e una notte folle al Billy Rose's Diamond Horseshoe nel seminterrato del Paramount Hotel, in cui Shelton fece in modo che fossero vietati Bacco e Tabacco ma si largheggiasse in quanto a Venere (altro che campagnoli...).

Quando lo Zephyr Train che riportava gli eroi a Laramie arrivò, in stazione c'era tutta la città, con tanto di Governatore, banda, fuochi artificiali e clacsonate multiple. Per tre giorni scuole, uffici e negozi restarono chiusi, con l'eccezione dei bar che servivano da bere gratis in una follia festosa degna di un baccanale. A Laramie da quel giorno in poi per Sailors e soci sarebbero stati gratis anche il barbiere, il ristorante e quasi qualsiasi altra cosa, perché la doppietta newyorchese aveva davvero messo il Wyoming sulla carta geografica. Komenich e Weir tennero compagnia a Sailors nell'elenco degli All-American e quest'ultimo si vide anche premiare con il Chuck Taylor Award, destinato al miglior giocatore della nazione, oltre al Sullivan Award e all'Helms Award. Al banchetto in onore dei super-campioni tenutosi qualche giorno più tardi a Cheyenne il presidente dell'Università, J.L. Morrill disse asciutto: «Questi straordinari giovani prestissimo faranno parte delle Forze Armate. Non dubito che vinceranno anche nella loro nuova veste». Sette campioni NCAA fecero in fretta i bagagli e partirono per il fronte, cominciando a pensare a Guam e Saipan invece che al Madison. Komenich si salvò grazie all'altezza, causa di esonero, ma gli altri, MVP incluso, dovettero fare i bagagli in fretta e furia.

Dieci giorni dopo essere tornato da New York Sailors era a Quantico, Virginia, per iniziare l'addestramento che lo avrebbe fatto diventare ufficiale dei Marines. Per la successiva stagione i Cowboys non furono in grado di schierare una squadra, come molti altri college. Durante la prima e unica licenza tra l'addestramento e il fronte Ken sposò a Laramie la fidanzata Marilynne Corbin, cheerleader presentatagli pochi mesi prima da un amico comune, Stan Hathaway, che smessi i panni di Cupido sarebbe diventato Governatore del Wyoming. Dopo una brevissima luna di miele i due ripartirono per San Diego, sede della base operativa. Dall'estate del '43 all'inizio del '44 Sailors fu però distaccato alla sezione atleti, dove con i compagni di college Floyd Volker e Jimmy Collins e il grande Joe Fulks condusse i San Diego Marines a una serie di 35 vittorie consecutive contro squadre di AAU ed NCAA. Poi un Generale tuonò contro quegli smidollati che stavano a giocare mentre i loro coetanei combattevano, e il tenente Sailors trascorse il resto della guerra nel Pacifico Meridionale come addetto alla sicurezza di alcune navi d'appoggio, per essere congedato con il grado di Capitano dopo essersi meritato una Stella di Bronzo. A Guam durante una missione particolarmente pericolosa di recupero feriti vide la morte in faccia, ma la bomba a mano che gli esplose a un metro di distanza lo lasciò miracolosamente illeso. Per capire cosa fosse quel conflitto, a sua completa insaputa nello stesso teatro era attivo come pilota dei bombardieri B-25 e B-26 dell'Air Force il fratello Bud, la causa di quel tiro strano che Sailors non aveva potuto allenare durante quei tragici mesi.

Dopo la guerra Kenny tornò a giocare nel mezzo della stagione '45-46 per Wyoming con l'anno di eleggibilità extra concesso dalla Big 7 Conference a molti veterani di guerra. I Cowboys chiusero a 22-4 vincendo il Torneo della Big 7, ma l'NCAA negò loro la possibilità di giocare la March Madness per la presenza di troppi giocatori laureati. Tra questi lo stesso Sailors, titolare di una laurea per motivi bellici conseguita a sua insaputa tra le notti magiche del Garden e la partenza per Quantico. La delusione fu mitigata dal fatto che Marilynne, in quanto cheerleader, fece tutta la stagione con il marito in trasferta, anticipando la nazionale olandese di calcio a Germania '74. Come sempre Shelton portò la squadra a New York, e il 3 gennaio 1946 Wyoming superò 57-42 la Long Island University di Clair Bee con 15 punti di Sailors. Stando a Dick Young del *Daily News*, e al suo discutibile gusto in termini di paragoni, quella notte Kenny «lavorò come uno schiavo». Non fu però un quotidiano a proiettare Kenny Sailors nella storia.

Diciotto giorni dopo la gara *Life Magazine*, che all'epoca tirava oltre cinque milioni di copie, grazie alla Reflex di Eric Schaal immortalò a pagina 85 il gesto tecnico nato all'ombra del mulino, accompagnandolo con la seguente didascalia.

La guardia Kenny Sailors di Wyoming salta e tira per portare il punteggio sul 21-16. Per lui 7 canestri e un tiro libero, per un totale di 15 punti.

Salta (!!!) e tira (con una mano!!!). È l'equivalente, in termini cestistici, dell'istantanea che il 20 luglio 1969 Buzz Aldrin scattò a Neil Armstrong mentre armeggiava sulla superficie lunare attorno all'Eagle. Ai 18056 appassionati seduti sulle seggioline pieghevoli del Garden si aggiungeva ora una platea potenzialmente sterminata, fatta di giocatori rapiti dalla compostezza del gesto tecnico di Sailors. I testimoni visivi avevano assistito anche alla palla rubata, alla volata in palleggio, al poderoso arresto e alla fase iniziale del salto, tutti momenti importantissimi per segnare quel canestro. La macchina fotografica di Schaal aveva però colto l'attimo fuggente, quello in cui il numero quattro era all'apice del salto, pronto a scoccare il suo tiro. Quella foto era molto più di un'immagine, e spiega benissimo che l'eccezionalità non stava tanto nell'usare una mano invece che due, bensì nel tirare in salto librandosi nell'aria. Se ignoriamo la gamba sinistra, leggermente ballerina, non possiamo non ammirare i tre angoli di 90° con il gomito perfettamente allineato, la *off hand* nella posizione giusta e la perfetta presa del pallone: un vero miracolo per un autodidatta assoluto, una Grande Bellezza per il senso di scultorea impotenza che trasmettono i difensori di LIU. «La posizione delle gambe è ottima, sono perfettamente in verticale» commentò di fronte alla foto Kenny Sailors, conscio di quanti tentativi a vuoto gli fosse costato trovare quell'equilibrio, così difficile da stabilire quando devi trasformare la corsa in un salto. Lo storico del tiro in sospensione John Christgau ricorda di essere stato folgorato da quell'istantanea, che gli fece lo stesso effetto dei fumetti di Superman che leggeva la sera prima di dormire. Jud Heathcote, l'allenatore che portò la Michigan State di Magic Johnson al titolo NCAA nel 1979, in quello stesso 1946 fu talmente impressionato dal ragazzo di Laramie e dal tiro del futuro che il giorno dopo tornò a vedere Wyoming per studiare lo sconosciuto fenomeno. Con quella foto il futuro diventava presente. L'immagine di *Life Magazine* è l'ispirazione di una statua di sette metri che University of Wyoming ha commissionato a un artista locale per l'atrio di ingresso del rinnovando Arena-Auditorium (Double A per quelli che ne sanno). Sì, quel fotografo il 3 gennaio 1946 non ha colto un tiro in sospensione ma un passaggio tra due epoche, il più classico dei «moment in time». Un momento che nessun vero studente del Gioco può permettersi di ignorare.

Terminata la gloriosa carriera universitaria con un record di 82-17 (51-15 in trasferta!) Sailors si trovò a scegliere tra la AAU e la precaria pallacanestro professionistica dell'epoca. Per sostentare la famiglia la scelta cadde sulla seconda, e dopo aver superato i *tryout* firmò un contratto per i Cleveland Rebels, franchigia in transito dalla vecchia ABL verso la BAA, l'antenata della NBA. L'allenatore che presiedeva a quei provini, consistenti in partitelle in cui tutti cercavano di mettersi in mostra, altri non era che «Dutch» Denhert (vedi capitolo 1). «Dutchie» non aveva mai visto giocare Sailors, per dire quale fosse il concetto di comunicazione all'epoca. Alla vista di quel tiro iconoclasta, per nulla impressionato dal résumé del suo playmaker, coach Denhert si avvicinò e iniziò un dialogo con il suo accento newyorchese strascicatissimo.

DENHERT: ahhh, Sailors, ma chi diavolo ti ha insegnato quella roba lì in salto a una mano?
SAILORS: Dutch, con il massimo rispetto tiro così da un sacco di tempo.
DENHERT: Naaaahhhhh, nei pro questo tiro non funzionerà mai. Te lo insegno io un bel piazzatone a due mani come si deve. E poi, noi (East Coast) non palleggiamo quanto voi (West Coast), e ci passiamo il pallone avanti e indietro.

Kenny era troppo forte per non «fare» la squadra e troppo sicuro di sé per convertirsi al «set shot», il «tiro piazzato». La sua paga era di settemila dollari all'anno, un paio di migliaia sopra lo stipendio medio della lega, con diaria tra i sette e i nove dollari al giorno. Quelli di oggi settemila verdoni in media li hanno guadagnati appena dopo la metà del primo quarto della prima gara di pre-season, e la diaria, come già ricordato, dice 127 dollari. Il 3 novembre 1946 Kenny segnò tre punti nell'esordio da professionista, una vittoria 71-60 contro i Toronto Huskies di Hank Biasatti, l'italocanadese venuto da Beano, frazione di Codroipo (UD), e in quanto tale pioniere del concetto di «international player». Varrebbe la pena di raccontarla tutta quella stagione, non fosse altro che per citare gli affascinanti nomi delle avversarie, dai Chicago Stags ai St. Louis Bombers, passando per i Pittsburgh Iron Men e i Providence Steamrollers. Nonostante il pedigree di Sailors Denhert non fece un passo indietro, relegandolo senza cerimonie in fondo alla panchina per quel tiro impresentabile. A metà stagione Ken chiese di essere ceduto oppure, in subordine, tagliato per potersi giocare altrove le proprie chance. Pochi giorni dopo Denhert venne convocato dal front office, che gli comunicò che sarebbe dovuto partire immediatamente per un lungo e importantissimo viaggio alla ricerca di nuovi talenti per i Rebels. In sua contumacia la panchina venne occupata da uno dei dirigenti, Roy Clifford, che fece impennare i minuti di Sailors. Nessuno gli chiese più di ripudiare quel buffo tiro a una mano «che tra i professionisti non avrebbe mai funzionato». I Rebels fecero i playoff con un Sailors da 10 punti a partita, vinsero a valanga gara 1 contro i Knicks di «Bud» Palmer con 13 punti di un rinfrancato Kenny ma persero gli altri due episodi della serie al meglio di tre.

La stagione successiva il Wyoming Kid rimbalzò per la BAA come una pallina da tennis. Una partita con i Chicago Stags, due con i Philadelphia Warriors di «Jumpin'» Joe Fulks e finalmente un po' di pace e stabilità, 41 gare con i Providence Steamrollers a 13 punti di media, con il 30% al tiro su 17 tentativi per gara, il 69% ai liberi e quasi un assist e mezzo. Non sobbalzate per quel 30% al tiro: dovete immaginare i palloni e la preparazione dell'epoca, non fare il confronto con i numeri di oggi. Nonostante il buon contributo di Ken la squadra batteva in testa e vinse solo 6 gare su 48. Nel '47-48 i punti salirono a 15,8 con quasi 4 assist (ottavo nella lega in ambedue le categorie) ma il record rimase poco edificante, 12-48. La sua fama cresceva, e gli Steamrollers chiusero un accordo con la Bennett's Prune Juice, autorizzando i produttori di succo di prugna a mettere la faccia di Kenny sulle confezioni della bevanda. Al club andarono i soldi, a lui una fornitura annuale di ottimo succo di prugna: diciamo che i diritti di immagine non avevano ancora raggiunto le quotazioni odierne...

Il 1949 è l'anno in cui nasce quella cosina chiamata NBA, quella che dalla prossima stagione costerà ai network a stelle e strisce oltre due miliardi di Benjamin a stagione. Sailors c'è, e con oltre 17 di media è il quarto miglior realizzatore dietro a Mikan, Groza e Frankie Brian. I suoi Denver Nuggets, allenati da Jimmy Darden, vincono 11 gare e ne perdono 51 finendo come fanalino di coda della Western Division dietro a (rullo di tamburi...) gli Indianapolis Olympians, gli Anderson Packers, i Tri-Cities Blackhawks, gli Sheboygan Red Skins e i clamorosi Waterloo Hawks. In quella squadra c'è anche Floyd Volker, con cui è struggente ricordare un tempo bellissimo in cui 51 gare non si perdevano in dieci stagioni. Nonostante le sconfitte Sailors colpisce l'occhio di Red Auerbach, che lo chiama ai Celtics nel '50-51. Con Cousy in squadra però non c'è materialmente spazio per Ken, che Auerbach definì comunque «uno dei migliori palleggiatori che abbia mai visto». Altro giro e altra squadra, la settima, stavolta i Baltimore Bullets. Qui Kenny trova Belus Smawley, l'altro «inventore» dello jump shot nel 1934, di cui diviene grande amico. Ancora una buona stagione da 10 punti e quasi il 35% al tiro in un squadra in cui nessuno arrivava al 40%. Era un contesto in cui il grandissimo George Mikan stava sotto il 43% e Alex Groza era il tiratore più preciso della lega con il 47% tondo. Cioè due punti percentuali meno di quel che Kyle Korver ha convertito su 449 tentativi da tre punti nell'NBA 2014-2015. Anche tra i professionisti Kenny Sailors ha fatto cose eccellenti, dimostrando che tirare come documentato da quella foto di *Life* non era uno strano vezzo da campagnolo. Pochi soldi e poche vittorie però: era ora di voltare pagina e tornare alle origini.

Avendo maturato il diritto alla pensione NBA grazie ai tre anni di guerra, Kenny investì i suoi risparmi per comprare prima il Jackson Lake Lodge e poi l'Heart-6 Ranch a Jackson Hole, Wyoming, ancora oggi meta delle vacanze di chi vuole davvero capire cosa significhi vivere all'aria aperta. Sailors tornò a essere un vero cacciatore e cowboy, impegnato con gli animali come suo padre perché il DNA si può rinnegare solo fino a un certo punto. Nel frattempo allenava squadre di giovani a Cheyenne e pianificava una carriera politica in cui mettere a frutto la notorietà e l'ambizione di aiutare gli altri. Dopo essere stato eletto nella bicamerale del Wyoming nel 1954 tentò senza successo la corsa al Senato nazionale nel 1962 e nel 1964. Nel frattempo l'enfisema dell'amata Marilynne era peggiorato, e i medici suggerirono di andare a cercare un'aria ancora più pura. Senza pensarci due volte nel 1965 attaccò il classico rimorchio alla station wagon e fece rotta verso l'Alaska con tutta la famiglia, fermandosi 200 miglia a nord di Anchorage. L'uomo che aveva fatto impazzire il Garden e sognare un intero stato, per amore divenne una guida per cacciatori e turisti, assumendo anche il look del patriarca solitario. Il fuoco covava sotto le ceneri però, e con la scusa di trovare una squadra alla figlia Linda si mise ad allenare un liceo locale vincendo per quattro volte il titolo dello stato e diffondendo il verbo con clinic e dimostrazioni fino agli sperduti villaggi degli Inuit, quelli che non amano essere chiamati eschimesi, nelle lande più remote della remota Alaska. Dopo la morte di Marilynne, nel 2002 decise di tornare a vivere a un tiro in sospensione dal campus di University of Wyoming, come all'inizio degli anni Quaranta. In forma straordinaria per un ultra-novantenne, era cosa comune fino a fine

2015 vederlo alle partite casalinghe della squadra. Nel 2012, quasi settanta anni dopo il titolo del 1943, fu indotto nella National Collegiate Basketball Hall of Fame. Quando gli venne data la parola durante la cerimonia sfoggiò la solita levità. «Mi chiedete se sono felice di essere qui – disse – ma a 92 anni sei felice di essere ovunque».

La modestia è la virtù dei grandissimi, e Kenny Sailors è stato un grandissimo, come nel 1965 certificò Joe Lapchick.

> Hank Luisetti e Kenny Sailors sono i due giocatori che hanno maggiormente influenzato la pallacanestro. Sailors ha dato origine al tiro in sospensione a una mano, che è probabilmente il tiro del presente e del futuro.

Eppure per ricevere un riconoscimento Kenny ha dovuto aspettare il 2012, perché dopo essersi ritirato dal basket attivo si è dedicato alla famiglia e agli altri, vivendo lontano dalle capitali mediatiche. È triste che siamo fatti così male da scordarci di chi non reclama attenzione pur meritandola. Per molto di quel che oggi sappiamo di lui, assieme ai già citati Krause e Christgau, dobbiamo ringraziare Bill Schrage, ex professore a UTEP appassionatosi alla materia mentre da pensionato faceva il volontario alle partite dei Cowboys.

> Kenny è stato pioniere, perfezionatore e divulgatore del tiro in sospensione a una mano come viene inteso oggi. Il suo tiro era diverso da quello di tutti gli altri che si limitavano a tirare in salto.

Ed è stato proprio Bill Schrage a dare la notizia della sua morte riassumendo benissimo la splendida vita del ragazzo di campagna.

> Kenny Sailors è morto in pace a 95 anni alle 2:58 a.m. di sabato 30 gennaio 2016 per cause naturali, nella sua casa presso lo Spring Wind Assisted Living di Laramie. La sua salute era andata declinando dal mese precedente per un attacco di cuore. Uomo profondamente religioso, Kenny guardava in vita al giorno in cui avrebbe incontrato il Salvatore Gesù Cristo per l'eternità. Sailors aveva il cuore di un leone e una grande capacità di esprimere amore, altruismo, compassione e generosità verso gli altri. Quando aveva 90 anni gli venne chiesto quali fossero le Final Four della sua vita e lui rispose in ordine di importanza: «Dio, marito, padre, marine», lasciando il basket fuori dalla lista.

Questo e altro è stato Kenny Sailors, quello che i giornali chiamavano «Wyoming Kid» per sottolinearne l'umile origine. Uno che nel 1990, alla Final Four di Denver, è stato incluso nel quintetto ideale dei primi cinquanta anni di torneo NCAA in rappresentanza degli anni Quaranta. Gli altri? Bill Russell, Lew Alcindor, Magic Johnson e Patrick Ewing, compagnia non del tutto disprezzabile. Uno che un pomeriggio ha sentito bussare alla porta pensando che come al solito fosse la suora che veniva a misurare la pressione. E invece era un signore in maglione con i capelli bianchi a nome Robert Montgomery Knight, in zona per fare la telecronaca di un Wyoming-San Diego State durante il quale sponsorizzò con forza la candidatura di Sailors per la Hall of Fame, poi spalleggiato da Dick Vitale e Jerry Krause. È doloroso pensare che neppure vivendo tutti questi anni Kenny abbia potuto avere in vita il posto che merita a Springfield, ma non sarà l'ingresso in quel museo o meno a sancire il suo ruolo nella storia del Gioco. Così come non saranno il titolo NCAA, le due selezioni a All-American o i 3480 punti segnati nella NBA. Larry Nance jr., ex stella di Wyoming oggi con i Los Angeles Lakers, lo ha descritto così.

> È stato un vero rivoluzionario. Si dice sempre che Magic e Bird hanno cambiato il Gioco, ed è vero, ma il primo a farlo è stato Kenny Sailors, che è sempre rimasto umile e alla mano.

Umile e alla mano fuori, ma duro e spietato in campo. Gentile ma non arrendevole, perché altrimenti non avrebbe resistito alla fatica della semina, alla Depressione, alla Seconda guerra mondiale, alla scomparsa della moglie e di due figli e alla subdola pressione di tutti quelli che sussurravano dietro le sue spalle che quel tiro era proprio ridicolo e non avrebbe mai avuto un futuro. Il vero anticonformista non è quello che sbandiera la sua furia distruttrice ma quello che senza mai fare un passo indietro cambia le cose da dentro. Come Bob Douglas, per intenderci, e come Kenny Sailors. Non conosciamo troppe di queste vite straordinarie perché siamo abituati a confondere la forma con la sostanza. Una vita straordinaria si può vivere in maniera semplice tra ranch, fattorie e capanni da caccia, senza darsi troppa importanza. A 94 anni Kenny Sailors sperava di campare quel che serviva a vedere completata la sua statua, non per vanità ma per un senso di giustizia rispetto a quello che ha dato allo stato del Wyoming, alla sua Università e alla città di Laramie. Non ce l'ha fatta, ma nel 2017 la scultura verrà inaugurata all'Arena-Auditorium, perché tutti possano farsi una foto con lui.

È molto probabile che entro i prossimi dieci minuti vediate una partita, e quindi entro i prossimi dieci minuti e dieci secondi un tiro in sospensione. Se chiedete a un kinesiologo o a Holger Geschwindner, vi sentirete correttamente rispondere che quel tiro è la somma di altezza, angolo e tempismo nel rilascio, allineamento del corpo rispetto al bersaglio e velocità impressa alla palla, il tutto da mettere in relazione alla resistenza dell'aria. Se chiedete a un allenatore, vi parlerà con passione dei parametri tecnici che permettono di rispettare o meno quelli biomeccanici, e se consultate uno psicologo vi spiegherà come la testa del tiratore sia l'elemento più importante per stabilire se quella palla entrerà o meno nel canestro. Tutto vero e interessante, per carità, ma per fortuna c'è dell'altro. Senza un mulino, un fratello più alto, un mucchio di scettici e una foto su *Life Magazine*, quel gesto così elegante ci sarebbe probabilmente negato ancora oggi. Per chi ama questo Gioco ricordare e riconoscere non è un'opzione, ma un Dovere.

JACK MOLINAS (1932-1975)

Jack Molinas è nato storto. *Neil Isaacs*

Il suo talento era naturale come il disegno tracciato dalla polvere sulle ali di una farfalla. *Ernest Hemingway*

Ma che razza di roba è diventata lo sport? Un giallo, un romanzo criminale, horror, un road-movie poliziesco mondiale. Era il caro vecchio romantico sport, magliette sudate e fango vero, ora è un susseguirsi di irruzioni, di intercettazioni, di agenti. *Emanuela Audisio, gennaio 2016*

Jack Molinas è stato uno dei migliori giocatori di sempre, senza alcun dubbio. *Hubie Brown*

Alto, ricco, bello, giovane, carismatico e intelligente, anzi un genio (175 di QI): questo era Jacob Louis Molinas detto Jack, soprannominato «The Mole». Uno che sarebbe entrato nella storia dalla parte giusta se non avesse trovato più divertente scegliere l'ingresso posteriore. Un personaggio maestoso e squallido, comico e tragico, cerebrale e criminale. Jack Molinas è stato un Premio Nobel delle scommesse truccate, per lui non sono mai esistiti limiti in questa materia. Come quando cercò di drogare un pugile per potergli scommettere contro, precorrendo il Minias versato nelle borracce dei compagni da Paoloni prima di Cremonese-Paganese. O quando usò un sofisticato telecomando per produrre una scossa elettrica stimolante nell'orecchio del purosangue su cui aveva messo i massimi. Non vi basta? L'uomo arrivò a ridurre la corrente elettrica in sala scommesse per rallentare gli orologi e poter lasciare aperte le puntate su corse in realtà già terminate. E poi, *venenum in cauda*, a usare da dentro la prigione una macchina falsificatrice di firme per incassare assegni che non gli appartenevano. «I miei cosiddetti crimini non hanno danneggiato alcuno, salvo qualche scommettitore e un po' di allibratori» dichiarò in aula, facendo capire che la dimensione etica per lui non esisteva, come non esisteva il pentimento. In un periodo di ottimismo e opportunità come il dopoguerra Jack Molinas ha buttato al vento una vita e una carriera da prima pagina per aver ceduto a un'ossessione compulsiva. Questa è la parte tragica della storia, quella degna di Eschilo e Sofocle, ma quella comica non è da meno. Il re del gancio, il Mefistofele delle scommesse, un Tony Soprano ante-litteram ostinatamente votato all'auto-distruzione, un amorale bugiardo patologico: questo, in breve, è stato Jacob Louis Molinas detto Jack. Uno che non può essere raccontato in breve, per cui dovete armarvi di pazienza.

Louis Jacob Molinas discendeva orgogliosamente da un sefardita, cioè un ebreo emigrato nella penisola iberica al tempo della diaspora. I sefarditi si considerano aristocratici e hanno sempre pagato prezzi molto salati per difendere la propria indipendenza religiosa. Il che fa a pugni con il fatto che il protagonista della nostra storia detestasse il proprio nome perché suonava troppo ebraico, dichiarandosi a seconda dei casi irlandese, greco, spagnolo o turco. La sua parabola fu sinistramente simile a quella dei molti ebrei che all'inizio del XX secolo avevano lasciato un segno nel crimine o nella pallacanestro. Lui, autentico artista del piede in (almeno) due scarpe, abbracciò quello e questa. I sefarditi parlano in ladino, un derivato dello spagnolo medievale con influenze aragonesi, catalane, galiziane e portoghesi. Gli avi di Jack erano mugnai, e siccome mulino in spagnolo si dice «molino» e la famiglia era assai numerosa, per designarne il cognome venne utilizzato il plurale. Dopo essere transitati dall'Italia i Molinas si stabilirono in Turchia dove, nel 1899 a Canakkale, nacque il padre di Jack. Il ghetto ebreo era oggetto di ripetuti *pogrom* e la vita per il giovane grama assai. Nel 1914, per evitare di essere arruolato nell'esercito turco, si imbarcò in terza classe su un mercantile diretto a New York, dove viveva zia Clarisse. Una volta giunto nella terra delle opportunità si industriò parecchio, con alterne fortune, mettendo in piedi traffici sempre in bilico tra legalità e zona grigia. Nel 1929 sposò Betty, figlia di immigrati turchi che tre anni più tardi, il 16 aprile 1932, gli diede il primogenito Jacob Louis, nato al Mount Royal Hospital di Manhattan. Seguendo la tradizione di famiglia, per auspicare un futuro di ricchezza, salute e fortuna Louis mise tre monete d'oro nella culla del neonato. Dentro quella culla c'era un bambino bellissimo, con folti capelli, occhi magnetici e un sorriso meraviglioso. Un bambino difficile però, che scoppiava a piangere appena gli veniva negato qualcosa, tanto che mamma Betty giurò solennemente che sarebbe rimasto figlio unico. A tre anni il pargolo aveva già imparato a leggere in inglese e un anno più tardi avrebbe imparato a farlo in spagnolo, grazie alla prodigiosa memoria di cui era dotato. Jack aveva un pronunciato mancinismo, caratteristica che papà Louis considerava un difetto da estirpare. Per quello che constava a lui il diavolo era mancino e «sinistro» un aggettivo che evocava sventure. Così la mano preferita di Jackie, questo il vezzeggiativo usato in famiglia, venne legata dietro la schiena al compimento dei due anni.

Non fu l'unica scivolata verso l'autoritarismo dell'educazione paterna, punteggiata da frequenti sessioni di poderose cinghiate. Il punto più basso si toccò quando Jack, a quattro anni, venne portato in un parco e posizionato sotto un albero. «Adesso io me ne vado e tu aspetti qui – gli disse il non troppo amorevole papà – e quando torno sarà meglio che ti ritrovi esattamente dove ti ho lasciato». Incurante del pianto disperato del figlio il padre lo piantò in asso sotto quell'albero che Jack non avrebbe mai più dimenticato. Quando Louis tornò due ore più tardi trovò il bimbo pietrificato nella stessa identica posizione in cui lo aveva abbandonato. Solo che quel bimbo aveva interiorizzato un rancore così profondo che gli avrebbe fatto cattiva compagnia per tutta la vita. Papà Molinas avrebbe raccontato mille volte quell'episodio a parenti e amici per magnificare le sue doti disciplinari, convinto che così avrebbe raddrizzato quel geniale e disubbidiente figliolo che Betty viziava per amore. Ah, quanto si sbagliava...

A sette anni Jack era già in grado di risolvere problemi di algebra senza usare penna e quaderno. Non immaginatelo però come un nerd sempre chiuso in camera da letto a leggere e fantasticare. Il suo «ufficio» era St. James Park, dove dominava psicologicamente e fisicamente i coetanei. Nei weekend la famiglia si concedeva un film, e proprio davanti al grande schermo si innamorò di Ava Gardner, che avrebbe rappresentato per sempre il suo elevato standard di bellezza femminile. Stretto tra il pugno di ferro del padre e il guanto di velluto della madre, Molinas passò emotivamente indenne tra le forche caudine della Seconda guerra mondiale, per poi iscriversi nel 1943 alla Creston Junior High School. Per molti andare al liceo significava perdere il calore di casa e doversi misurare con i primi banchi di prova, un vero trauma. Per il figlio di Louis Molinas, invece, significava affrancarsi dal giogo paterno. Senza voler gettare la croce addosso al sefardita e senza volergli addossare le molte colpe del figlio, come educatore Louis ha fallito fragorosamente. Oltre a essere stato incapace di trasmettere qualsiasi affetto, è stato infatti un pessimo modello per i disinvolti investimenti che ha fatto. Negli anni Trenta lui e tre soci gestivano il Glen Island Casino, locale che vendeva alcolici in tempo di proibizionismo (uno dei nomi in gergo di questi esercizi era «blind pig», come una delle opzioni del triangolo di Tex Winter). Poi, dopo l'Harbor Inn, la cooperativa dei quattro acquisì nel 1942 l'Eagle Bar and Grill, tra Surf Avenue e la Dodicesima. Da metà aprile a inizio ottobre all'Eagle si beveva, mangiava e suonava, e tutta Coney Island conosceva quel locale. Coney Island richiama la saga di Stephon Marbury, Sebastian Telfair e Jamel Thomas, quella che fa sembrare *Cent'anni di solitudine* un fumettone. In quegli anni a cavallo della guerra, però, era soprattutto il regno di Joe Bananas, boss mafioso nato a Castellammare del Golfo sotto il nome di Giuseppe Bonanno e trasferitosi a New York dopo un'adolescenza avventurosa. Bananas/Bonanno era il braccio destro di Lucky Luciano e nel 1957 partecipò al grande summit di Palermo presso l'Hotel des Palmes, ritenuto dagli storici della materia il grande snodo delle nuove rotte del narcotraffico. Insomma, stiamo parlando di un mafioso di peso, che esercitava un fascino perverso su tutta la comunità. L'Eagle andava a gonfie vele ma doveva sottrarre ai profitti lordi l'alcol che "spettava" agli affiliati a Cosa Nostra e la mazzetta di duecento dollari settimanali da versare ai poliziotti. Un giorno, travolto dagli impegni, Molinas senior dimenticò l'appuntamento col capitano ebreo corrotto che lo proteggeva e quest'ultimo lo fece immediatamente arrestare con l'accusa di aver venduto alcol a un minore. Quando venne a conoscenza dell'accaduto Jack ne ricavò la rovinosa idea che buoni e cattivi non esistessero, e si trattasse solamente di una gran combutta. Un'idea che avrebbe segnato un'esistenza passata a cercare di ingannare gli altri nella presunzione che questi ultimi fossero impegnati nella stessa attività.

A dodici anni Jack fece conoscenza con una delle mille cose che gli riuscivano naturalmente facili: il basket. Louis e Betty non si capacitavano della nuova passione del figlio, per loro era qualcosa di iperuranio. E invece per Jackie era vero amore, soprattutto quando a quattordici anni crebbe fino a 1,94 e cominciò a dominare. Alto e magro, divenne un giocatore perimetrale contravvenendo ai precetti dell'epoca che volevano quelli come lui piantati nelle vicinanze del ferro. Stava nascendo un grande giocatore, ma assieme a lui si stava sviluppando un grande criminale. In ambedue i mondi serve un esempio per eccellere, buono nel primo caso e cattivo nel secondo. Il cattivo esempio di Jack divenne Solomon Hacken, detto Joe Jalop per via del ferrovecchio che guidava. La famiglia di Hacken aveva compiuto un percorso simile ai Molinas. Papà Pincus era fuggito da un villaggio al confine austro-ungarico e appena arrivato negli USA aveva americanizzato il nome del figlio in Joe. Quel ragazzo avrebbe avuto sulla strada un successo inversamente proporzionale a quello che l'accento gutturale gli aveva negato a scuola. Joe Hacken decise presto che sarebbe diventato uno scommettitore professionista e che avrebbe ridotto i rischi del mestiere con tutti i mezzi, a patto che fossero molto illeciti. A diciotto anni aveva già truccato con successo la prima partita di basket, e quell'attivismo non passò inosservato sulla 188esima. Due pezzi grossi di Cosa Nostra come Frankie Carbo (al secolo Paolo Gianfranco Carbone) e Frank «Blinky» Palermo inserirono quel ragazzino così promettente nel loro business principale, i match truccati di boxe. Carbo e Palermo non truccavano combattimenti altrui ma erano direttamente promoter di quegli eventi, in modo da eliminare alla radice la possibilità di un match vagamente genuino. Dai due gangster Joe ereditò una visione che purtroppo possiamo (e dobbiamo) definire moderna. Così si inventò gli Hacken All-Stars, squadra di liceali che batteva regolarmente rappresentative collegiali nei tornei che furoreggiavano all'epoca. L'obiettivo era quello di farsi benvolere e di conoscere talenti che un domani avrebbe annesso con facilità alla scuderia dei corrotti. Perché ieri come oggi, speriamo un po' meno domani, pochi si chiedono chi sono alcuni dei «mecenati» che «sostengono» lo sport professionistico e quali sono i motivi del loro «investimento».

Hacken era un gran dritto e un fine conoscitore di pallacanestro. Col fiuto sviluppato sulla strada capì subito che Jack Molinas sarebbe diventato una stella del basket, e quindi un prezioso alleato. Per questo lo coltivò con meticolosa attenzione, alternando piccoli favori a lezioni cattedratiche su quote e *point spread*, le scommesse a handycap che dopo la guerra erano diventate popolarissime. L'anno chiave è il 1944, quando il dodicenne Molinas si rese conto di avere un talento fuori dal comune per quello straordinario Gioco. È Hacken a piazzargli la prima puntata della vita, otto dollari su una partita degli Yankees. Jack perde e vede avvicinarsi il disastro, perché tre di quegli otto dollari li ha presi a prestito da un amico e per ripagarlo non può certo chiedere all'arcigno padre pena l'ennesimo incontro ravvicinato con la sua cintura. Il bookmaker però gli condona la somma dicendogli che è troppo giovane per scommettere, che prima deve capire bene come funzionano le cose in quel mondo e che è fortunato ad avere un amico che gli vuole bene. Secondo la discussa teoria dell'apprendimento sociale, percepire un rinforzo positivo dopo un'azione criminale implica una spinta a ripeterla. Vera o meno che sia la predetta teoria, per Jack funzionò alla grande. L'interessata generosità di Hacken fece presa sulla giovane stella, affascinata dalla furbizia del mentore e dalla facilità con cui uno con la sua intelligenza poteva eccellere nel settore. Perché lui intelligente lo era per davvero. Dopo aver superato senza sforzo gli esami per entrare nella prestigiosa Bronx High School of Science, una lettera di coach Samuel Harrison «Doc» Ellner lo convinse a iscriversi alla parimenti importante Stuyvesant High School, anche se questo significava quaranta minuti di metropolitana ad andare e altrettanti a tornare ogni santa mattina. Ellner si era perdutamente innamorato della grazia e della facilità con cui Molinas giocava, ed era convinto che sarebbe bastato trovare un paio di altri giocatori decenti per fare di Stuyvesant una corazzata. Stan Maratos e Paul «Whitey» Brandt rispondevano a questa descrizione, e quello che mancava loro in talento lo recuperavano con la determinazione. Brandt in particolare era il perfetto complemento per «Mole», di cui sarebbe stato uno dei pochissimi veri amici fino all'ultimo giorno.

Quasi senza toccare i libri Jack aveva voti straordinari in quel 1946, anno in cui cinque giocatori del Brooklyn College vennero espulsi e incriminati per aver truccato delle partite. Considerando che i cinque felloni erano stati traditi da un'intercettazione telefonica ordinata per tutt'altre questioni (furto di merci), la storia comincia ad assumere una connotazione fin troppo moderna. Se Molinas studiava pochino, lavorava però con grande dedizione sulla sua pallacanestro offensiva. Assieme al *push shot* a una mano e all'uno contro uno ora poteva contare su un gancio più che rispettabile, e con questo arsenale era immarcabile per le poco sofisticate difese del tempo. Il problema è che l'immarcabilità abbracciava anche altri e meno raccomandabili campi. Fedele al motto di hackeniana memoria «è la mente che guadagna, mentre i muscoli lavorano», divenne contemporaneamente l'una e l'altra cosa. Per scommettere sulle partite della sua Stuyvesant senza compromettere il risultato vittorioso bastava sbagliare un lay-up strategico o perdere accidentalmente un pallone, riducendo lo scarto finale al di sotto dello spread e acchiappando così i classici due piccioni con una fava. Dopo due stagioni Molinas entrò negli Hacken All-Stars pur essendo un implume quindicenne. Il suo purissimo talento e l'irresistibile attrazione verso le scommesse erano una combinazione perfetta per il non disinteressato sponsor. Papà Louis, che di malvivenza se ne intendeva, sapeva bene chi fosse Joe Jalop e cosa succedesse dietro le quinte del Bickford's, il locale sulla 188esima ai cui tavoli Hacken organizzava il proprio business. Così nel 1948 negò al figlio il permesso di raggiungere i compagni per giocare la finale di un torneo importante. «Hacken è un poco di buono e i suoi amici tutti scommettitori di mezza tacca» tuonò con notevole precisione fattuale. Solo che ancora una volta, cercando di fare una cosa buona, peggiorò la situazione.

Jack effettuò il più freudiano dei transfert, sostituendo Joe Hacken all'odiata figura paterna con le disastrose conseguenze del caso. Trovato il coraggio di raccontare bugie al padre, aggirare i suoi divieti fu facile come vincere una scommessa truccata. Molinas segnava 20 punti di media contro avversari che potevano al massimo fargli il solletico in post basso, e si divertiva molto di più a sabotare le partite che a vincerle. Quello era banale, mentre per alterare il risultato doveva essere sempre concentrato, sveglio, pronto a non far risaltare errori troppo pacchiani e a non far prendere al punteggio una piega indesiderata: vuoi mettere l'ebbrezza? Ormai in tasca gli giravano parecchi soldi, e per paura che mamma Betty li scoprisse durante le pulizie teneva tutto il contante nel portafogli, andando in giro con somme esorbitanti. Per giustificare chi delinque troppo spesso si ricorre alla povertà, ma questo caso dimostra che non si tratta di soddisfare i bisogni primari. Jackie non faceva il criminale per denaro ma per assaporare le emozioni perverse dell'accumulazione fraudolenta della ricchezza. Quelle che solo il «fixing» delle partite poteva garantirgli e che amava sopra ogni cosa.

Mancava solo un fosso da saltare, ma era questione di mesi. Il 19 marzo del 1949 al Madison Squadre Garden era in programma la finale PSAL (Public Schools Athletic League) tra Lincoln e Stuyvesant. Con un Molinas appena normale vincere sarebbe stato un gioco da ragazzi per Stuyvesant, tanto che gli allibratori clandestini la dichiararono favorita di 2,5 punti, raccogliendo ampio consenso tra gli scommettitori. Jack, superata ogni residua remora, si presentò dai predetti bookmaker e per ottocento dollari vendette la vittoria. Non pago, a tutti gli amici di Kaiser Park disse di scommettere su Lincoln vincente (e anche qui, quanto a modernità andiamo bene...). Per tutta la partita coach Ellner, quello che gli aveva scritto quella bella lettera che lo aveva convinto a mollare la School of Science, gli urlò di andare in post basso e chiamare la palla, ma anche quando Jack ubbidiva riluttante la sfera tornava nelle mani del passatore senza che fosse stato abbozzato neppure un simulacro di movimento aggressivo. A 58 secondi dalla fine il poderoso Youngelman segnò il canestro del 41-40 per Lincoln. Otto secondi più tardi Molinas subì un fallo, ma il libero dell'1+1 finì a mezzo metro dal ferro, sancendo la sconfitta per la squadra e la «vittoria» per lui. Nessuno notò quanto strano fosse che uno da 28 di media segnasse solo 12 punti in quell'occasione. Nemmeno il suo allenatore che se la prese con gli arbitri, prigioniero di una buona fede che Jack aveva tradito per la prima e non ultima volta.

Nonostante la prova sottotono contro Lincoln tutti i college della nazione salivavano per quel talento abbacinante. Yale, Cornell, Princeton, Brown, Penn, Michigan e West Point ricevettero grande considerazione ma alla fine la mossa vincente la piazzò Lou Rossini, assistente dei Columbia Lions, che promise una borsa di studio completa per Fisica e Chimica e la compagnia dei tre fidi scudieri di Stuyvesant, Maratos, Brandt e Langol, che assieme a Jack formavano «The Four Horsemen». La prima stagione al college non fu memorabile in campo, anche perché gli esordienti non erano eleggibili per la prima squadra e per dominare contro i pari età Jack non doveva certo dannarsi. La vera competizione arrivò d'estate, quando il basket di strada prende il sopravvento a New York. Sul campo della Creston Academy insieme a lui giocavano leggende come Ed Warner di CCNY e il grande Dolph Schayes, recentemente mancato, che una volta insaccò 150 liberi consecutivi davanti agli attoniti astanti. In un contesto del genere Molinas se la giocava alla grande, e tutti corsero alla conclusione che la sua stagione da sophomore sarebbe stata spettacolare. Cosa che in effetti fu, ma in un senso assai più lato di quello sportivo.

Coach Gordon Riddings aveva modeste aspettative per la Columbia della stagione '50-51. L'unico buon giocatore di ritorno era infatti John Azary, post basso di 1,90 che faceva scopa con Molinas. Riddings però ebbe un attacco di cuore pochi giorni prima della gara di esordio e cedette il posto al già citato Lou Rossini. Quest'ultimo era tanto attento alla disciplina fuori dal campo quanto liberista rispetto allo stile offensivo. Con lui qualsiasi tiro era un buon tiro, e un all-around come Jack non poteva che rifulgere in un simile contesto tecnico. Solo che dopo tre giorni della nuova gestione, tanto per cambiare, si cacciò in un guaio. Un sabato Rossini, impossibilitato a intervenire per precedenti impegni, aveva ordinato a tutti i giocatori di frequentare il clinic del grande Clair Bee al Garden. Jack era a Philadelphia per seguire Army-Navy di football e trascorrere poi una bella serata fuori sede, e di tornare non aveva voglia. Così, relativa sorpresa, costrinse il fido Brandt a raccontare una bugia per coprirlo. Solo che l'amico, onesto fino al midollo, confessò al trainer che si trattava di una balla, e per punizione Rossini escluse Molinas dal quintetto nelle prime cinque partite. Hacken intanto gli dava sempre un colpo di telefono per chiedere un'opinione da esperto sull'handycap che aveva autonomamente stabilito. Un amico che chiede un'opinione qualificata a un altro amico: cosa ci sarà mai di illegale o anche solo di immorale in questa innocente pratica? La verità è che chi nell'esercizio della propria professione è a conoscenza di informazioni riservate deve stare molto attento a come le utilizza e a chi le rivela. Perfino a chi si limita a raccontare delle partite, come il sottoscritto, è capitato di avere notizie su base fiduciaria circa infortuni tenuti nascosti, momenti di scarsa forma, grandi motivazioni o spogliatoi spaccati. Questo non significa poter predire con certezza il risultato di una gara, ma un professionista delle scommesse clandestine per quelle informazioni è disposto a qualsiasi cosa, e pensare che non ci sia nulla di male a divulgarle è da irresponsabili. Proprio come lo sarebbe pensare di fare una puntata, magari on-line, sulla base di quelle informazioni. PS: è per questo che quando fate domande sui social per scommettere meglio non vi rispondo.

Hacken non faceva mancare mai una buona dritta alla fine di quell'innocente telefonata, e Jack portava a casa soldi facili. Nel frattempo il fuoriclasse giocava anche a basket, e anche lì vinceva sempre. Columbia chiuse la stagione 22-0 qualificandosi per il torneo NCAA, che allora comprendeva solo sedici squadre. Molinas viaggiava a oltre 14 punti e quasi 15 rimbalzi di media, tirando con il 38% dal campo e il 61% ai liberi. Al primo turno i Lions pescarono la temibile Illinois, favorita di 3,5 punti secondo gli allibratori dell'epoca. «Mole» pensava che stavolta fossero in errore, perché in cuor suo era sicuro che quella squadra avesse tutte le possibilità di battere gli Illini. Alla vigilia arrivò l'ennesima telefonata di Joe Hacken, stavolta di tenore ben diverso dal solito. «Jack, se perdete di oltre tre punti di scarto per te ci sono diecimila dollari – fu il succo del discorso – che io punterò su Illinois in modo da portare il tuo guadagno potenziale a ventimila verdoni». Per la prima volta Hacken offriva direttamente soldi, perché il carico da undici lo chiedi solo quando in mano hai la briscola pesante. Sorprendentemente però Molinas rifiutò l'accordo, pensando che la vittoria valesse di più da tutti i punti di vista. Ted Beach, riserva di Illinois, sparigliò la partita segnando 22 punti con tiri che oggi varrebbero tre, e Columbia venne sconfitta 79-71. «Visto? – fu il salace commento che Hacken gli riservò al Bickford's – ti sarebbe bastato dire sì e avresti avuto ventimila dollari di più in tasca». Ancora una volta, le circostanze lo aiutavano a trovare scuse per giustificare il crimine.

Da sempre amante degli scherzi da caserma, Molinas non fece neppure caso al bicchiere d'acqua che gettò dalla finestra del suo dormitorio il 29 maggio 1951. Peccato che sotto quella finestra fosse parcheggiata la vettura di Mark Van Doren e gentile signora. Van Doren era un celebre poeta e vincitore di un Pulitzer, nonché uno dei professori più rispettati dell'ateneo. La bravata valse sei mesi di sospensione, un colpo che digerì con molta fatica. Tra i pochi che si fecero vivi per esprimere solidarietà non poteva mancare Joe Hacken, che anche senza aver studiato aveva il bernoccolo della psicologia. Jack gli confidò che sarebbe tornato in campo ma non avrebbe mai perdonato quelli che gli avevano fatto perdere mezza stagione. Fu in quell'esatto momento che Joe capì che dopo una paziente e melliflua semina era arrivato il tempo del raccolto. Non casualmente, sono proprio di quel periodo le prime frequentazioni di Molinas con ambienti mafiosi. I suoi contatti principali in Cosa Nostra erano Thomas «Tommy Ryan» Eboli e Vincent «The Chin» Gigante. Tommaso Eboli, nato a Scisciano (NA) e attivo nel mondo della boxe, venne ucciso a Brooklyn nel luglio del 1972 con cinque colpi in testa nell'ambito di una lotta intestina alla famiglia mafiosa di Vito Genovese. Vincenzo Gigante, ex pugile professionista, di Vito Genovese era stato autista personale prima di diventare Capofamiglia e cercare di uccidere John Gotti. Soprannominato «L'enigma in accappatoio», era solito vagare per il Greenwich Village in vestaglia, pigiama e ciabatte mormorando frasi sconnesse per convincere tutti di un'inesistente infermità mentale, che utilizzò per evitare diversi processi. Eboli e Gigante non erano due ladruncoli, ma i rappresentanti di una piovra che quando ti mette i tentacoli addosso non ti molla più. Jack Molinas pensava che sarebbe bastato sfoggiare il suo miglior sorriso per turlupinare quegli italiani dalla sintassi incerta: un errore tanto comune quanto fatale.

Quando il 6 febbraio del 1952 Jack rientrò nella gara contro Brown in programma a Providence, fare una bella figura non era in cima alle sua lista di preoccupazioni. Mentre lui se la spassava con una ragazza diversa per sera la squadra aveva messo assieme un magro 8-5, e ora era giunto il momento di vendicarsi dei parrucconi che lo avevano sospeso. Quella stessa mattina chiamò dal telefono a gettoni dell'albergo Joe Hacken dicendosi disposto a fare qualsiasi cosa. La gara però non venne quotata per la manifesta superiorità dei Lions, che vinsero 95-75. Prima della palla a due Molinas disse a un giornalista-studente che avrebbe segnato esattamente 27 punti, cosa che in effetti si verificò, per dimostrare a sé stesso e agli altri lo spaventoso controllo che aveva su quel che succedeva in campo. La gara successiva era contro Holy Cross, e per quella il business si poteva mettere in piedi. Joe Hacken si presentò in palestra pochi istanti prima della palla a due e mostrò un pollice verso a Jack. Nel gergo degli scommettitori significava che Columbia doveva perdere con uno scarto superiore allo spread, che però nel frattempo era salito rispetto ai 2,5 punti della vigilia.

Al primo time-out, con la scusa di bere, Molinas si avvicinò ad Hacken che stava dietro la panchina e ricevette la comunicazione in codice: «Il numero è salito a tre e mezzo, e la partita vale cinque più cinque». Diecimila dollari, dei bei soldi per un ventenne. Solo che controllare il punteggio di una gara di quel livello senza dare nell'occhio era un po' più difficile di quanto non fosse a Stuyvesant. Per non dare nell'occhio Jack aveva aspettato troppo a sabotare la partita, e forte com'era aveva fatto autentici sfracelli. A quattro minuti e mezzo dalla fine Columbia era avanti di otto e la faccia di Hacken non prometteva alcunché di buono. Molinas fece penetrare un paio di volte Togo Palazzi, poi si piantò in area finché gli arbitri non fischiarono l'ovvio tre secondi. Infine, con Holy Cross sopra di uno, subì un fallo e andò in lunetta. Sbagliare come contro Lincoln non era la scelta giusta, perché gli avversari avrebbero poi protetto il vantaggio e lo scarto finale non sarebbe mai salito a quattro punti. Così Jack non solo segnò il libero del pareggio, ma rubò anche palla a dieci secondi dalla fine. Nel time-out Rossini disse che gli avversari si sarebbero aspettati un tiro di Molinas, per cui quest'ultimo avrebbe bloccato a favore di Bobby Reiss. Un canestro sarebbe costato a Jack diecimila dollari e la stima di Joe Hacken: che fare?

Il genio, come recita il Perozzi commentando il Necchi alle prese con il bimbo sul vasino e una crisi gastrointestinale, è fantasia, intuizione, colpo d'occhio e velocità d'esecuzione. Dopo aver bloccato per Reiss, Molinas alzo impercettibilmente un braccio, deviando il tiro quel poco che bastò per renderlo inoffensivo. Con una delle solite bugie, «mi hanno spinto», giustificò l'accaduto con gli inferociti compagni e l'ancor più inferocito Rossini, prima che un paio di canestri regalati a Palazzi definissero il punteggio finale: Holy Cross 85, Columbia 80. Per Molinas 39 punti e i meritati complimenti di compagni e avversari. Quando i giornalisti si presentarono in massa a domandare come si sentiva ad aver perso nonostante la prova eroica, «The Mole» capì che spesso gli altri vogliono essere presi per i fondelli e si mise d'impegno per accontentarli. Con altri due «lavoretti» la stella di Columbia chiuse la stagione a 16,8 punti e più 50.000 dollari, senza che nessuno avesse il benché minimo sospetto. L'estate divenne un inno alla scommessa compulsiva. Jack giocava come un pazzo sul baseball, soggiogato da una dipendenza che non perdona. Non potendo tenere i soldi sotto il materasso perché dormiva ancora con la madre, affidò gli averi al solito Joe Hacken, che puntava, riscuoteva e pagava per lui. «Se non ti puoi fidare del tuo bookmaker, di chi ti puoi fidare?» disse nell'affidargli il delicato compito.

In quella sola estate le perdite ammontarono a 98.000 dollari, una cifra che in valore odierno avvicina i 900.000. Dedotte le vincite mancavano all'appello 48.000 dollari ma Hacken ben si guardava dal chiedere il saldo; ogni centesimo che Molinas perdeva sul baseball serviva a legare quel prezioso alleato a sé in maniera ancora più stretta, in un abbraccio fatale che avrebbe finito per soffocare entrambi. Non proprio casualmente Joe Jalop ricordò al pupillo che era ora di rimettere i propri debiti al creditore la mattina della seconda gara stagionale del '52-53. Per vendere quella partita contro Fordham, che Columbia perse inopinatamente 71-65, Jack si vide ridurre il debito a metà. Ormai i freni inibitori erano in caduta libera, e Paul Brandt gli chiese cosa stesse succedendo. Senza alcuna remora Jack gli raccontò tutto per filo e per segno e alla preoccupazione dell'amico per il suo futuro, nelle mani di gente senza scrupoli, rispose con il solito disarmante sorriso che fin dai tempi della culla gli aveva risolto un sacco di problemi. «Niente paura Paul, io sono più furbo di loro». «Spero che tu abbia ragione amico – rispose Brandt con spiccata preveggenza – altrimenti una di queste mattine ti sveglierai morto».

CCNY, City College of New York, nel 1950 vinse sia il torneo NCAA che l'NIT, all'epoca molto più rilevante del primo. L'anno successivo i Beavers e sei altre scuole vennero coinvolte in un enorme *scommessopoli* che collegava trentatré giocatori a importanti esponenti del crimine organizzato. Tra gli arrestati c'era anche Bill Spivey, miglior giocatore del torneo NCAA del 1951, che venne degradato mentre il Madison Squadre Garden vietava a CCNY l'ingresso. Stelle come Ed Warner, Ed Roman e Al Roth vennero tradotte in carcere al ritorno della trasferta da Philadelphia, dove CCNY aveva passeggiato contro Temple battendo gli Owls 95-71. La puzza di bruciato si sentiva da lontano, ma Jack Molinas riteneva di essere al di sopra di ogni pericolo. La sua stagione da senior fu un crescendo, anzi un calando, di prestazioni sempre troppo sopra o sotto le righe. Dopo un inizio promettente nelle gare troppo facili per essere quotate (21 e 23 contro Trinity College, 26 in altrettanti minuti contro Harvard) arrivarono le partite vendute senza vergogna, che attirarono l'attenzione dei compagni. Quando Eddie Lehman bussò alla sua camera per dirgli che aveva capito il trucco e non lo gradiva, Molinas segnò 38 punti con 24 rimbalzi il giorno dopo contro Army, non prima di aver scommesso tramite Hacken quindicimila pezzi in verde su Columbia vincente. Contro Yale ne fece 28 ma sbagliò 10 liberi per tenere lo spread sotto controllo, quindi distrusse Princeton con 41 punti. Dopo altre partite altalenanti le ultime due divennero un manifesto ideologico della doppiezza: 8 con 4 su 16 contro Penn e 9 con un solo canestro dal campo contro Princeton nella gara di addio, persa 70-58. Arrotondando, le sue medie stagionali erano di 22 punti e 17 rimbalzi, ma quei numeri favolosi erano frutto di prestazioni schizofreniche e dell'ormai totale capacità di controllare punteggio e spread. Jack giocò stupendamente con una rappresentativa All-Stars collegiale che fece 7-14 contro i favolosi Harlem Globetrotters dell'epoca in partite non bancate. Poi arrivò il grande giorno del draft NBA, il 24 aprile 1953.

La cerimonia, piuttosto diversa per copertura mediatica rispetto a quella odierna, si tenne a Boston. Con la loro chiamata «territoriale» i Knicks selezionarono il legnoso Walter Dukes da Seton Hall, che però accettò le offerte degli Harlem Globetrotters lasciandoli con un palmo di naso (sì, allora una cosa del genere poteva succedere). «Se l'avessimo saputo avremmo scelto Molinas» dichiarò con il senno di poi Joe Lapchick, il che ci dà la cifra cestistica del delinquente. Due scelte spettavano agli allora Philadelphia Warriors, a patto però che scegliessero giocatori nati o attivi a livello universitario in un raggio di cinquanta miglia dalla Città dell'Amore Fraterno (sì, allora una cosa del genere poteva succedere). Dopo i paesani scelti dai Warriors, i Baltimore Bullets presero Ray Felix e i Milwaukee Hawks Bob Houbregs. Con la numero sei sceglievano i Fort Wayne Zollner Pistons, che fecero il nome di Jack Molinas da Columbia University. I progenitori della franchigia che poi avrebbe trovato casa a Detroit avevano un cognome che sta in tutti i libri di storia del basket professionistico. Fred Zollner, titolare di un'azienda produttrice di pistoni, fu infatti tra i protagonisti della fusione tra la NBL e la BAA che diede vita alla lega oggi presieduta da Adam Silver. Nel 1950 i Pistons, battendo Minneapolis 19-18, avevano messo in moto il processo che avrebbe portato quattro anni più tardi a varare la regola dei 24 secondi grazie al decisivo contributo di Danny Biasone e Leo Ferris dei Syracuse Nationals. Due anni più tardi Zoellner si sarebbe dimostrato un autentico visionario, comprando un DC-3 per gestire al meglio gli spostamenti della squadra. Visionario sì ma democratico fino a un certo punto, visto che il velivolo era diviso in due, la metà davanti per lui e la fidanzata adagiati modello Cleopatra e quella dietro per la squadra, con giocatori e allenatori stipati come sardine. Zollner era disposto a tutto pur di vedere i suoi amati Pistons vincere, anche a rischiare su un giocatore già lambito da più di un'ombra pagandolo diecimila dollari, tantissimi per l'epoca. Il 16 settembre 1953 Jack Molinas firmò il contratto, senza peraltro leggerlo con attenzione. Se lo avesse fatto avrebbe preso coscienza delle clausole contenute nell'articolo 15, che recitava quanto segue.

> Si conviene che un giocatore che scommetta direttamente o indirettamente denaro o utilità sul risultato di una partita NBA cui prende parte sarà espulso dalla National Basketball Association per mano del Presidente con decisione finale, vincolante, conclusiva e inappellabile.

L'NBA che trovò Molinas era una lega in profonda difficoltà. Dopo il già citato 19-18 tra Pistons e Lakers ci fu una gara di playoff tra Boston Celtics e Syracuse Nationals punteggiata da 106 falli e 128 tiri liberi, alla faccia di chi si lamenta dell'odierno *hacking* sui DeAndre Jordan e Dwight Howard. Un'altra partita di playoff tra Celtics e Knicks, che di falli ne registrò solo 95, venne interrotta in onda dalla NBC per indegnità. Questi peraltro sono eventi successivi alla stagione '53-54, quella dell'esordio di Jack Molinas. Quel campionato, giocato da nove squadre, godeva della copertura di DuMont Network, che per trasmettere tredici (!) gare di regular season sborsò trentanovemila dollari. Gli arbitri prendevano cinquanta dollari per gara, tutto compreso, e quando il migliore di loro, Norm Drucker, trovò il coraggio di andare a chiedere un aumento di dieci dollari al commissioner Maurice Podoloff si sentì rispondere: «Che vuoi fare, mandarci in bancarotta?» Un altro arbitro, Sol Levy, venne arrestato nel dicembre 1951 per quella che noi oggi chiameremmo associazione a delinquere finalizzata alle scommesse clandestine.

Potevano, in un quadro del genere, essere immuni da macchie proprio i giocatori? Ovvio che no, e infatti almeno quattro veterani dei Pistons erano implicati a vario livello, e secondo qualcuno tra i corrotti c'era anche coach Paul Birch. La situazione di Molinas era simile a quello di un tossicodipendente che viene preso a lavorare in una fabbrica di oppio. Prima di ogni partita la telefonata di Joe Hacken arrivava regolare, ma lui si limitava a fornire all'amico informazioni privilegiate su infortuni, stanchezza e spogliatoio. Poi una mattina, con i Pistons a Syracuse in attesa della gara serale, il tono e il contenuto della chiamata cambiarono radicalmente. Hacken spiegò che stando alle informazioni che arrivavano dal clan di Frankie Carbo tre compagni di Jack portavano a casa duemilacinquecento dollari a partita per controllare il risultato, e che quella gara contro i Nationals al War Memorial Auditorium sarebbe stata persa con ampio scarto. I Pistons erano infatti sotto di 16 all'inizio del quarto periodo, un disavanzo iperbolico per i ritmi dell'epoca. Birch mise in campo quel rookie che gli piaceva poco, tanto ormai la partita era andata. Jack prese da parte Mel Hutchins e gli disse: «Stiamo giocando in due contro otto, tu passala solo a me e alla fine ti spiego perché». Motivato dall'ennesimo piano diabolico Molinas fu divino, distruggendo Earl Lloyd e segnando 20 punti nel quarto periodo, un record che resistette per sei stagioni prima che Wilt Chamberlain lo mandasse in frantumi. Risultato finale: 79-76 per Syracuse, insufficiente rispetto agli otto punti di scarto che dovevano essere superati per vincere la scommessa puntando su di loro. Foust, Scolari e Phillip, i tre corrotti segnalati da Hacken, si presentarono per i complimenti di prammatica con la faccia di legno e Jack andò dritto al punto. «Ragazzi, so che vendete le partite: voglio la mia parte».

Detto, fatto. La grande prestazione contro i Nationals valse a Jack più minuti, e con quelli maggiori possibilità di orientare lo scarto finale. Joe Hacken lo dirottò su un altro bookmaker, Stanley Ratensky detto «Stan the Rat». L'idea era quella di puntare forte sulla gara successiva a quella su cui avevano «lavorato» i compagni, nella convinzione che questi ultimi non avrebbero provato a truccare due partite consecutive. Siamo nel campo del patologico, e alle cifre pazzesche che Molinas rischiava sulle gare dei Pistons facevano da contraltare le scommesse compulsive che occupavano la sua giornata. Ogni volta che pioveva, per esempio, bancava puntate dei compagni di squadra su quale goccia di pioggia avrebbe raggiunto la base della finestra per prima: era davvero irrecuperabile. Un'altra specialità della casa era contattare i bookmaker dando informazioni «sicure» su partite che in realtà erano più pulite del bucato appena uscito dalla lavatrice. Se il risultato era favorevole Jack si prendeva i meriti e i soldi, altrimenti pescava dalla litania di scuse sempre pronte all'uso e passava alla truffa successiva. Il 5 dicembre Birch lo inserì in quintetto e i Pistons dominarono a New York con 15 suoi punti battendo i Knicks 92-73. Dopo la partita la squadra fu ospite nel Bronx dei genitori di Jack, e i giornali del giorno dopo si chiedevano se Molinas non fosse già il miglior giocatore newyorchese dai tempi di Dolph Schayes, canzonando i Knicks per non averlo scelto (certe cose non cambiano mai). Apparentemente era tutto a postissimo, ma l'avverbio non è casuale. Il 15 dicembre 1953 i Pistons giocarono al Madison Square Garden contro i Celtics, favoriti di tre punti e mezzo secondo i bookmaker. Esaltato dal ritorno a casa Jack dominò in lungo e in largo, segnando 18 dei 40 punti con cui Fort Wayne chiuse il primo tempo avanti di 11. Nell'intervallo però uno sconosciuto cercò di entrare nello spogliatoio asserendo di dover parlare con lui, e quando il permesso venne negato gli fece recapitare un pizzino con la dicitura «Mi manda Joe». Nel secondo tempo Molinas chiuse con 2 punti e altrettanti falli su Bob Cousy, decisamente intenzionali, nell'ultimo minuto. I Celtics vinsero 82-75 e anche Jack vinse, se così vogliamo vederla. Solo che stavolta l'aveva fatta troppo grossa e smaccata.

Fred Zollner, presente in panchina da antesignano di Mark Cuban, gli chiese spiegazioni su quello sconosciuto ma Jack gli disse che il bigliettino arrivava da una spasimante, convinto come sempre di farla franca. Aggiunse anche che sua madre sarebbe morta di dolore se lui si fosse associato a degli scommettitori, per dare maggiore credibilità all'ennesima balla. Solo che il giorno successivo gli allibratori decisero di non quotare più le partite dei Pistons, perché con tutti i corrotti che c'erano in squadra i risultati erano diventati troppo inaffidabili. Ike Gellis del *New York Post* informò della circostanza il commissioner Podoloff che allertò un detective, il quale provvide a mettere sotto controllo i telefoni di casa di tutti i giocatori dei Pistons. Era l'inizio della fine, anche se Molinas continuava a segnare punti a grappoli nonostante i contrasti con gli altri scommettitori della squadra. Il 4 gennaio 1954 il *Post* ricevette una lettera anonima che segnalava Stanley Ratensky come l'uomo che piazzava le scommesse ordinate per telefono da Jack, e il giornale spedì la missiva all'ufficio di Frank Hogan, il Pubblico Ministero competente, per le indagini del caso. Gli avvenimenti ormai si susseguivano come in un legal thriller: Hogan chiamò Podoloff, il quale avvisò Zollner, e ambedue assunsero un investigatore privato. In poche ore sul tavolo del proprietario giunsero i tabulati che comprovavano miriadi di contatti telefonici tra Molinas e Ratensky (sì, le indagini si sono sempre fatte con questi metodi, anche se ai malfattori la cosa non è mai piaciuta e piace ancor meno oggi). Zollner chiamò Molinas nel suo ufficio e gli annunciò che tutti i suoi telefoni erano sotto controllo, per cui avrebbe fatto meglio a tenere un profilo bassissimo. Dopo aver rassicurato il proprietario il bugiardo seriale andò a casa, appese il cappotto e chiamò Stanley Ratensky, scommettendo cento dollari sui Pistons vincenti contro i Nationals nella partita di quella stessa sera, 5 gennaio, in cui segnò 12 punti. Fort Wayne invece perse 72-60, la terza sconfitta consecutiva, e lui perse i cento dollari. Poca roba rispetto a quanto stava per accadere.

L'Epifania del 1954 fu un giorno da ricordare: poco prima di scendere in campo a Baltimore e segnare 11 punti nella vittoria di Fort Wayne, Jack ricevette la notizia che assieme a Foust e Hutchins era stato selezionato per l'All Star Game, in programma al Madison Square Garden quindici giorni più tardi. Per lui sarebbe stato un trionfo personale: giocare davanti a genitori e amici la partita delle stelle, da rookie. Il 7 gennaio Fort Wayne perse in casa contro i Nationals nella terza gara in altrettanti giorni. Molinas segnò 7 punti, e il giorno dopo all'allenamento Larry Foust lo prese da parte. «Dicono che ci porteranno tutti alla stazione di polizia per interrogarci» disse Foust terreo in volto, ma Jack sorrise e gli disse che non c'era alcunché di cui preoccuparsi. E invece la situazione stava precipitando: prima del match contro i Milwaukee Hawks di domenica 10 gennaio l'addetto stampa dei Pistons, Phil Olofson, prese il microfono al tavolo per dire al pubblico che, in attesa di un interrogatorio, Molinas era stato sospeso in via cautelativa dalla squadra. Il giorno dopo un comunicato stampa di Podoloff informava che risultavano scommesse di Jack su dieci gare, sei delle quali concluse con un risultato che aveva permesso all'ala dei Pistons di guadagnare un totale di quattrocento dollari. «Jack Molinas è un pazzo amorale che non sa distinguere cosa è giusto da cosa è sbagliato» disse il massimo responsabile NBA toccandola pianissimo. Podoloff aggiunse che nessuna partita era stata persa volontariamente e che nessun altro giocatore dei Pistons era coinvolto, tanto che sarebbe stato Andy Phillip a sostituire l'indagato nella partita delle stelle. Dopo 32 gare, 958 minuti giocati, 114 canestri segnati (con il 39% al tiro) e 142 liberi insaccati con il 76%, la promettente carriera NBA di Jack Molinas subiva un'interruzione tanto brusca quanto, con il senno di poi, definitiva.

Il pragmatismo criminale gli fece elaborare la seguente strategia: chiedere un incontro a Podoloff per «ricordargli» che lui sapeva del coinvolgimento dei compagni e, se il commissioner avesse negato, minacciare di rivelare tutto portando Joe Hacken a supporto. È interamente possibile che Podoloff abbia stretto un accordo con Frank Hogan per limitare l'indagine a una promettente matricola e sacrificare quest'ultima sull'altare del bene comune della lega. Solo che le minacce di chiamata in correità hanno sempre molto meno valore ricattatorio di quanto i criminali sperino. Nel frattempo Molinas negava l'evidenza in famiglia, ma neppure Peggy Eisenhower, l'avvenentissima fidanzata, si fece convincere dalla storiella che i cattivi erano i poliziotti e che tanto così facevano tutti. Per dare più peso alla sua versione chiamò un amico giornalista (ma quanto cavolo attuale è questa storia?), Milton Gross, cui dichiarò di non aver mai conosciuto un bookmaker e non aver mai alterato lo scarto o il risultato di alcuna partita, college o NBA che fosse. Non stava in piedi neppure a puntellarla, ma se c'era un fuoriclasse a dire e sostenere bugie quello era proprio l'ormai ex ala di Fort Wayne.

Per poter combattere meglio si iscrisse alla facoltà di legge. Il suo risultato nel test di ingresso, senza neppure aprire un libro, lo piazzò nel novantanovesimo percentile degli esaminati, un'altra prova di quali prospettive avrebbe avuto davanti senza il gorilla delle scommesse sulla schiena. La Brooklyn Law School promise che gli avrebbe permesso di frequentare le lezioni, una circostanza particolare per uno con il suo curriculum. Secondo qualche amico di Kaiser Park il merito va ascritto alle famiglie di mafia, ben impressionate dal fatto che non avesse rivelato il coinvolgimento dei tre compagni (Foust, Phillip e Scolari) così cari a Frankie Carbo. Grazie a Paul Brandt venne organizzato anche l'incontro con il commissioner. Dopo qualche schermaglia iniziale, durante la quale Podoloff ammise candidamente di conoscere i nomi di altri giocatori coinvolti, Jack provò a calare sul tavolo il poker d'assi che sarebbe poi stato analogamente sbandierato da Bettino Craxi.

MOLINAS: cosa succederebbe se in una conferenza stampa facessi tutti i nomi dei giocatori che sono in affari con gli allibratori e portassi un grande scommettitore con me?
PODOLOFF: fai pure, racconta le tue sporche storie e porta anche i tuoi cosiddetti testimoni. Noi però non ti riaccoglieremo, al pubblico piace il nostro prodotto e nessuno sarà disposto a crederti.

Dopo aver consigliato a Molinas, accompagnato da papà Louis, di dimenticare il basket e abbracciare la sua nuova carriera legale, Podoloff lasciò cadere un'ultima perla di saggezza sul tavolo. «Le cose non sono come sono Jack, sono come sembrano». Game, set and match NBA.

Sempre per restare alla terribile attualità della nostra storia, secondo più di un insider i compagni di Jack non smisero di sistemare partite e scommettere. Ancora meno propenso a fermarsi era l'indagato, che riceveva ghiottissime dritte dai bookmaker a ricompensa dell'omertà dimostrata. Il 24 marzo 1954 George Tilzer, rappresentante della pubblica accusa, ufficializzò l'archiviazione del caso a livello penale, spiegando che secondo il Grand Jury (organo simile al nostro GUP) non c'erano prove sufficienti a reggere il vaglio processuale. Prosciolto non significa innocente, ma certo Molinas aveva segnato un punto nella sua partita contro le autorità. Mentre Podoloff confermava l'esclusione a vita, Zollner licenziava Paul Birch e cedeva Scolari, Meineke, Hutchins, Phillip e Foust. Non è una prova oggettiva, ma ben difficilmente Fort Wayne si sarebbe disfatta di questi ottimi giocatori senza qualche motivo extra-cestistico. Molinas nel frattempo continuava a giocare per squadre di semi-professionisti. Durante un allenamento a Champaign-Urbana distrusse il centro di University of Illinois George Bon Salle, che quattro anni più tardi avrebbe dato al Simmenthal Milano lo scudetto numero undici. Contro ogni pronostico ottenne anche un parere preliminare favorevole rispetto all'esercizio dell'avvocatura, un'altra delle misteriose circostanze che qualcuno collega all'influenza della mafia e qualcun altro a non meglio specificate *connection* politiche del padre. Intanto, per centocinquanta dollari a partita, giocava nei weekend per i Williamsport Billies della EBL, una lega che a Lancaster, in Pennsylvania, pagava i giocatori in mortadelle. Insaccati o meno, il livello della EBL era altissimo, perché l'NBA dava lavoro a soli 80 giocatori. La domenica Molinas giocava la sua partita di EBL dominando in ciabatte, poi si metteva in macchina, si cambiava nell'auto e arrivava subito prima o subito dopo la palla a due della seconda gara di giornata, quella di Connecticut League. Giocatore di basket, studente di legge, scommettitore e viveur: a 22 anni Jack Molinas, anche senza l'NBA, non aveva problemi a occupare il tempo e guadagnare fior di soldi.

Il rumore fatto dall'inchiesta di New York, anche se non approdata a un risultato processuale, fece terra bruciata attorno a Molinas. Perfino Joe Hacken cercava di avere il meno possibile a che fare con lui, e Jack dovette affidarsi a un intermediario, detto «barba», per piazzare le giocate. In più aveva preso il vizio, non salutare nell'ambiente, di non pagare in caso di scommessa persa, adducendo una delle scuse con cui prendeva per i fondelli fidanzate, amanti, vigili, compagni, allenatori e chi più ne ha più ne metta. Tutto questo non gli impedì, sempre studiando saltuariamente, di laurearsi in legge nel giugno 1956 con voti da primo della classe. Nel gennaio successivo superò anche l'esame di Stato, e quel parere preventivo ottenuto misteriosamente tornò buono. In una situazione davvero paradossale il delinquente abituale venne assunto dallo studio Levy and Harten, uno dei più prestigiosi nella Grande Mela. Il primo fascicolo che gli venne affidato riguardava Sherman White, suo avversario nella EBL implicato negli scandali delle scommesse del 1951. White aveva subito il sequestro dei conti bancari, e grazie alla ferrea preparazione nelle due materie, diritto e scommesse, Molinas vinse il ricorso. La carriera legale però lo affascinava il giusto: nel suo primo anno da avvocato guadagnò venticinquemila dollari, una cifra che poteva intascare senza problemi con un paio di puntate sicure.

Per fare il definitivo salto di qualità nelle scommesse entrò in contatto con Dave Goldberg, boss di Saint Louis con eccellenti aderenze in USA, Canada e Messico. In occasione di una sua missione a New York nel 1957 Goldberg illustrò a Molinas il ruolo che quest'ultimo avrebbe dovuto rivestire, quello del reclutatore. «Cerca di farti amici gli arbitri della Eastern League – gli suggerì il boss – magari buttando lì che io posso scommettere duemilacinquecento dollari a loro nome sulle partite che dirigono. E durante l'estate fai lo stesso con i giocatori universitari dei tornei cui partecipi; offri loro qualche bella cena, e dopo aver pagato il conto mettigli in tasca qualche centone per vedere come reagiscono». «E se poi non sono disposti a vendere le partite?» chiese sospettoso Jack. «Nessun problema – fu la rassicurante risposta – ti rimborso le spese sostenute fino all'ultimo dollaro». Una maschia stretta di mano sigillò il ritorno in grande stile sulla scena del crimine di «The Mole». Altri personaggi dai soprannomi eloquenti come Lefty e Spook salirono a bordo, assieme al solito Joe Hacken. Durante l'estate Vinnie Brewer, stella nascente di Iowa State, divenne il primo nuovo adepto dell'agguerrita organizzazione. All'alba della stagione 1957-58 il college basketball aveva un nuovo, terribile nemico, che lavorava dal suo interno per distruggerlo.

Non che l'NBA, dal canto suo, godesse di grande salute. Alla fine di quella stagione '57-58 molti giocatori ancora validissimi come Mel Hutchins, Don Meineke e Andy Phillip si sarebbero ritirati per evitare il disonore di un ulteriore scandalo. Il venticinquenne Molinas, che nell'NBA ci sarebbe stato come un Re, stracciava le retine della Eastern League segnando oltre 32 punti di media, con un season-high di 50. Non male per uno che non si allenava mai, spesso arrivava alle partite dopo l'orario di inizio e a tempo perso faceva (bene) l'avvocato e il criminale. Per la verità, la seconda di queste occupazioni era qualcosa di più di un passatempo, e nascondeva i suoi bravi pericoli. Tra truffatori è infatti normale cercare di fregarsi a vicenda, e proprio una serie di tradimenti di partner infedeli indusse Molinas a dedicarsi più ai cavalli che al basket. Nel mentre stringeva però un'alleanza non troppo santa con Marvin, brooklynese di 1,55 per 145 chili con una pronunciata zoppia il cui lavoro era quello di «Tip-Off Time Man», cioè di addetto all'orario della palla a due. Con il suo tipico accento newyorchese, per cui «them» diventava «dem» e «thirty» si trasformava in «toidy», Marvin chiamava al telefono tutte le scuole della nazione per acquisire l'orario di inizio delle partite, da comunicare poi ai suoi datori di lavoro, i bookmaker della zona. Datosi che la fedeltà non è la caratteristica più comune negli impiegati del settore e che lo stipendio ufficiale era di soli quaranta dollari la settimana, ogni tanto Marvin «sbagliava». Così, se eri in combutta con lui sapevi che la gara di Purdue non cominciava alle otto, ma alle sette e trentacinque. E se i Boilermakers partivano forte alle otto meno cinque potevi scommettere i massimi su di loro con pochissimi rischi. Tutte queste truffe si traducevano in un esborso non dovuto da parte del banco, cioè nel caso di specie la mafia. Come qualche anno più tardi avrebbero imparato i protagonisti del crack dell'Ambrosiano, sottrarre soldi all'organizzazione non è un'idea che allunghi la vita. Jack però, come sempre, pensava che con un sorriso e una bugia se la sarebbe cavata, dimostrando che tra intelligenza e senso della realtà c'è di mezzo un oceano.

Più di una persona influente nella NBA, sobillata dagli articoli di Milton Gross sul *New York Post*, cominciava ad aprire spiragli di riammissione. Quando la questione venne messa ai voti gli otto proprietari si divisero, e per spezzare il 4-4 servì la preferenza del commissioner, che si espresse contro il perdono. Jack diede al voto un'interpretazione etnica, spiegandola come uno sgarbo dei proprietari di origine ebrea e di Podoloff, ebreo a sua volta, nei confronti di uno che aveva ripudiato la sua origine. Ragionando come il criminale incallito che era, il pensiero che l'NBA potesse avere relativo piacere ad associarsi con uno come lui non attraversò la sua mente neppure per un secondo. Forse Molinas è stato vittima di un ostracismo esasperato, ma questo nulla toglie alle sue responsabilità penali e morali. Come quella di tornare a reclutare giocatori di college per implementare un altro schema di partite truccate in vista della stagione 1958-59. Uno schema con un giro di affari vastissimo, che poteva coinvolgere anche cinquanta bookmaker contemporaneamente per un volume di giocate di centomila dollari a sera. Joe Hacken e Molinas, all'insaputa degli altri complici dell'associazione a delinquere, trovarono allibratori e galoppini a Brooklyn, Boston, Manhattan, Miami e Philadelphia oltre a quelli «ufficiali» che agivano tra Philadelphia, New York, Baltimora e Chicago. D'altronde anche i loro complici avevano contattato altri bookmaker legati a Cosa Nostra in quel di Pittsburgh, in quella continua corsa a ingannare i sodali che è tipica di queste consorterie. Quando si parla di crimine organizzato non lo si fa a vanvera, perché l'attenzione ai dettagli è massima. Jack dedicò parecchio tempo alla preparazione di quella stagione, leggendo fino all'ultima riga tutti i giornali che per cinque dollari alla settimana un edicolante di fiducia gli teneva via. Le telefonate di lavoro dovevano essere fatte solo da e per telefoni pubblici, il giocatore designato doveva inginocchiarsi per sistemare i lacci della scarpa sinistra durante il riscaldamento per segnalare che la combine era assicurata, e i pagamenti andavano effettuati senza eccezioni subito dopo la fine della gara. D'altronde, con tredici squadre infestate da giocatori collusi, l'associazione a delinquere era diventata una medio-grande azienda. Assorbito da compiti ben più complessi e remunerativi di una partita EBL, in 9 delle 28 gare stagionali Jack non scese in campo per i Williamsport Billies. Finì comunque a 26 punti di media, senza mai difendere e tenendo un comportamento irreprensibile con i «castori», nome in gergo che quelli delle scommesse davano agli arbitri. Mai una protesta fuori posto, mai uno sguardo torvo, anzi. Semmai qualche birra dopo la sirena, offerta senza malizia per disinteressata amicizia. Tra un brindisi e l'altro due di quei «castori» accettarono di sistemare partite al modico prezzo di millecinquecento dollari a botta, ingrossando i già cospicui quadri della banda.

L'ambiente del crimine, per chi è troppo furbo, può essere difficile. Nel febbraio 1959 Jack e la sua guardia armata, il corpulento Ray Leone, vennero rapinati alla fine del giro di riscossione da due uomini armati inviati da Bobby Kraw, bookmaker stufo di essere preso per il naso, e qualcos'altro, dal diabolico doppiogiochista. Invece di spaventarsi Molinas tentò uno dei suoi leggendari bluff, dicendo di non avere in tasca un soldo e fidando sulla bontà del nascondiglio in cui teneva il grano, una tasca interna della camicia praticamente invisibile. Solo che i due bravi ragazzi mandati da Kraw non avevano tempo da perdere, e gli proposero un giochino piuttosto pericoloso. «Conto fino a tre – disse il più cattivo dei due puntandogli la pistola alla tempia – e se per allora non mi hai dato i soldi ti sparo». All'uno Molinas non si scompose, ma al due i rapinatori menzionarono la circostanza che avrebbero dovuto uccidere anche Leone per non lasciarsi dietro testimoni. «Dagli i soldi Jack, sono un padre di famiglia!» fu l'isterico urlo del guardaspalle, che indusse il campione a tirar fuori dal ricettacolo i novemila dollari. Incredibile ma vero, il rapinato se ne fece restituire duecento con la scusa che gli servivano per un appuntamento galante a seguire! La situazione di stallo all'interno della vettura fu rotta dalla precipitosa fuga degli assalitori, causata non dal sopraggiungere della polizia ma dal fetido odore che la mancata tenuta dello sfintere di Ray Leone aveva provocato.

Un altro, come Leone, se la sarebbe fatta addosso, ma non Jack Molinas. Quei novemila dollari erano noccioline rispetto a quello che entrava, e neppure un'altra pistola puntata alla tempia e un danno di altri tremila dollari per (fondati) sospetti di doppio gioco da parte di Goldberg gli fecero cambiare rotta. L'estate del 1959 divenne un periodo fondamentale, perché era appunto nella bella stagione che si potevano reclutare i nuovi talenti di quel gioco tanto sporco quanto remunerativo. Dick Fisher da Tennessee, Jerry Graves da Mississippi State e Lou Brown da North Carolina caddero nella rete. Quest'ultimo presentò Joe Green, amico di Molinas fin dai tempi del Bronx, al compagno Doug Moe, già stella della Erasmus Hall High School a Brooklyn. Moe rifiutò di partecipare alla combine ma accettò 75 dollari di regalo da Green, macchiandosi di quella che nel diritto sportivo italiano è nota come «omessa denuncia». È per questo motivo che nel 1965, in seguito all'ufficioso boicottaggio operato dall'NBA nei suoi confronti, venne a giocare in Italia per il Petrarca Padova di

Aza Nikolic, dove si fermò per due stagioni segnando tonnellate di punti (28 abbondanti per gara in 43 partite). Molinas aveva perso ormai ogni freno inibitorio, e la sua conoscenza del panorama liceale di New York lo portò a lavorarsi due senior di High School, Connie Hawkins e Roger Brown.

Il metodo di reclutamento era sempre lo stesso: prima si studiava il soggetto in questione, proprio come fanno gli esponenti del crimine organizzato con i potenziali affiliati, valutando la sua importanza all'interno della squadra e la potenziale permeabilità a certi discorsi. Poi lo si avvicinava dandogli preziosi consigli cestistici e offrendo compagnia e qualche pasto gratis. Infine si organizzava la cena decisiva, quella in cui Molinas spariva per lasciare il posto a Joe Hacken, il quale prima chiedeva innocenti opinioni sul possibile risultato della gara X e poi lasciava cadere nel discorso la possibilità di fare qualche puntata a nome del ragazzo sulla sua squadra vincente, nulla di illegale per carità. Fino a quel punto, nessuna legge era stata infranta. Stava al giocatore decidere il proprio destino: un no secco e Hacken, pagata la cena, sarebbe sparito per sempre dalla sua vita; una risposta anche vagamente possibilista, e sarebbe invece tornato alla carica con argomenti sempre più convincenti. Siccome i possibilisti e gli omertosi rappresentavano i due terzi degli avvicinati, non c'era verso che quel reclutamento si esaurisse.

Alla fine del 1959 i rapporti all'interno del sodalizio criminale erano ormai ridotti ai minimi termini. Da una parte Aaron Wagman e Joe Green, dall'altra la coppia di ferro Hacken-Molinas, in mezzo Dave Goldberg, che da St. Louis cercava di diventare terzo godente tra i due litiganti. Per capire fino a che punto la situazione si fosse incancrenita, occorre tornare alla gara tra Maryland e South Carolina, che nelle sue memorie Jack racconta così.

> Potevamo contare su tre giocatori, Dial e Franz di South Carolina e Callahan di Maryland, favorita di 15 punti. Non dovevano esserci problemi per Maryland a coprire lo spread, ma Wagman escluse Goldberg dall'operazione e vendette la gara a Frankie Cardone, bookmaker della mafia a Pittsburgh, garantendo una larga vittoria dei Terrapins. Quando il denaro puntato da Pittsburgh si concentrò su Maryland, quei 15 punti diventarono 18 e Goldberg si infuriò, dicendo a Wagman che io e Hacken avevamo venduto la partita a Pittsburgh per fregarlo. Goldberg gli ordinò quindi di scommettere su South Carolina, istruendo i complici a tenere lo scarto sotto i 18 punti in cambio di cinquecento dollari a testa. Wagman lo disse a Green, credendolo amico, ma lui mi informò. Hacken andò dai tre giocatori, che ritenevano fossimo tutti una grande famiglia, e disse che dovevano giocare pulito, perché non ci sarebbero state scommesse sulla gara. Maryland vinse 85-52, io e Hacken guadagnammo quindicimila dollari, Goldberg perse un sacco di soldi e non capì mai che cosa diavolo fosse successo.

Se vi siete persi, non preoccupatevi: anche io ho riletto dieci volte e a metà dell'intreccio ho perso il conto di chi cercava di turlupinare chi. Quel che è sicuro è che così non poteva durare, e infatti non durò. Goldberg disse a Molinas di presentarsi all'Hilton di Pittsburgh «per fare una bella chiacchierata». Jack sapeva bene che alcune di quelle chiacchierate si concludevano con fratture multiple alle gambe, se non peggio, ma tutto sommato si trattava di rischi che facevano parte del mestiere, come una perdita finanziaria per un broker. Così si recò a Pittsburgh assieme al fido Hacken e a Tootie, procace modella scelta per la trasferta. Dopo aver mandato Joe a cercare Goldberg, Molinas si concesse una sessione tra le lenzuola con la bionda. Le ostilità erano appena terminate quando Hacken entrò in camera per dirgli che il capo dell'organizzazione era pronto a riceverli. Dopo quaranta minuti di toilette, necessari per rimettersi in sesto dopo le capriole con Tootie, Molinas si presentò nella stanza al settimo piano, dove un Goldberg piuttosto nervoso lo affidò a un paio di sgherri senza collo. Questi ultimi lo presero per i piedi, lo sollevarono oltre la ringhiera e lo lasciarono dondolare nel vuoto per qualche minuto. Chiunque altro avrebbe almeno rallentato la folle corsa, non Jacob Louis Molinas, che dopo la riunione di lavoro salutò educatamente i presenti e tornò da Tootie per il secondo round.

A Miami altri «amici» non soddisfatti del risultato di una combine andata male lo convocarono per un altro chiarimento, che si risolse con l'inezia di un dito fratturato grazie alla forza di quello che bene o male era sempre un atleta. La sua fama di cattivo pagatore si era estesa a tutti i bookmaker della Grande Mela, ma erano altrettanto noti i suoi legami con il crimine organizzato, che lo proteggeva in cambio delle dritte sulle partite. Una situazione incredibile e ingestibile, che peraltro non impediva a Molinas di lavorare sul piano legale contro l'NBA chiedendo aiuto, con notevole faccia di palta, alla legge. A giugno Jack depositò presso la Corte Suprema della Kings County un ricorso antitrust contro Podoloff e l'NBA, chiedendo l'immediata riammissione nella lega e tre milioni di danni. L'NBA offrì venticinquemila dollari a titolo di transazione ma Jack rifiutò sdegnosamente. Nel frattempo il dito era tornato più o meno a posto, e il suo padrone segnava valanghe di punti nei tornei estivi. Tra una puntata su qualche cavallo sicuro e un salto al Playboy Club, Molinas continuava un'incessante opera di reclutamento. Come accennato, da tre anni il suo occhio finissimo si era posato su Cornelius L. Hawkins, meglio noto come Connie, ragazzo di infinita povertà che frequentava la Boys High School a Brooklyn. «Goose», questo il suo soprannome in alternativa a «Hawk», era il quinto di sei figli e viveva in una stamberga senza acqua calda. Tutti i suoi averi ammontavano a una camicia, un paio di pantaloni e due scarpe tenute assieme alla bell'e meglio. Mamma Dorothy faceva l'infermiera sedici ore al giorno, e per sistemare in qualche modo quello spilungone gli disse di passare la giornata al Recreation Center, dove almeno sarebbe stato protetto dalle insidie delle strade di Bedford-Stuyvesant (Bed-Stuy per quelli del ghetto). A quindici anni Hawkins era già alto due metri, con mani di inusitata grandezza e una facilità nel salto degna di un grande altista. Analfabeta e privo dei più rudimentali strumenti culturali per capire il mondo che lo circondava, il Falco era passato da zimbello del quartiere a oggetto del desiderio di duecentocinquanta college americani, che scrissero, pressarono e mandarono emissari più o meno loschi per reclutarlo. Molinas, che si occupava di un altro tipo di reclutamento, lo chiamò nel suo ufficio legale assieme a Roger Brown, ala dal tiro micidiale da Wingate High School, ufficialmente per parlare di una partita di beneficenza con Joe Hacken. I due approfittatori, presentandosi come appassionati di college basketball, misero dieci dollari per vitto e trasporto in mano ai due talenti, conquistandosi sul posto la loro fiducia. Molinas rivide Hawkins con la scusa di insegnargli il suo mortifero gancio e quindi lo conquistò definitivamente con qualche biglietto da venti, di cui «Hawk» non aveva mai visto un esemplare, e qualche sessione con professioniste del sesso precedentemente liquidate delle spettanze. Hawkins scelse Iowa in cambio di trecento dollari al mese sottobanco e voti truccati, in assenza dei quali non sarebbe mai riuscito a rimanere eleggibile. Poco prima di Natale il suo allenatore gli diede duecento dollari, per una volta regolari, da utilizzare per pagare le spese di alloggio al college. Appena arrivato a casa per le festività però Connie, che a fine carriera avrebbe avuto un breve e rocambolesco cameo estivo con la Fortitudo, dilapidò in dieci minuti i soldi in regali per famiglia e amici. Disperato, chiese aiuto a quell'avvocato così gentile trovando premurosa assistenza. Pochi minuti dopo la telefonata Molinas si presentò a casa Hawkins con un biglietto da cento e due da cinquanta, felice di fare un investimento così esiguo su un purosangue del genere.

Nemmeno l'arresto di Aaron Wagman e la presenza di detective alle sue calcagna furono sufficienti a consigliare a Molinas l'uscita da quel mondo così pericoloso. Il 3 gennaio 1961 la causa contro l'NBA entrò nella fase dibattimentale. Jack sosteneva di aver scommesso solo sulle vittorie dei Pistons, conseguendo un guadagno di quattrocento dollari su cui aveva pagato le tasse. Podoloff ribatteva che le sue azioni avevano distrutto la fiducia del pubblico nei confronti del basket. L'11 gennaio il giudice sentenziò a favore dell'NBA, ma Jack aveva ben altri problemi con la legge. Il cerchio attorno a lui si stava stringendo, pedinamenti e intercettazioni aumentavano d'intensità. Il bello è che lui, Hacken e compagnia lo sapevano benissimo, come Robert De Niro/Jimmy Conway in *Goodfellas*, eppure non prendevano alcuna precauzione. Wagman venne condannato in Florida a cinque anni, sia pure con la condizionale, e Frank Hogan lo fece poi arrestare il 16 marzo. Per i trentotto episodi elencati nel mandato di cattura la pena massima era di trecentottanta anni di carcere, non proprio una bazzecola. Invece di sparire, o almeno tenersi lontano, Molinas si fece assumere come avvocato nel suo collegio difensivo per evitare che il complice lo coinvolgesse, una strategia in bilico tra audacia e follia come tutta la sua vita. Intanto le indagini proseguivano senza sosta, e i detective risalirono a Hawkins. Il suo interrogatorio fu condotto da Anthony Bernhard, un duro che aveva sgominato la rete di Frankie Carbo nel pugilato infilandosi da *undercover* nel clan. Connie Hawkins era uno che leggeva solo fumetti perché si regolava con le figure, e dalla differenza di sofisticazione tra i due nacquero enormi problemi. Bernhard non poteva credere che il Falco non avesse davvero capito che quell'avvocato così gentile non era un benefattore, per cui lo mise sotto pressione evocando pene detentive per falsa testimonianza e altri scenari apocalittici. Quando Hawkins sentì la parola «prigione» cominciò ad ammettere anche quello che non aveva fatto, auto-incriminandosi rovinosamente. Nella sua cosmica ingenuità credeva che sarebbe bastato dire a quel poliziotto quello che (non) aveva fatto per uscirne pulito, perché nei fumetti finiva sempre alla grande. Solo che questa era la vita, non i fumetti, e tornato a Iowa «Goose» venne scaricato dalla stessa università che aveva infranto tutte le leggi del libro per reclutarlo.

Dayton espulse Roger Brown poco dopo, e quindi fu incriminato Joe Hacken. Ormai il castello di carte messo in piedi dal diabolico Molinas stava crollando, e la sua attività principale divenne quella di illustrare ai giocatori coinvolti i metodi migliori per rendere una testimonianza mendace. Uno dei complici, Gary Kaufman da College of the Pacific, lo chiamò nell'estate del 1961 per chiedere un colloquio presso la casa dei genitori a Brooklyn. Jack pensava che il ragazzo fosse nervoso e acconsentì, ma nascosto in camera da letto al piano superiore c'era un invitato speciale, il detective Nat Laurendi. Kaufman aveva già iniziato a collaborare con le autorità, e il bel registratore celato dietro alla Tv del salotto captò le parole che seguono, frutto delle precise istruzioni che Laurendi gli aveva dato.

MOLINAS: ti devo avvertire, se dovessi implicare me o gli altri sarebbe molto pericoloso per te
KAUFMAN: dici i capi?
M: esatto, chiunque dovesse identificarli sarà ucciso, non scherzo
K: è gente così? Gente che uccide?
M: certo che sì. Ti dico chi sono, ma non ripeterlo mai, per nessun motivo, altrimenti…
K: … mi uccidono. Nessun problema, non dirò alcunché
M: è gente di Al Capone da Chicago. Per questo è consigliabile che tu neghi qualsiasi cosa

Dentro di sé Jack era fiero della sua tattica, sicuro che il ragazzo non avrebbe mai aperto bocca. Più contento di lui era però Laurendi, motivatissimo a indagare perché aveva perso una fortuna scommettendo su un North Carolina State-La Salle truccato.

Per Jack fu un auto-canestro non da poco, per gli inquirenti un trionfo. Il 30 novembre 1961 Wagman siglò l'accordo con il District Attorney (Pubblica Accusa) accusandosi di delitti minori in cambio di una testimonianza che implicava Hacken e Molinas. Quest'ultimo non fece neppure una piega, ben sapendo che per reggere il vaglio processuale quelle accuse avrebbero avuto bisogno della conferma di altri soggetti non imputati.

Il 16 marzo del 1962 «The Mole» volò a Washington per parlare a un banchetto organizzato dal Touchdown Club. Sull'aereo riconobbe uno dei detective di Hogan che rivide tra il pubblico di quell'incontro conviviale il cui tema era (che ci crediate o meno) l'integrità del college basketball. Lo svolgimento del relatore, davvero esperto in materia, fu memorabile.

> Solo perché ci sono un paio di mele marce nel cesto non si può giungere alla conclusione che tutto il sistema sia infetto. Nonostante tutti gli scandali, veri o presunti, il college basketball è un gioco sostanzialmente onesto.

Poco più di due mesi dopo, il 18 maggio, il conferenziere fu tratto in arresto con le accuse di corruzione, induzione alla falsa testimonianza e associazione a delinquere finalizzata a predeterminare il risultato di 25 partite, tramite 22 giocatori di 12 diversi college. Se rinviato a giudizio l'avvocato con le mani fatate avrebbe rischiato fino a trentacinque anni di carcere. «Quando questa faccenda si sarà finalmente risolta – disse all'Associated Press con il solito ghigno sprezzante dipinto sul volto – la mia innocenza sarà completamente dimostrata». Un bluff, come sempre. Jack sapeva benissimo che la parabola discendente era cominciata, ma bugiardi di quel livello sono in grado di ingannare chiunque, compreso se stessi.

Il 30 ottobre del 1962, con la scelta della giuria, cominciò il processo contro Jacob Louis Molinas, difeso dall'avvocato Jacob Evseroff. Per rendersi subito popolare l'imputato avvicinò Hogan e gli disse: «scommetto centomila dollari che non ce la farà a condannarmi». Il dibattimento fu estremamente lungo e complesso. Aaron Wagman testimoniò per sette giorni filati, indicando con certosina precisione tutti i misfatti dell'ex complice e rivale. Mentre la sua posizione in aula si aggravava Jack continuava a praticare la professione forense e a scommettere a manetta sul football. Nel dicembre del 1962 Dave Goldberg fu condannato in North Carolina a cinque anni di carcere e trentamila dollari di multa, una sentenza che Molinas giudicò troppo severa. Evseroff chiese al suo cliente di testimoniare, convinto che la situazione fosse disperata e solo una mistificazione in grande stile potesse salvarlo da una condanna sicura. Sorprendentemente però il grande bugiardo si tirò indietro, dicendo che temeva di cadere in contraddizione durante il contro-esame. Nella durissima arringa di sei ore il PM Peter Andreoli lo dipinse come un criminale abituale, e anche se la faccia non tradiva alcuna emozione da essa era sparita ogni traccia di arroganza. Molinas, prendendosi in giro per l'ennesima volta, si convinse che la condanna sarebbe stata tutto sommato lieve. Hacken aveva preso otto anni, Green sette e Wagman cinque, e le sue previsioni più pessimistiche si attestavano intorno a queste durate, gestibili in una prospettiva deviata come quella di un delinquente abituale. L'11 febbraio Andreoli chiese al giudice la massima pena, trentacinque anni, sostenendo che l'imputato non aveva mai mostrato alcun segno di cambiamento o pentimento. Quindi Jack Molinas si alzò in piedi e il Giudice Joseph S. Sarafite lesse il dispositivo della sentenza.

> Per me lei, Jacob Molinas, è una persona completamente amorale. Lei è il primo e maggiore responsabile della cospirazione. Lei ha utilizzato il suo prestigio per corrompere giocatori universitari e truffare il pubblico. È una sciagura che lei sia stato ammesso all'avvocatura, perché la nobile professione è stata calpestata dai suoi delitti. Lei è colpevole dei fatti ascritti.

«Ok – pensò Jack – finito il pistolotto moraleggiante adesso sentiamo la pena, che sarà mai. Alla fine sono un avvocato incensurato, con un paio d'annetti potrei anche cavarmela». A interrompere quei pensieri arrivò la dura voce di Sarafite, che riprendeva la lettura del dispositivo.

> Per la corruzione di Billy Reed (giocatore di Bowling Green, n.d.r.), da cinque a sette anni e mezzo. Per l'induzione a rendere falsa testimonianza, da cinque a sette anni e mezzo. Le due pene sono da considerarsi consecutive. La sentenza è immediatamente esecutiva. La seduta è tolta.

Pene «consecutive», non «concorrenti». Aveva sentito bene? Sissignore, aveva sentito benissimo. La condanna era a una pena massima di quindici anni con un minimo di dieci, la più severa mai irrogata a New York per un reato simile. Dicono che a volerla così esemplare fu Bobby Kennedy in persona, all'epoca US Attorney General, perché facesse da monito a tutti i giovani del paese. Come nel caso dell'esclusione dall'NBA la sanzione era tecnicamente esagerata, il che non cancella le colpe così gravi e reiterate del condannato.

Il fanciullo prodigio della Ivy League, l'avvocato di successo con soldi, donne e macchine, il grande cestista delle leghe minori finì rinchiuso nel carcere conosciuto con il tutt'altro che rassicurante nome di «The Tombs». Da lì fu quindi portato a Sing Sing e poi ad Attica, prigione di massima sicurezza che è la meta abituale di violentatori e omicidi. Là Jack Molinas divenne il detenuto numero 18896, un numero che non avrebbe mai più dimenticato al pari del suo nuovo indirizzo: Blocco A, 38esima Compagnia, Cella 36. Dopo un mese nel difficile reparto sartoria fu trasferito al Blocco D avendo fatto richiesta di insegnare. Per recuperare un minimo di forma fisica decise di riprendere a giocare nel torneo interblocchi, rigorosamente non integrato, che celebrava le sue partite ogni sabato e domenica. Piccolo problema: qualsiasi avversario giocava soltanto per mandarlo all'ospedale, e Jack dovette rinunciare anche al diversivo del basket, fatta salva qualche partita di H-O-R-S-E e qualche tiro solitario, accontentandosi di football e baseball. Era la logica di Attica, anche se la parola «logica» non ha la stessa accezione che ha fuori da quelle mura. Il 10 novembre 1964 la Corte Suprema di New York ridusse a una durata tra i sette e i dodici anni e mezzo la condanna, uno sconto insignificante che Molinas visse come una sconfitta. A dicembre però un giudice distrettuale accettò di riconsiderare il caso, ritenendo alcune registrazioni clandestine fatte nei confronti di alcuni testi una violazione del Quinto e Sesto Emendamento (le strategie di difesa si somigliano in cinque continenti, ieri e oggi). Per Jack, che in carcere aveva cominciato a scommettere su Wall Street, fu l'inizio della risalita.

Ci vollero quasi altri quattro anni, ma il 2 luglio 1968 fu rilasciato in regime di libertà condizionata. «Sono libero, sono libero – urlava sulla macchina guidata dalla sorella Julie, aggiungendo – non andrò mai più in prigione!» Quest'ultima frase però, nella sua testa, suonava come «col cavolo che mi faccio fregare un'altra volta». Il lupo, dicono, perde solo il pelo. Eppure le regole della libertà condizionata non erano una passeggiata. Fino all'ottobre del 1973 Molinas non poteva possedere o guidare una macchina, lasciare New York senza permesso, votare ed essere fuori casa dopo mezzanotte. Il divieto più pesante era però quello, citando letteralmente la norma, «di intrattenere relazioni sessuali con una donna diversa dalla moglie legale». Dopo qualche tempo l'ufficiale addetto ai controlli allentò però la presa. Jack si diede alle spese pazze, comprando un gigantesco Magnavox a colori per i genitori, il primo in assoluto nel quartiere, e una fiammante Lincoln Continental Mark III da oltre settemila dollari, in completo spregio delle condizioni che doveva rispettare per non tornare in carcere. Gli amici erano tutti impressionati da questa ricchezza, ma le loro precise domande ricevevano vaghe ed evasive risposte. Sfido, mica poteva rispondere a cuor leggero che si trattava del «ringraziamento» dei boss per aver rispettato i vincoli di omertà, facendosi qualche anno di branda come un vero uomo di (dis) onore deve mettere in preventivo. Dopo il periodo di prova Joel Horman, l'ufficiale addetto al controllo, concesse a Molinas un appartamento da single, che divenne immediatamente un porto di mare per ragazze di ogni tipo. Non tutte, evidentemente, figlie della jet society se furono ribattezzate «cagne» dagli amici dell'ex recluso. Di questo periodo è anche la testimonianza resa nella causa intentata da Connie Hawkins alla NBA per ottenere la riammissione. Proprio la conferma che i duecento dollari erano un prestito (restituito dal fratello di Connie) e non una somma accettata per venir meno al proprio dovere risultò decisiva nella dinamica processuale che sfociò nel risarcimento-record, 1 milione e 295.000 dollari, pagato dalla NBA per chiudere la questione.

Nonostante i cinque anni di inattività e l'aumento di peso, nei tornei estivi Jack Molinas faceva ancora canestro come e quando voleva. Proprio come una volta, però, la pallacanestro non gli bastava, e neppure le donne e la bella vita. La nuova ossessione era Wall Street, assieme alla progettazione di film e libri sulla sua vicenda, rivisitata da un personalissimo e tutt'altro che obiettivo punto di vista. Con la benedizione di Horman Jack volò a Hollywood per incontrare un produttore, e già che era al sole della California, decise di farsi due chiacchiere con Bobby Kraw. Ricordate questo nome? È quello che nel '59 lo aveva fatto rapinare e quasi uccidere, quindi un vecchio amico. Kraw, che nel frattempo aveva cambiato il proprio nome in Norman Arno, gli spiegò con dovizia di particolari che parecchi boss di Cosa Nostra stavano facendo convergere investimenti legali in California con la complicità di sindacati corrotti (sulla modernità di questa storia torno, con estrema tristezza, per l'ultima volta). «Vieni qui – concluse Kraw/Arno – con la faida tra i Colombo e i Gallo New York ormai è invivibile». Tornato nella Grande Mela, Molinas informò

Horman della sua intenzione di trasferirsi in California per curare l'inesistente film che a suo dire si sarebbe fatto, e ancora una volta l'ufficiale se la bevve tutta d'un fiato. Nel febbraio del 1970, completate le formalità procedurali, prese il volo da JFK per atterrare a LAX, la sua nuova Terra Promessa. Attrici, sole e, prima volta per un ebreo, la rituale affiliazione a Cosa Nostra erano le sue ambizioni. Arno, alcolizzato all'ultimo stadio, lo accolse in casa introducendolo a una variopinta galleria di truffatori, bookmaker, produttori di film porno e altri capitani di industria *sui generis*. Non sembrava il tipo di contatti che ti fa produrre quel film di cui Molinas si vantava con le donne, ma da quando la realtà poteva frenare le vanterie del fuoriclasse newyorchese? Ce l'aveva tutto in testa quel film: Elliott Gould lo avrebbe impersonato, mentre per il ruolo di co-protagonista sarebbe stata volata a due tra Clint Eastwood e Robert Redford. A un amico ipotizzò anche la partecipazione di Dustin Hoffman, forse un po' bassino per le esigenze della parte. «E che importa? – disse Molinas – oggi con gli effetti speciali si può fare di tutto».

Nonostante i 38 anni e la vita vissuta alquanto pericolosamente Jack si faceva valere nei playground di Barrington, Roxbury, Beverly Hills e Pacific Palisades. Tra i frequentatori regolari di questi campetti c'erano mostri sacri del calibro di Jerry West e Wilt Chamberlain, Elgin Baylor e Guy Rodgers, Rudy LaRusso e Jim McMillian (poi alla Virtus Bologna). Il vecchio Jack però trattava tutti come se fossero novizi, dicendo a Wilt di passare la palla, a Baylor di andare a bloccare o a Jerry di tagliare di qui piuttosto che di là. Gli altri lo lasciavano fare, un po' perché quello sbruffone a suo modo era simpatico e disarmante e un po' perché comunque a pallacanestro sapeva giocare davvero. Sempre in quel 1970 con Arno fondò la Jo Jo Productions, compagnia cinematografica attiva nel fiorente settore del porno. Jack venne nominato Presidente e il suo ruolo principale fu individuato nella stesura di nuove trame (sic). «Diventerò il Cecil B. De Mille del porno» fanfaronò il solito, incorreggibile megalomane. I fratelli Periano, fiancheggiatori di Cosa Nostra, detenevano l'unica casa di produzione che accettava di montare film di quel tipo. Molinas, forte della sua teoria che la mafia non uccide mai i suoi debitori ma solo quelli che negano di avere un debito, cominciò da subito a ritardare i pagamenti verso di loro, nell'eterna presunzione di essere più furbo di chiunque. Stando alle risultanze investigative dell'LAPD (Los Angeles Police Department) il capitale della Jo Jo era però a propria volta interamente mafioso, per cui non vale la pena di versare lacrime per i poveri Periano. Quel capitale proveniva infatti da una delle famiglie newyorchesi rappresentata a Los Angeles da Mickey Zaffarano, soldato di Coney Island che aveva scalato l'intera gerarchia di Cosa Nostra fino a diventare «uomo di rispetto» (occhio alle virgolette) della famiglia Colombo, erede dei Bonanno/Bananas. Insomma, un'operazione del tutto endogena a Cosa Nostra, in cui Molinas e Arno facevano solo da paravento e tutti tiravano a fregare tutti, come sempre.

Se le complesse operazioni finanziarie del crimine organizzato sono quanto mai nebulose, è invece chiarissimo che la mafia non desidera la diffusione di notizie precise sulla sua attività. Quando Zaffarano seppe che Molinas aveva completato il manoscritto di *The House That Jack Built*, titolo provvisorio dell'opera, fece vigorosamente presente che la sua famiglia, e non parlava di mamma e papà, non usava intrattenere rapporti con persone che scrivono libri. Il che, breve digressione, è peraltro un buon motivo per scriverne a migliaia sull'argomento con buona pace di chi, per ignoranza o collusione, sostiene il contrario. «Non danneggerà nessuno – provò a controbattere Molinas, salvo sentirsi rispondere che sarebbe stato lui a essere danneggiato, e non poco, da un'eventuale uscita in libreria. «Ma...» provò ad argomentare l'aspirante autore, cui venne ribadito che l'uscita del libro sarebbe stato l'ultimo stupido errore di una lunga serie. Fu così che la Bantam Books, casa editrice che si era assicurata i diritti sull'opera, vide la sua controparte avvalersi di una clausola di rescissione unilaterale dell'accordo.

Anche se tutti lo prendevano in giro per quel nido di passerotti che teneva in testa per coprire l'incipiente calvizie, il Molinas angeleno viveva come un vero e proprio mogul. Alla guida della Mercedes 450 SL («il mio giocattolo», come la chiamava lui), con la diciottenne convivente Noelle Gordon o una stellina del cinema a fianco e un sigaro El Triunfo #1 in bocca, sarebbe benissimo potuto passare per un attore dei suoi film. Naturalmente continuava a puntare su qualsiasi cosa e ancor più naturalmente riscuoteva quando vinceva e si liquefaceva quando perdeva, il sogno bagnato di qualsiasi scommettitore. Anche l'usura era entrata nelle sue attività sotto forma di prestiti al tre per cento settimanale che strozzavano salumieri, macellai, fotografi e gestori di lavanderie, destinati a vedere la propria attività finire nelle mani dell'uomo venuto da New York. In quel 1970 l'ex giocatore dei Pistons provò a sviluppare pure una *startup* per la fornitura telefonica dei risultati di tutti gli eventi sportivi degli Stati Uniti, un'idea così avveniristica che testimonia quali mirabolanti cose avrebbe potuto fare in campo professionale se solo non fosse stato irresistibilmente attratto dal crimine. È solo che era più forte di lui. Quando faceva benzina usava dei trucchi per pagare due dollari invece che dieci, e alle domande dell'incredula fidanzata sul senso di fare così pur avendo in tasca decine di biglietti da cento rispondeva «perché altrimenti qualcun altro lo farà a te, cara». Conti bancari sotto nomi falsi e pseudonimi per sfuggire al terribile IRS, l'ufficio delle tasse a stelle e strisce? Prima dei conti «Gabbietta» o «Protezione» lo aveva già fatto Jack Molinas. Droga con Noelle? Certo che sì. Eppure nel 1972, a quaranta suonati, era ancora una sentenza quando lo lasciavano libero al Pauley Pavilion, in quelle partitelle estive che valgono più di un All Star Game per la quantità di talento in campo. Perché, anche se ce lo siamo scordati nel corso del racconto, subito prima di essere escluso Jack Molinas era stato convocato per l'All Star Game, quello vero. E senza le maledette scommesse quella sarebbe stata solo la prima Partita delle Stelle di una lunga serie.

Nell'ottobre del 1972, dopo la rottura con la Gordon, Molinas ospitò a casa due soggetti di cui sarebbero sufficienti i nomi, Nicky «The Nut» Musolino e Peter «Sonny Boy» Salanardi, per descrivere il curriculum professionale. Se invece volete scavare un po' più a fondo, ecco il loro *résumé* stilato dalla coscienziosa polizia di New York.

> Musolino è alto un metro e sessanta, faccia rotonda, capelli nerissimi, occhi marroni, orecchie piccole, lunghe basette. Da tempo è uomo del boss mafioso Don Aniello Della Croce. Salanardi è alto un metro

e settanta, novantacinque chili, naso da pugile, bocca enorme, orecchie piccole, tatuaggio sul bicipite destro con la scritta Marie e due cuori. Attivo da tempo nella famiglia di Natale Evola è pluri-sospettato per varie rapine a mano armata.

I due non erano a LA in gita di piacere, ma cercavano di far perdere le proprie tracce dopo aver ucciso a New York Carlo Lombardi, a sua volta reduce da un tentativo di omicidio nei confronti di Don Aniello Della Croce. Parliamo, per prendere a prestito un'espressione dell'immenso Nicola Gratteri, di mafia di serie A. Quella che nessuno sano di mente, men che mai un detenuto in libertà condizionata, dovrebbe ospitare a casa. Eppure, alla richiesta di spiegazioni dell'ufficiale addetto ai controlli Molinas oppose un «non me lo hai chiesto e non te l'ho detto» incredibilmente ritenuto soddisfacente. Come abbiamo già avuto modo di dire, la mafia ti osserva, ti mette alla prova e poi, quando ti ritiene affidabile, ti affida compiti di maggiore difficoltà e responsabilità. Non tradendo i due avanzi di galera Jack aveva dimostrato ai boss di Mickey Zaffarano che la scuola di quest'ultimo era stata efficace, e che nonostante quella balzana idea del libro si poteva passare a un incarico più prestigioso. Cioè, visto il ramo di business di cui si parla, più pericoloso.

Bernie Gussoff era stato il capitano di Brooklyn College nel 1943, un buon giocatore che aveva seguito con attenzione la breve ma favolosa carriera di Jack. Il suo business di pellicce conobbe momenti di grande floridità ma fu messo in ginocchio dalla crisi degli anni Cinquanta, per finire in bancarotta nel 1962. Gussoff cercò di ripartire da Los Angeles ma le cose peggiorarono presto dopo il promettente inizio. Nel 1973 l'imprenditore contemplava il secondo fallimento quando tramite un mafioso gli venne organizzato un incontro «casuale» con Molinas. Gussoff non riusciva a credere alla propria fortuna: aveva incontrato uno dei suoi idoli e quest'ultimo aveva anche acconsentito a una bella partnership nel ramo pellicce. Jack ci avrebbe messo i soldi, Gussoff il know-how e tutto sarebbe andato alla perfezione (o quasi). Solo che i soldi di Molinas erano di investitori mafiosi, ansiosi di vendere un po' di pellicce rubate prima di chiudere la più classica delle operazioni di facciata e riciclaggio. E il know-how di Gussoff era perlomeno sospetto, altrimenti non si sarebbe trovato in quella situazione. Nella fase dell'infatuazione Gussoff comprava pellicce a tutto spiano con i soldi della mafia e Molinas pompava propri capitali nell'azienda, sicuro che poi in qualche maniera avrebbe risolto tutto. La situazione però sfuggì presto di mano ai partner, che cominciarono a litigare per questioni di soldi. La casa madre sentì puzza di bruciato e mandò due controller con una fedina penale più lunga di Sunset Boulevard per sorvegliare quella coppia di irresponsabili. Nel gennaio del 1973 Jack venne citato in giudizio nel Tennessee per questioni relative alla distribuzione dei porno e a febbraio alle sue calcagna si mise l'IRS, allertato da dichiarazioni dei redditi incompatibili con quello stile di vita. Intanto la Berjac, l'azienda di pellicce, si inabissava sempre di più. Oltre che ai soliti amici Molinas fu costretto a chiedere aiuto alle banche, anche se nella tasca dei suoi pantaloni un rotolone di biglietti da cento tenuti assieme da un elastico non mancava mai.

Il 20 ottobre 1973 terminò anche il periodo di libertà condizionata, festeggiato con una cena fuori in compagnia di Noelle

Gordon, con cui si era ri-messo dopo essersi ri-lasciato un imprecisato numero di volte. Il 4 agosto 1974 però Noelle lasciò definitivamente Jack, frustrata dal micidiale mix tra l'impotenza che esibiva con lei e le sfrenate notti di sesso con le altre. La lista dei creditori e dei truffati si allungava ogni giorno, e non tutti i soggetti che vi comparivano erano raccomandabili. «Jack, con chi credi di avere a che fare? – gli chiese un giorno Zaffarano – certe persone si stanno innervosendo, e ti sarebbe utile cominciare a pagare almeno qualcuno dei tuoi debiti. Anche solo dieci, quindicimila, tanto per mostrare la tua buona volontà». Molinas ringraziò dicendo che avrebbe provveduto il giorno stesso, salvo poi fare l'esatto contrario come sempre. La situazione era davvero ai minimi termini, e la tragedia che era nell'aria si consumò il 15 novembre, quando Bernie Gussoff venne assassinato nella sua stanza all'Oasis Motel su Olympic Boulevard. Jack aveva un alibi di ferro, ma il figlio della vittima è convinto che sia stato un suo sicario a uccidere il padre. L'idea della polizia di Los Angeles è invece che il delitto sia stato un messaggio destinato a Molinas circa la fine che fa chi non onora i propri debiti con le famiglie mafiose. «Chi la fa, l'aspetti» disse Jack commentando l'accaduto. Parole, come quelle di Brandt anni prima, dense di precognizione.

Contestualmente ai mutui concessi per tappare le capienti falle della Berjac, Gussoff e Molinas erano stati costretti a stipulare un'assicurazione sulla vita del socio da duecentocinquantamila dollari. Jack era particolarmente ansioso di incassare, ma la polizia di Los Angeles impose alla compagnia assicurativa di ritardare il pagamento il più a lungo possibile. Intanto i suoi traffici continuavano, dalla compravendita di waffle ai gamberi passando per le operazioni immobiliari con le Bahamas, dove si sospetta fosse custodito il suo tesoretto privatissimo (avevo detto che non avrei più parlato di modernità, ma...) A metà marzo del 1975 arrivarono anche i trecentomila dollari dell'assicurazione, essendo trascorsi i termini di legge. Joseph Torchio (nomen omen) detto «Junior» gli ripetè che se avesse avuto un minimo di sale in zucca e amore per la vita avrebbe messo quei soldi nella valigia e ripagato il debito con gli associati. Per l'ennesima volta Jack si inventò una balla, non saldò le pendenze arretrate e in compenso andò a comprarsi a Las Vegas una bella Rolls-Royce *convertibile* per la rispettabile sommetta di cinquantaquattromila dollari. «Si vive una volta sola – fu la disarmante spiegazione – e se vivi bene, una volta basta». Oppure te la fai bastare. A metà luglio, presso l'Arrowhead Hot Springs Hotel, si tenne un summit mafioso di altissimo livello. Tra gli argomenti in agenda c'era anche la sorte di Molinas, sotto di 247.000 dollari con la famiglia Periano per l'affare delle pellicce, di oltre 100.000 con svariati casino di Las Vegas nel circuito delle famiglie e di cinquanta e passa mila con i bookmaker angeleni. A discarico di Jack c'era il silenzio che aveva mantenuto in carcere, l'assistenza prestata ai due latitanti e il rispetto di cui godeva ancora da parte di Mickey Zaffarano. Esaurita la presentazione degli argomenti, come in un normale Consiglio di Amministrazione, si passò ai voti, e la decisione fu unanime.

Pochi giorni dopo, il 2 agosto, Jack Molinas cenò con la fidanzata di giornata e la madre di quest'ultima a uno dei suoi ristoranti preferiti, il Luau. Dopo aver riportato a casa le due donne si recò in aeroporto a prendere Shirley Marcus, una ex fiamma. Alle 2:15 del mattino del 3 agosto parcheggiava trionfalmente l'amatissima

Rolls Royce in garage e percorrendo il patio invitava Shirley a gustare il favoloso panorama della città degli angeli. «Non è il posto più meraviglioso in cui si possa vivere? – si domandò retoricamente estasiato – altro che Brooklyn!» Furono queste le ultime tre parole pronunciate da Jacob Louis Molinas. Da un cespuglio uscì infatti Eugene Connor, sicario che esplose cinque colpi di calibro 22 silenziata in rapida successione all'indirizzo della coppia. Uno di questi cinque proiettili attinse la stella del basket dietro il collo, facendolo finire faccia avanti sul cemento dello splendido patio e uccidendolo all'istante. Le decine di persone cui aveva prestato soldi a strozzo per oltre un milione di dollari festeggiarono l'accaduto come un buzzer-beater. Tre settimane dopo l'omicidio Torchio venne investito e ucciso a Las Vegas dalla vettura di un pensionato sessantasettenne, del tutto estraneo al mondo criminale. Shirley, ferita di striscio durante l'esecuzione, non si riprese mai dallo shock e morì tre anni più tardi di overdose, dopo aver passato qualche mese in una casa di igiene mentale. In quello stesso 1978 l'esecutore materiale del delitto venne catturato dalla polizia grazie alla soffiata del fratello, geloso per la relazione tra Eugene e la di lui moglie. Dopo aver tentato senza successo il suicidio prima di essere tradotto in carcere, Connor fu condannato all'ergastolo.

In questa tormentata vicenda farsa e tragedia, dolore e risate, sangue e lacrime si sono mischiate come su un set cinematografico. C'è stata poca pallacanestro, ma senza tutti questi misfatti Jack Molinas avrebbe avuto un posto in prima fila nella storia del Gioco. Qualcuno molto più brillante di me saprebbe citare Bob Dylan ricordando che «per vivere fuori dalla legge bisogna essere molto onesti», ma in realtà parliamo dello stesso Dylan che si batté per dare giustizia a Rubin Carter detto Hurricane. Jack Molinas è stato un grande giocatore di basket, un uomo intelligente e affascinante con una dimensione, molto a suo modo, eroica. Più e prima di tutte queste cose è stato però un criminale, e in quanto tale ha fatto conoscenza con quello che non è un luogo comune: il crimine non paga. E che un genio con 175 di QI debba finire faccia avanti nel cemento per accorgersene è triste, non eroico.

EARL STROM (1927-1994)

Strom attacca le partite come Michael Jordan attacca le difese.
Jack McCallum

So cosa stai cercando di fare, ma siccome devo vedere questa merda fino alla fine, te la guardi tutta anche tu *Earl Strom.* (a Frank Layden che cercava di farsi espellere in garbage time)

A volte Strom è arrogante, presuntuoso e irritabile. In più è troppo testardo. Per il resto è un ottimo arbitro. *Eddie Gottlieb*

Salvo qualche eccezione potrei dirigere una gara meglio di tutti gli arbitri NBA. Earl Strom è una delle eccezioni. *Wilt Chamberlain*

Vuole controllare le partite a tutti i costi, e chiunque metta in dubbio la sua autorità è destinato a soffrire. *Phil Jackson*

I due peggiori nemici di un arbitro sono l'ignoranza e i pregiudizi di tifosi, allenatori e giocatori. *Earl Strom*

Stando alla norma l'arbitro è uno che le prende e sta zitto. Earl Strom, arbitro che sta alla norma come la marmellata agli spaghetti, le ha restituite con gli interessi e molto ha parlato, contro il suo bene. Stando ai nudi numeri in 33 stagioni di basket professionistico tra il 1957 e il 1989 ha diretto 2400 gare di regular season e 295 di playoff. Stando alla sostanza è stato un uomo coraggioso e senza limiti, anti-sistema fino al midollo e con un talento innato per far nascere polemiche dal nulla e fare la cosa rigorosamente più scorretta politicamente. Un arbitro che non ha mai soffocato un'enorme personalità in una NBA genuina e grossolana come una sagra paesana. Una volta, al culmine di una discussione tecnica in spogliatoio durante un intervallo, per sostenere la bontà del proprio argomento prese Dick Bavetta per la gola, ma guai a prenderlo solo come una macchietta. Strom è stato un grandissimo arbitro, soprattutto se giocavi in trasferta e avevi bisogno di un fischio coraggioso. Insulti, multe, minacce di morte, lanci di oggetti o liquidi vari e scapaccioni non lo hanno mai indotto ad abbandonare la sua splendida solitudine, quella che appartiene a tutti i grandi di un mestiere scomodo ma necessario. Pensate cosa succederebbe oggi se si leggesse che un arbitro ha cercato di avventarsi su un giocatore, ha espulso una mascotte, ha cacciato due giocatori e un trainer durante un intervallo, ha messo ko uno spettatore e storto un braccio a una spettatrice. Beh, Earl Strom ha fatto tutto questo e molto di più, ma per sua fortuna non avevano ancora inventato i social network. La sua filosofia ha precorso i tempi, andando oltre la lettera del regolamento per interpretarlo nel senso più nobile del termine. La sua stella polare è stata la protezione del talento e dello spirito del Gioco, penalizzando le porcherie e premiando l'aggressività. Strom ha guadagnato rispetto con la voce, il *body language*, la competenza, l'istinto e la flessibilità, le doti che un arbitro dovrebbe sempre avere. È stato l'ultimo dei romantici e il primo dei moderni, un carissimo e irascibile bastian contrario per cui l'unica colonna sonora possibile è *My Way*.

Earl Strom è nato a Pottstown, Pennsylvania, una città industriale quarantacinque miglia a nord-ovest di Philadelphia. Papà Max era emigrato dalla Polonia con il cognome Sourstrom, poi abbreviato per facilitare i suoi pronunciatori anglosassoni. Mamma Bessie, anch'essa ebrea, arrivava invece dall'Ungheria, e con il fornaio venuto dalla Polonia aveva messo al mondo cinque figli maschi e due femmine. Nel periodo della Depressione le cose non andavano benissimo per le famiglie di Pottstown e Max prendeva «a prestito» dal negozio il lievito per panificare a casa e sfamare il vicinato, come un novello Robin Hood. Questa tendenza al prestito non autorizzato gli costò il lavoro in panetteria, e un alcolismo cronico tutti quelli che seguirono. I figli furono quindi costretti ad abbandonare anzitempo la scuola e procurarsi da soli i mezzi per vivere, mentre Bessie cercava di tenere assieme i pezzi della famiglia. Il futuro fischietto NBA ebbe un rapporto conflittuale con il genitore, mai però quanto il fratello Len, che avrebbe giocato per Nat Holman a CCNY se non fosse stato costretto ad aiutare la famiglia a mettere cibo in tavola tre volte al dì. Earl praticava qualsiasi sport, soprattutto il basket, con risultati inversamente proporzionali al suo eccezionale impegno. Quando scoppiò la seconda guerra mondiale tutti e quattro i fratelli maggiori furono chiamati in servizio, due nel Pacifico e due in Germania. Al più giovane venne invece riservato un assegnamento assai meno pericoloso, nella Guardia Costiera. Proprio in quegli anni di bellica angoscia un futuro cognato lo soprannominò «Yogi» senza un motivo particolare, e quel nomignolo gli rimase attaccato addosso come carta moschicida per tutta la vita.

Da teenager Strom era un frequentatore sporadico delle partite interne degli SPHAs, acronimo che sta per South Philadelphia Hebrew Association e che val bene una (lunga) digressione. Si tratta infatti della costola della squadra che vinse nella stagione '46-47 il primo titolo NBA, i Philadelphia Warriors allenati dal creatore degli SPHAs Eddie Gottlieb. Quest'ultimo nel 1962 avrebbe portato la franchigia a San Francisco per poi diventare consulente dei 76ers arrivati da Syracuse. Gli «Hebrews» se la vedevano con squadre dal nome esotico come i New York Whirlwinds e i Cleveland Rosenblums, e le loro stelle avevano nomi ancor più esotici come Dutch Garfinkel e «Doc» Lou Sugerman. Per un figlio di ebrei osservanti come Earl era naturale farsi qualche chilometro per vedere le prodezze degli alfieri di una comunità oggetto di un razzismo strisciante ma non per questo meno degno di esecrazione. Come improbabili ricostruzioni avrebbero attribuito il dominio degli afroamericani alle loro doti di salto, secondo alcuni giornalai dell'epoca gli SPHAs vincevano perché gli ebrei erano avvantaggiati (!!!) dalla bassa statura, che conferiva loro equilibrio e velocità. La parabola di questa squadra non è per nulla dissimile rispetto a quella dei New York Renaissance (vedi capitolo 1), più volte loro avversari in epiche disfide. Anche i giocatori degli SPHAs dovevano sopportare provocazioni e insulti di ogni tipo durante le gare, e anche per loro il basket era l'unica possibilità di uscire dal ghetto, anche se qui il vocabolo viene utilizzato in senso letterale. Con gli anni la loro leggenda perse vigore e nel 1950 dalle ceneri degli SPHAs, venduti a Red Klotz, nacquero i Washington Generals, i pluri-sconfitti *sparring partner* degli Harlem Globetrotters (record totale 6-14.000, bene ma non benissimo).

Tornando a Earl Strom, lo abbiamo lasciato giocatore (scarso) di tutti gli sport di squadra praticabili, unico momento di svago possibile. Ed Good, coach della Pottstown High School, gli suggerì di arbitrare le partite tra bambini che si svolgevano nell'intervallo di quelle liceali vendendogli la cosa come se si trattasse di una finale olimpica. A questo punto serviva solo un mentore che lo prendesse sotto la propria ala protettrice, quel che divenne Walt Foley, ex giocatore di baseball con solida esperienza di arbitraggio nella Eastern Pro League. Foley era uno piuttosto diretto, che se aveva una cosa da dire non considerava neppure l'ipotesi di tenersela per sé. Il suo sogno era di arbitrare tra i professionisti, e un giorno riuscì finalmente a farsi affidare una partita di esibizione a mo' di provino. Jocko Collins, il supervisore degli arbitri NBA dell'epoca, a fine gara entrò negli spogliatoi e gli fece dei sinceri complimenti per l'impeccabile conduzione di gara. «Sei un ottimo arbitro – concluse Collins – ma qual è il tuo sponsor?» Foley rimase interdetto, prima di capire che per entrare a far parte del gruppo arbitrale bisognava essere raccomandati da una franchigia, possibilmente potente. L'insopportabile prospettiva lo indusse ad accontentarsi del college basketball, ma anche lì questioni di natura politica lo misero in cattiva luce rispetto alla considerazione degli alti papaveri arbitrali. Digressione assai più breve della precedente: le commistioni inopportune e il trionfo della politica sulla tecnica arbitrale non sono invenzioni né odierne né italiche. Il che è una ben magra soddisfazione, perché «mal comune mezzo gaudio» è una sonora scemenza.

Prima di rompere definitivamente con i vertici Walt Foley riuscì a far accettare nella College Basketball Officials Association quel ragazzo che aveva preso a benvolere. «È davvero così bravo questo Strom?» gli chiese il presidente dell'associazione, Abe Goodman, quando Foley tornò a perorare la causa di Earl già bocciato due volte. «Vuoi sapere se è un buon arbitro? – rispose retoricamente Foley davanti all'assemblea riunita – è meglio di tutti quelli che stanno qui dentro tranne me e te, e su di te non sono neppure così sicuro». Fu così che Foley ottenne due risultati: l'ingresso di Strom e la sua esclusione. Era la stagione 1954-55, e l'inizio di una carriera memorabile. Nel 1952 Earl aveva sposato Yvonne Trollinger, la sua college *sweetheart*. Due figlie dopo, nel 1956, il trasferimento a Philadelphia al servizio della General Electric, sempre però con il sogno di diventare un arbitro a tempo pieno. Con l'aiuto di Pete Lewis, fischietto di Pottstown che lo aveva espulso e di cui era in seguito diventato amico, le designazioni universitarie erano salite di importanza, e per tenersi in allenamento dirigeva anche partite di football liceale. A quasi trent'anni Strom si sentiva però pronto per il grande salto, per cui scrisse al già citato Jocko Collins chiedendo se l'NBA potesse essere interessata ai suoi servizi, allegando le designazioni stagionali. Una di queste partite, Duquesne-Temple, era in programma presso un indirizzo che ogni vero appassionato dovrebbe conoscere a memoria: 235 S 33rd St, Philadelphia, PA 19104.

Si tratta di «The Palestra», la cattedrale del college basketball aperta nel 1927, il simbolo per eccellenza della pallacanestro universitaria in terra di Big 5. Giocare, allenare e arbitrare a «The Palestra» significa scrivere una riga di storia, e per l'occasione tutti vogliono essere al massimo delle proprie possibilità. Solo che quel giorno Earl Strom si sentiva malissimo, al punto da tornare a casa dal lavoro per mettersi a letto pur essendo il suo ufficio a pochi passi dalla storica arena. Trasportato in Palestra dal fratello, in qualche maniera riuscì a finire la gara. Quando riemerse dalla vomitata finale in spogliatoio, bis di quella che aveva fatto da preludio alla palla a due, si trovò davanti un ospite davvero speciale: Jocko Collins. «Non stai bene?» – gli chiese il grande capo degli arbitri NBA, prima di complimentarsi per come aveva tenuto il campo nonostante le difficili circostanze. Per tutti quelli che sono in dubbio se andare a scuola o a lavorare quando si sentono fiacchi, una bella lezione: se quel giorno il malato avesse ceduto alla tentazione di rimanere sotto le coltri a curarsi Collins non lo avrebbe visto arbitrare, con le conseguenze ben illustrate in *Sliding Doors*. E invece Jocko apprezzò la tempra del giovane, al punto da mandargli il giorno dopo una lettera scritta a mano in cui gli suggeriva di usare in maniera più enfatica la voce, di eseguire segnalazioni più precise e decise e di tenere sotto ASSOLUTO CONTROLLO (stampatello nell'originale) giocatori e allenatori. Era il 16 febbraio 1957: meno di tre mesi dopo Collins gli spediva un'altra lettera, con un invito ufficiale a diventare un arbitro NBA per la stagione successiva, possibilmente in esclusiva. Yogi non se la sentì di abbandonare il college ma la maggioranza dei fischietti gestiva comunque il doppio impegno. Ormai era deciso: nella stagione '57-58 Earl Strom sarebbe stato un giovane arbitro della giovane National Basketball Association.

La prima partita di pre-season rischiò di finire in farsa quando Paul Seymour, panchinaro dei Syracuse Nationals del compianto Dolph Schayes, si avvicinò tutto infervorato all'esordiente. Strom stava per cacciarlo fuori sul posto, ma per fortuna capì appena in tempo che quello voleva solo segnalargli che con la cerniera dei pantaloni aperta, causa rottura del delicato dispositivo, non stava facendo una grandissima figura. Non andò meglio il 2 novembre 1957, in occasione del battesimo in regular season con Minneapolis Lakers-Philadelphia Warriors. Il grande George Mikan aveva da poco appeso le scarpe al chiodo e ora allenava i Lakers lontani dagli antichi splendori. Per tutto il primo tempo il coach di Minneapolis si lamentò a gran voce delle decisioni del novellino, cresciuto peraltro nel suo mito. Durante l'intervallo Strom chiese consiglio al compagno di coppia, il leggendario Marvin «Mendy» Rudolph, arbitro con una tendenza compulsiva alle scommesse che all'epoca non veniva giudicata incompatibile con la professione (!). Mendy gli spiegò che per sopravvivere in quella lega era necessario non permettere a nessuno, per quanto prestigioso, di metterti i piedi in testa. Prima di cominciare il secondo tempo l'allenatore dei Lakers, sotto di nove, si avvicinò a Strom nel tentativo di mettergli ulteriore pressione. «Hey rook – gli disse in tono sprezzante – se continui così questa sarà la tua ultima partita». Earl, caricato dalla ramanzina di Mendy negli spogliatoi, rispose con la sua leggendaria diplomazia alzando il tono della voce. «Io sarò qui molto dopo la fine della tua carriera – tuonò il poco accomodante esordiente – e se mi manchi ancora una volta di rispetto ti faccio portare il c--o fuori da questo posto». Rudolph cercò di allontanarlo, ma ormai era troppo tardi: facendo seguire i fatti alle parole, Strom espulse Mikan. Minneapolis, sconfitta 118-108, vinse il quarto periodo 42 a 19, un segno abbastanza chiaro del relativo gradimento dello spogliatoio nei confronti del coach. Il primo grande pivot della storia venne licenziato dopo trentanove gare, trenta delle quali perse nonostante bizzarre tecniche motivazionali come quella di promettere ai giocatori, di cui in alcuni casi non conosceva nemmeno il nome, una bella bistecca in caso di vittoria. Il giovane arbitro da Pottstown continuò invece a lungo una proficua carriera con il fischietto in bocca: Strom 1, Mikan 0.

Arrivò anche il giorno dell'esordio al Boston Garden, sempre in coppia con Rudolph, lui pure figlio della città dell'amore fraterno. Nell'incontro con i capitani a centrocampo Bob Cousy si mostrò particolarmente accogliente, dando a Earl il benvenuto nella lega e augurandogli le migliori fortune. «Che brav'uomo quel Cousy» disse Strom a Rudolph, che in tutta risposta arrotolò gli occhi all'indietro senza proferire verbo. Come accadde spesso in quegli anni i Celtics presero un vantaggio confortevole, mettendo ben presto al sicuro il risultato. I tifosi amavano quel tipo di gara, perché nel quarto periodo «The Houdini of Hardwood» si abbandonava alle giocate spettacolari, che all'epoca non si potevano rivedere a casa su Tv, Pc, tablet o smartphone. Così Robert Joseph Cousy decise di chiudere un contropiede portando la palla dietro la schiena in salto non una ma due volte, prima di scaricare a Bill Russell per una poderosa schiacciata. Mentre la gente del Garden andava giù di testa si udì un fischio, la cui provenienza era ascrivibile al giovane arbitro-testa. Tutti gli occhi si girarono verso di lui e videro, basiti, la segnalazione: passi, canestro annullato, rimessa per gli altri. «Vedi Earl – disse Cousy chiamandolo per nome – all'oratorio di Pottstown sarà anche passi ma al Boston Garden, quando lo faccio io, non lo è». «Hai ragione Bob – rispose per le rime l'altro – all'oratorio di Pottstown è passi, e al Boston Garden, quando arbitro io, idem». A seguire in rapida successione: insulto del Cousy, minaccia di tecnico dello Strom, controminaccia del Cousy («non le hai le palle di darmi tecnico»), tecnico a Cousy, seconda contro-minaccia, secondo tecnico e conseguente espulsione. Cacciare il Papa da San Pietro avrebbe avuto meno risonanza: nonostante il più 30 dei Celtics piovve in campo di tutto, e la polizia ebbe il suo bel da fare per portare via incolumi i due fischietti. Rudolph era arrabbiato con il giovane collega che non si era allontanato per evitare il confronto, ma da quel giorno in poi anche il grande «Cooz» lo avrebbe rispettato per non essersi fatto mettere i piedi in testa: Strom 2, Grandi Nomi 0.

In campo, durante quell'epoca gloriosa, piovevano uova a ogni piè sospinto. La violenza era una parte integrante del gioco e nessuno aiutava nessuno, figuriamoci quelli con la maglia a strisce verticali e il fischietto in bocca. Come aveva spiegato Rudolph farsi mettere i piedi in testa significava abdicare, cosa che Strom non prendeva in considerazione. Il nostro si guadagnò presto la nomea di arbitro facile al cosiddetto «Red Ass», letteralmente «sedere rosso». Si tratta, in gergo, di quella disposizione d'animo che ti mette nelle stesse condizioni di chi per qualche giorno ha ripetutamente annaffiato il didietro con abbondante Tabasco. Avete presente l'immenso Billy Crystal in *Forget Paris* quando le difficoltà amorose con l'altrettanto immensa Debra Winger lo trasformano in «una bomba a orologeria»? Qualcuno ha detto che l'arbitro perfetto deve avere l'integrità di un alto magistrato, l'agilità di un acrobata, la pazienza di Giobbe e l'imperturbabilità di Buddha. Ecco, Earl Strom non è mai stato confuso per Borsellino, Chechi, Gandhi o Confucio, ma al massimo per uno col sedere perennemente arrossato, da cui era meglio stare lontani. Tra arbitri rigidi e concilianti c'è differenza, e se devo esprimere una preferenza propendo decisamente per i secondi. Detto questo, prendo sette giorni alla settimana un arbitro bravo affetto da perenne Red Ass rispetto a uno conciliante ma scarso. E Strom bravo lo era per davvero.

Un fischietto NBA sacrifica qualità e quantità industriali di tempo da dedicare agli affetti (cfr. ancora *Forget Paris*, autentico capolavoro). I cinque figli di Earl Strom lo chiamavano «Zio Papi» per via della frequenza con cui si presentava a casa, e per farsi perdonare una volta portò con sé a Syracuse due delle figlie, Margie e Susan, rispettivamente di nove e sette anni. Le partite dei Nationals, antenati dei 76ers, non erano proprio uno spettacolo da educande ma Earl conosceva tre signore tanto a modo che occupavano sempre la prima fila della tribuna sotto un canestro. Quando chiese loro se potevano occuparsi delle bambine durante la gara si sentì rispondere un entusiastico sì da quelle brave donne, e si rilassò come ogni padre che mette la sorte dei figli in mani sicure. Nel secondo quarto però il premuroso papi, o zio che fosse, si procurò una distorsione alla caviglia e rimase a terra sotto le cure del massaggiatore dei Nats. Ripresosi portò a termine il secondo quarto e zoppicando raggiunse gli spogliatoi, dove aspettavano le bambine in lacrime. «Papà – singhiozzarono Margie e Susan – non ti abbatteranno come i cavalli, vero? Perché quelle signore continuavano a urlare così: abbattetelo come i cavalli!»

I racconti di quegli anni assomigliano alle rimpatriate degli alpini dopo il terzo giro di grappa, ma anche al netto di qualche esagerazione le tinte rimangono fortissime. Una volta, mentre cercava di amministrare una rimessa laterale, Strom si accorse di non potersi muovere perché le sue gambe erano state allacciate da quelle di uno spettatore particolarmente accalorato. Superata la sorpresa scaricò una raffica di calci sulle tibie del tizio, così costretto a mollare la presa. Earl chiamò quindi un poliziotto e gli chiese di accompagnare fuori il villanzone, che peraltro da lì non aveva alcuna intenzione di muoversi. Jack Ramsay, general manager dei 76ers, chiese pietà per l'abbonato di lungo corso ma l'inflessibile arbitro ottenne il suo allontanamento minacciando la sospensione della gara. Il focoso tifoso uscì però acclamato come un eroe, e invece che fuori dalla Convention Hall venne accompagnato nel box del proprietario Irv Kosloff per seguire da lì il resto della contesa. Finita qui? Manco per sogno. Il giorno dopo lo scalciato era sui giornali, ritratto come vittima dell'infame violenza dell'arbitro *scalciatore*. Piccolo dettaglio: l'uomo in questione era un veterano della guerra di Corea, e nelle sue tibie c'erano ancora parecchi frammenti di granata. Per fortuna Eddie Gottlieb, l'inventore degli SPHAs di cui sopra, convinse l'eroe bellico a ritirare la denuncia e tutto finì a tarallucci e vino. Quando Strom tornò a Philadelphia qualche tempo dopo, la vicenda virò definitivamente in commedia grazie ai parastinchi che il reduce indossò teatralmente al comparire del fischietto di Pottstown.

Eh sì, erano tempi così quelli. Tempi in cui gli arbitri portavano a casa quaranta dollari per gara, cioè 4500 in una stagione fortunata, e per cifre del genere rischiavano la ghirba. Quando al Madison una bottiglia di whisky lanciata dagli spalti gli esplose tra i piedi finendo in mille pezzi, lo speaker, con la voce più professionale di cui disponeva, chiese agli spettatori di astenersi dal lanciare oggetti in campo per non mettere a repentaglio la salute dei giocatori. «I giocatori? – urlò Earl di rimando – e noi cosa siamo, carne da macello?» Ci volevano caratteri speciali, come quello di Strom e di un altro suo compagno abituale, Sid Borgia. Se il cognome vi suona familiare è perché oggi nell'NBA c'è un altro Borgia, il figlio Joe, Senior Vice President of Replay and Referee Operations, o in parole più povere responsabile della sala controllo del Replay Center a Secaucus. Quanto Joe è misurato nelle parole e diplomatico nelle azioni, tanto papà Sid era una bomba a orologeria eternamente affetto da Red Ass, specialmente se accoppiato al consimile Strom. In occasione di una visita dei Celtics a Syracuse i due compari decisero di accendere l'atmosfera, troppo calma per i loro gusti, con qualche fischio «creativo». L'operazione ebbe fin troppo successo e si concluse con un micidiale uno-due di Borgia ai danni di un tifoso dei Nationals, portato via a braccia. Quella sera i direttori di gara raggiunsero l'aeroporto rannicchiati in una macchina della polizia grazie all'aiuto di un detective che si portavano dietro per emergenze di questo tipo presentandolo come «arbitro stand-by». Come detto, la violenza era una componente costitutiva dell'NBA degli anni Sessanta, e se il suo esercizio da parte degli arbitri era comunque un'eccezione, il picchiatore-provocatore era un caratterista che non poteva mancare in alcun cast. Andy Johnson e John Graboski a Philadelphia, Jim Loscutoff a Boston, Wally Osterkorn a Syracuse e Al Attles avevano un solo compito, quello di intimidire con qualsiasi mezzo, non importa se consentito, l'avversario. Walter «Wally» Dukes, centro di 2,13 di cui abbiamo parlato nel capitolo precedente, ha giocato quasi quindicimila minuti con Knicks, Lakers e Pistons, segnando 1912 canestri e commettendo l'astronomica cifra di 2260 falli (!!!), cioè uno ogni sei minuti e mezzo scarsi. Il migliore di tutti era però Shellie McMillon, nerboruta ala di 1,95 con il fisico e l'attitudine di un mediomassimo da titolo. Una sera Strom gli fischiò quattro falli in un amen, costringendolo a una lunga e poco gradita panchina. Appena rientrato, dopo dieci secondi McMillon si vide ancora una volta penalizzato per un contatto falloso. Furente, prese la palla sottobraccio e con essa si avviò verso la panchina. «La palla, grazie – disse conciliante l'arbitro, salvo sentirsi rispondere stizzito – col cavolo, se non gioco io non gioca nessuno» mentre l'energumeno proseguiva risoluto verso gli spogliatoi.

Alla fine della quarta stagione arrivò la definitiva investitura: Strom venne scelto assieme al suo mentore Mendy Rudolph per arbitrare la Finale. No, non *una* partita, proprio *la* Finale. All'epoca le due squadre che si qualificavano, nel caso di specie Boston e St. Louis, si accordavano tra di loro con il sistema dei veti incrociati. Strom e Rudolph furono gli unici su cui venne raggiunto un compromesso, per cui si sciropparono, unico caso nella storia, tutte e cinque le gare della serie vinta 4-1 dai Celtics. L'ingenuo Earl pensò che fosse arrivato il momento di capitalizzare, chiedendo un astronomico aumento da 55 a 80 dollari a partita. In assenza di rappresentanza sindacale ogni singolo arbitro doveva gestire la trattativa privata, e allo scopo si recò a New York per incontrare Maurice Podoloff, possessore di un leggendario braccio corto già incontrato nel capitolo 3. Dopo un lungo training autogeno Strom entrò nella stanza e sputò subito il rospo: «Voglio venticinque dollari in più» disse in un fiato. Podoloff si stiracchiò come un siamese, sorrise e dopo una pausa studiatissima replicò: «Tu dici venticinque, ma io direi più quindici...» «Li prendo, grazie», esclamò Strom prima di scappare via dall'ufficio come un ladro. Nonostante il generoso aumento, Earl continuava a lavorare per la General Electric, perché non c'erano garanzie per un arbitro NBA. Walter Brown, proprietario dei Celtics, fece licenziare Jocko Collins, l'uomo che aveva reclutato Strom. Ben Kerner, numero uno dei St. Louis Hawks, pose fine alla carriera di Sid Borgia, e l'elenco dei veterani licenziati in tronco da una stagione all'altra per il pollice verso di un proprietario o di un executive influente era in continuo aggiornamento. In quella specie di Far West, d'altronde, poteva succedere davvero di tutto. In un Hawks-76ers giocato a Memphis e trasmesso in diretta nazionale, Strom annullò per *palming* il canestro potenzialmente decisivo di Richie Guerin. Irv Gack, l'assistant GM di St. Louis che fungeva anche da addetto ai 24 secondi in quel mondo di pionieri, eccepì rispetto alla decisione con un «sei un bastardo senza palle». «Puoi ripetere, per favore?» chiese Strom con l'intenzione di offrire una via d'uscita al focoso dirigente. Gack non si fece pregare e bissò fiero l'insulto, al che l'arbitrò gli volò addosso. «Sembra che Earl Strom abbia qualche problema – commentò impassibile il telecronista Matt Guokas Sr. alla vista dei duellanti avvinghiati a terra – ma il tempo a nostra disposizione è scaduto. L'appuntamento con l'NBA è per domenica prossima». Solo il pronto intervento di Wilt Chamberlain, che prese Earl di peso e lo portò al sicuro, salvò l'ardimentoso fischietto da un vero e proprio linciaggio.

L'episodio più importante di quegli anni risale alla finale della Eastern Conference 1965 tra Philadelphia e Boston. Il preambolo è la gara 6 di finale dell'Ovest, vinta a Baltimora dai Lakers sui Bullets per 117 a 115. Quel 13 aprile i tifosi del Baltimore Civic Center non onorarono il «Civic» presente nella denominazione della loro arena, occupata per l'occasione da 8590 spettatori. Uno di questi 8590 colpì infatti Strom con un bicchiere di carta in faccia. L'arbitro reagì con un violento pugno e si infortunò alla mano ma un istante dopo Norm Drucker mise k.o. il tifoso vendicando il collega: Strom/Drucker 1-tifosi Bullets 1. Tornato in albergo Earl non riusciva a dormire per il dolore lancinante, e una volta in ospedale la diagnosi fu tanto rapida quanto inequivocabile: mano fratturata, operazione necessaria e immediata. Quando il pugile improvvisato si risvegliò il 14 aprile aveva una placca inserita nella mano, un pesante gesso e la fida moglie al capezzale. Yvonne, oltre che incazzata come una vipera per l'ennesima rissa che aveva coinvolto il maritino, era scandalizzata perché il commissioner

Kennedy aveva chiamato per chiedere la disponibilità in vista della settima gara di finale dell'Est in programma al Boston Garden la sera successiva. «Perché no?» disse invece innocentemente il fratturato, mentre la signora rinunciava a ragionare con una testa dura del genere. Il chirurgo, convocato seduta stante, con una sega sistemò il gesso in modo da permettere al suo portatore di maneggiare un pallone da basket *et voilà*, la designazione venne accettata. D'altronde un purosangue come Earl Strom non si sarebbe mai perso una gara del genere, per nulla al mondo.

I 76ers avevano acquisito Chamberlain a metà stagione e avevano battagliato con ardore nelle precedenti sei gare della serie, tutte equilibrate e intensissime. Wilt contro Bill Russell, al Boston Garden, con un titolo NBA in palio: neppure una gamba rotta avrebbe fermato Strom, figuriamoci una mano. I Celtics partirono a razzo andando avanti anche di 18 punti, ma arrivarono con poca benzina nel serbatoio sul rettilineo finale. Chamberlain, che invece di benzina ne aveva ancora parecchia, riportò a meno 1 i Sixers con cinque secondi sul cronometro, sfruttando la difesa passiva di Russell che non voleva rischiare il fallo. Con Chet Walker che pressava disperatamente la rimessa del numero sei di Boston colpì un filo che serviva ad assicurare il tabellone ai tralicci di sostegno. Richie Powers, arbitro coda, non si avvide della curiosa situazione ma Earl, posizionato sotto canestro, reagì immediatamente alzando la mano aperta sopra la testa e assegnando il possesso agli ospiti, che chiesero time-out. Mentre Dolph Schayes disegnava la rimessa Bill Russell si disperava sulla panchina dei Celtics per un errore così inusuale (e invece succede, a tutti). Chamberlain aveva già sbagliato 7 dei 13 liberi tentati, e temendo un fallo su di lui Philadelphia non lo coinvolse. L'arbitro con maglia bianco-nera a strisce ed enorme gesso al pollice consegnò la palla a Hal Greer che cercò un lob per Chet Walker, intercettato magistralmente da John Havlicek mentre il Boston Garden esplodeva per la gioia e lo scampato pericolo. Avrò visto almeno cinquecento volte la sequenza, punteggiata dall'indimenticabile «Havlicek stole the ball!!!» di Johnny Most, eppure mai mi ero accorto del gesso alla mano di quell'arbitro che con grande prontezza vide il contatto tra palla e filo. «Gli atleti non hanno il monopolio del coraggio» scrisse sul Philadelphia Daily News il giorno dopo Jack Kiser, lodando il fischietto che aveva tenuto testa a Red Auerbach e ai suoi insulti pur avendo passato in ospedale la notte precedente. È proprio vero, c'è sempre da imparare tornando sulle tracce del passato.

Prima dell'inizio della stagione '69-70 Walter Kennedy, il nuovo commissioner, offrì a Strom per la prima volta un contratto garantito per 82 gare di regular season a sedicimila dollari. Il motivo di tanta improvvisa generosità: l'ABA voleva utilizzare nei confronti degli arbitri la stessa politica che le aveva permesso di grassare all'NBA giocatori come Rick Barry e Spencer Haywood. Earl, assieme a tre veterani del peso di John Vanak, Norm Drucker e Joe Gushue si vide recapitare dalla nuova lega una proposta triennale del valore di quasi centocinquantamila dollari, una cifra da capogiro che includeva anche un serio piano pensionistico, quello che l'NBA aveva sempre promesso invano. I quattro provarono a mettere le due leghe in competizione ma l'NBA, pensando a un bluff, non rilanciò. Così Strom e gli altri passarono fischietti e bagagli a un'organizzazione che riscriveva ogni giorno il concetto di avventurismo. In nove anni l'ABA ebbe sette commissioner, tutti incapaci di dare stabilità a un soggetto che si potrebbe raccontare solo a patto di scrivere un altro libro (che esiste peraltro, si intitola *Loose Balls* e vi consiglio caldamente). Solo per darvi un assaggio di quello che si è visto in quei meravigliosi anni tra il 1967 e il 1976: il compianto Marvin Barnes si rifiutò di salire su un aereo che partiva da Louisville alle 8:00 locali e arrivava a St. Louis alle 7:59 locali »perché non salgo sulle fottute macchine del tempo»; Angelo Drossos, General Manager dei San Antonio Spurs in era ante-RC Buford, scrisse al commissioner dell'epoca un telegramma di questo tenore: «Vaffanculo STOP Seguirà una lettera più forte STOP»; Johnny Neumann, poi visto a Cantù, si levò teatralmente i pantaloni della tuta salvo mostrare alla sparuta pattuglia di presenti quanto aveva sotto, cioè il solo sospensorio. Invece dei *ball-boy* i Miami Floridians avevano le irresistibili *ball-girl*, cinque pezzi di figliole in bikini e stivaloni bianchi al ginocchio che rappresentavano l'unico motivo per vedere un modesto spettacolo cestistico in un tugurio chiamato Miami Beach Convention Hall. Si potrebbe andare avanti, *Loose Balls* si dilunga per 450 pagine, ma credo che il concetto sia chiaro: Earl Strom aveva lasciato il top per una cosa molto divertente, a patto però di guardarla dall'esterno.

La prima gara ABA per lui fu Washington Capitols-New Orleans Buccaneers, disputata il 18 ottobre 1969 alla Uline Arena, oggi Washington Coliseum. I Capitols altri non erano che gli Oakland Oaks con barba e baffi, appena trasferitisi nella città della Casa Bianca a causa delle difficoltà finanziarie del cantante, attore e compositore Pat Boone, andato sotto di oltre un milione di dollari e costretto a vendere a Earl Foreman. In quei Capitols giocavano Rick Barry e Larry Brown, mica pizza e fichi, mentre la stella dei Buccaneers era Austin «Red» Robbins, che qualche anno più tardi avrebbe trascinato l'Olimpia targata Cinzano all'unica retrocessione della sua gloriosa esistenza. Strom non riportò una grande impressione della Uline Arena, anche se cinque anni prima aveva ospitato il primo concerto americano dei Beatles. I tabelloni rabberciati, le docce di terza classe e le 3362 anime presenti (il numero degli spettatori ABA era affidabile come una promessa elettorale) non gli trasmisero l'entusiasmo sperato. Quello però, purtroppo per lui, era solo l'inizio. Invece che al Madison Square Garden le partite dei New York Nets si giocavano all'Island Garden di West Hempstead, e al posto dei diciannovemilacinquecento spettatori NBA ce n'era sempre un numero tanto preciso, tipo 2162 o 2347, quanto inventato di sana pianta. In più le partite erano inarbitrabili, perché i giocatori davano alle regole lo stesso peso che i pirati riservavano al diritto della navigazione. «Se qualcuno facesse per strada quello che questi giocatori fanno in campo – scrisse Jim Murray del *Los Angeles Times* – i poliziotti arriverebbero immediatamente. Nell'ABA se non c'è un morto non c'è un fallo».

Dopo tre stagioni Strom le aveva fatte e viste quasi tutte, inclusa una citazione in tribunale da parte di una signora che asseriva di avergli letto sulle labbra un insulto. Era ora di tornare a casa, anche perché la fusione tra le due leghe si avvicinava a passi da gigante. Earl si recò alla sede NBA e con la benedizione del commissioner Kennedy trovò con John Nucatola, responsabile degli arbitri, un accordo sulla parola. L'italo-americano lo pregò solo di aspettare a formalizzarlo, dandogli appuntamento per il giorno in cui avesse esaurito i suoi impegni con i playoff ABA. Quel giorno arrivò subito peraltro, perché una notizia un po' originale non ha bisogno di alcun giornale e quella del prossimo rientro di Strom nei ranghi volò veloce di bocca in bocca, consigliando all'ABA di non designarlo più. Bene, pensò il nostro, vorrà dire che posso firmare prima del previsto quel contratto con l'NBA. Dopo un paio di appuntamenti saltati però a Earl vennero cattivi pensieri. Kennedy scaricava la responsabilità dei ritardi su Nucatola e viceversa, finché il supervisor non gli disse chiaramente che l'accordo era saltato. Fuori di sé dalla rabbia, nel dicembre 1972 Strom intentò una causa da 275.000 dollari all'NBA. Nel frattempo venne a sapere che Ed Rush aveva inviato una lettera al commissioner per sconsigliare il ritorno di un arbitro «che avrebbe avuto una pessima influenza sui più giovani e sul morale del gruppo». Kennedy ignorò la missiva ma gli altri convinsero Richie Powers a spendersi per lo stesso scopo, bloccare il ritorno del più bravo e/o del più bisbetico, scegliete voi. Powers aderì alla richiesta, beccandosi i conseguenti strali da parte della bisbetica vittima di quell'irriconoscente ostracismo.

È impressionante vedere che molte (tutte?) le storture odierne erano già presenti ieri, nonostante del passato si dia acriticamente un'immagine immacolata. L'invidia è sempre stata una componente dei gruppi arbitrali, anche quelli zonali. Si tratta di un *vulnus* difficile da digerire in una compagine che dovrebbe essere coesa, visto che ci sono già abbastanza nemici fuori dal fortino. Dopo aver cercato aiuto presso i general manager della lega ottenendo solo qualche bella parola, Earl fu costretto a fare i conti con la realtà, leggi trovarsi un lavoro. Anzi, due, perché quello che guadagnava facendo l'impiegato all'agenzia di viaggi non bastava. Aprì quindi la Yogi Strom's Country Tavern, locale a quattro miglia da Pottstown in cui dalle 11 del mattino alle 2 della notte seguente si poteva bere, mangiare e conversare di sport con la celebrità locale. Niente ABA, niente NBA e niente college, perché anche il tentativo di rientrare nel basket universitario venne frustrato dall'onnipresente e appiccicosa politica. Uno dei migliori arbitri del mondo fu costretto a ripartire dall'Hill High School Invitational Tournament, una lega organizzata da William Randolph Hill (per tutti semplicemente Sonny) per tenere lontani i giovani da gang, droga e altri pericoli della parte meno residenziale di Philadelphia. Sull'orlo di una crisi di nervi Earl accettò l'invito della Eastern League e per l'esordio si recò a Scranton, dove al termine della gara tra i locali Apollos e gli Allentown Jets scoppiò una gigantesca rissa in tribuna. Nella mischia una gentildonna con gesso e stampelle usò queste ultime per far volare il fuggitivo Strom a terra. «Hey, Earl!» disse la donna all'arbitro, che si voltò credendo di essere in credito almeno di qualche parola di scuse. La (non troppo) signora usò invece la bocca per sputargli platealmente in faccia, decretando così la prematura interruzione dell'esperimento Eastern League.

Un giorno d'estate, mentre lavorava in taverna, arrivò una chiamata dal suo avvocato Richie Phillips. Il legale gli portava la notizia che la NBA era disposta a rimetterlo nelle liste arbitrali a patto che rinunciasse alla causa intentata. Con tutto quello che aveva passato Strom non si fece pregare e firmò sia il contratto sia la rinuncia a proseguire l'azione giudiziaria davanti a un imbarazzato

John Nucatola. Non c'era il commissioner però, e men che mai quei colleghi che lo avevano fatto mettere all'indice e che ora subivano il suo ritorno. Tornare nei ranghi per quella stagione 1973-74 equivaleva comunque a risorgere. Walter Kennedy aveva messo in moto un processo di rigenerazione che avrebbe dato frutti con l'arrivo di David Stern, dieci anni più tardi. L'idea era quella di liquidare l'epoca romantica trasformando la lega in un autentico business. Significava bandire provocatori e picchiatori assortiti, con buona pace dei raccoglitori di aneddoti, e far diventare l'arbitro un silenzioso e invisibile custode della legge e non più lo sceriffo dalla Colt fumante come era stato fino ad allora. Non è un caso che proprio in quel periodo i direttori di gara abbiano dismesso le magliette a strisce bianconere, da cui l'appellativo di *zebras*, per passare a quel grigio che ben simboleggiava l'anonimato in cui avevano scelto di finire. Niente più interviste se non autorizzate, niente più litigi con giocatori o allenatori e soprattutto niente più match verbali e risse con il pubblico pagante. Qualcosa non funziona? Basta scrivere un bel rapporto sulla faccenda e ci penserà la lega: l'epoca dei vendicatori solitari era finita.

L'idea era tutt'altro che peregrina, ma voltare pagina era difficile. Come ogni trasformazione radicale il passaggio dal pionierismo allo show-business fu tutt'altro che rose e fiori, soprattutto per i giocatori. Matricole strapagate con una spiccata coscienza sociale vivevano la professione in maniera antitetica rispetto a veterani abituati a considerarsi fortunati perché guadagnavano giocando. Si crearono due isole non comunicanti dentro spogliatoi già in tensione per questioni razziali, a ovvio detrimento della qualità del prodotto. Le arene miglioravano, ma vincere per convincere i clienti a pagare biglietti più cari diventava ogni giorno più importante, con tutto lo stress che ne derivava sotto forma di trade e allenatori licenziati. Giovani provenienti dai college degli anni Settanta, con molto tempo e altrettanto denaro a disposizione, inserirono in questa equazione la droga, una piaga che mise fuori combattimento potenziali stelle del calibro di John Lucas, David Thompson, Micheal Ray Richardson e John Drew. Per chiudere il cerchio, nonostante fossero passati i tempi di Jack Molinas soggetti ben poco raccomandabili volteggiavano sopra le partite NBA, e il volume di scommesse era in deciso aumento. Gli arbitri guadagnavano il doppio rispetto a tre stagioni prima e venti di loro avevano un contratto fisso, un numero impensabile pochi anni addietro. Molte cose, insomma, erano cambiate da quando Strom aveva saltato il fosso.

Il suo numero era stato preso da Darell Garretson ed Earl dovette virare sul 12, che lo avrebbe identificato negli anni a venire. Jim McMillian, allora al secondo anno nella lega, disse dopo una partita di pre-season: «Quel vecchio con il 12 non è mica male per essere una matricola». Qualche anno più tardi «Il Duca nero», gioia per gli occhi degli intenditori, avrebbe regalato una Coppa dei Campioni alla Virtus Bologna se solo non fosse scivolato sul parquet di Brindisi qualche giorno prima della finale di Strasburgo sbranandosi un ginocchio. Il momento top arrivò nei playoff, quando la coppia Strom-Murphy venne designata per la terza partita della finale della Western Conference tra Milwaukee e Chicago, in programma alla Milwaukee Arena. I Bulls, sotto 2 a 0 nella serie, si giocavano tutto in quei 48 minuti e trasformarono la gara in una corrida. Murphy fischiò a Chet Walker uno sfondamento che, se giudicato fallo della difesa, avrebbe rappresentato il quinto fallo di Abdul-Jabbar. Dick Motta, sanguigno allenatore di Chicago, ebbe uno scoppio d'ira che gli costò un tecnico immediato, sanzionato da Strom. Durante il time-out successivo l'insoddisfatto allenatore puntò dritto verso Murphy levandosi al contempo la giacca. Vista la malaparata Earl tentò di mettersi in mezzo ma venne colpito dalla giacca lanciata dallo strepitante Motta. Al secondo tecnico, con conseguente espulsione, fece seguito anche il fallo squalificante per Jerry Sloan, che nonostante seguisse la gara in borghese per un infortunio cercò di partecipare alla caccia all'arbitro. Quando la calma sembrava ristabilita sulla scena fece irruzione Benny the Bull, mascotte in trasferta. Il pupazzo fece gesti irriguardosi alle spalle di Strom, che con la sua vista al laser lo vide e prima di espellerlo lo fulminò con una delle sue classiche frasi: «Visto che fai il grosso, vai a fare compagnia ai tuoi amici in spogliatoio».

Uno che è capace di cacciar fuori due leggende e una mascotte in un colpo solo, non si ferma davanti a nulla. E infatti, nulla poteva fermarlo. I giornali del 14 febbraio 1975 spiegarono così gli eventi di due sere prima al Seattle Center Coliseum in occasione della gara vinta 104-103 dai padroni di casa sugli Houston Rockets.

Subito dopo la sirena alcuni tifosi hanno avvicinato Earl Strom, che è poi stato visto a confronto con l'autore del canestro decisivo Fred Brown (il «Downtown» di cui Dan Peterson ci raccontava le gesta da adolescenti, n.d.r.). «Ho visto un arbitro colpire una donna – ha dichiarato Brown – e ho cercato di dividerli. Poi alcuni tifosi lo hanno immobilizzato e lui si è erroneamente convinto che stessi aiutando i tifosi, per cui ha cercato di aggredirmi».

Il racconto di Strom nella sua autobiografia *Calling the Shots* è leggermente diverso, come sempre accade in fatti che coinvolgono spiriti focosi come quelli del fischietto, di «Downtown» e della non troppo gentile signora. Stando a Earl la gentildonna lo aveva spinto da dietro, e lui aveva reagito istintivamente senza vedere il sesso dell'assalitore. A quel punto, stando alla ricostruzione di Earl, arrivò Brown chiedendogli come si permettesse di malmenare una donna, mentre un altro tifoso lo teneva bloccato per le braccia.

Il leggendario Bill Russell, allenatore dei Sonics, e l'altro arbitro Hugh Evans accorsero in aiuto a Strom, che appena liberatosi del tifoso cercò di farsi giustizia sommaria con Fred Brown al poco diplomatico grido di «Voglio spaccare il c--o a quel figlio di p-----a!» prima che Russell lo riconducesse a più miti consigli. Per aggiungere la beffa al danno, un altro tifoso tirò un bicchiere di birra in faccia al già adirato Strom, che riuscì a malapena a raggiungere gli spogliatoi. Il problema è che Earl è sempre stato genuinamente convinto che fosse tutto normale, che schiaffi, calci, pugni, fratture e insulti rientrassero nella normale dialettica dell'arbitraggio per come lo si intendeva a quel tempo. D'altronde, quando tornò nello spogliatoio di Seattle pesto e inondato di birra scoppiò a ridere alla vista del panico sulla faccia di Hugh Evans dicendogli: «Questo è nulla rispetto ai bei tempi di Syracuse!» Solo che l'NBA voleva cancellare quei bei tempi, e quando fu convocato a New York per rendere conto della faccenda si sentì minacciare di sospensione senza paga per il resto della stagione. Il ventilato provvedimento venne poi derubricato a una multa di seicento dollari, ma il mancato sostegno da parte dei colleghi creò una frattura destinata a non calcificarsi mai più. «Non avremmo mai dovuto riassumerlo – disse il commissioner Kennedy a John Nucatola – sa solo creare problemi». In realtà sapeva anche arbitrare bene, ma certo non aiutava la lega a crearsi quell'immagine patinata cui Kennedy teneva in maniera particolare.

Nel 1977 la maggioranza degli arbitri NBA costituì la NABR (National Association of Basketball Referees), oggi nota come NBRA (National Basketball Referees Association). Richie Phillips, avvocato della neonata associazione, cercò senza successo di far iscrivere al sindacato Strom, ancora offeso a morte. In pentola bolliva la possibilità di un clamoroso sciopero durante i playoff, perché gli arbitri chiedevano svolte epocali come un contratto collettivo, un'assicurazione sulla vita e un'indennità di licenziamento, oltre a migliorie nel trattamento economico. In occasione dell'ultima domenica di stagione regolare Strom era designato con Ed Middleton per un Pistons-Knicks alla mitica Cobo Arena di Detroit. Prima della gara scattò lo sciopero cui Earl, unico tra i fischietti di peso assieme a Richie Powers, non aderì. L'NBA fece arrivare un arbitro di Buffalo, preallertato all'evenienza, e la kermesse di regular season si giocò senza soverchi problemi. Con solo due arbitri disponibili tra i ventisei «titolari» però, gestire i playoff si rivelò un inferno. Dopo quindici giorni le parti trovarono un accordo provvisorio, portando la paga per una gara di post-season da 150 a 750-850-950 dollari per i turni seguenti. Gli arbitri «veri» tornarono in campo con grande sollievo di tutti, ma né loro né Strom avrebbero mai dimenticato le tensioni derivanti dalla elevata caratura del crumiro. Alcuni degli scioperanti sospettavano che dietro ci fosse la volontà di assicurarsi il posto di supervisor che presto Nucatola avrebbe lasciato, ma questo significava non conoscere l'arbitro meno politico e diplomatico che mai abbia calcato un parquet di alto livello. Strom aveva conti aperti con tutti, dai colleghi ai giornalisti, dagli allenatori ai tifosi, per non parlare dei giocatori: nemmeno se fosse rimasto l'ultimo candidato sulla faccia della terra la lega gli avrebbe affidato la responsabilità del settore.

Earl aveva invece un rapporto eccellente con i centri che dominavano quel periodo, da Kareem a Walton, come in precedenza era stato per i grandi rivali Russell e Chamberlain, più volte intervenuti per sottrarre il nostro dalle grinfie di tifosi inferociti. Una volta, durante un Lakers-Knicks, Wilt chiese a Strom se avesse visto il fallo che aveva appena subito. Il dialogo che ne seguì rende giustizia a quei giorni così diversi.

> STROM: Certo che ho visto il fallo
> CHAMBERLAIN: e allora perché non hai fischiato???
> STROM: vuoi tornare in lunetta e sbagliare altri tredici tiri liberi per farti ridere dietro ancora di più?

Se quella tattica funzionava benissimo con i centri dominanti, ben diversa era la situazione con altre superstar come Elvin Hayes e il grande Oscar Robertson. Il rapporto più difficile in assoluto fu però quello con Rick Barry. Leggendo queste righe avete imparato a conoscere Mister Strom e gli spigoli acuminati del suo ben poco diplomatico carattere. Per quello che riguarda invece

Mister Richard Francis Dennis Barry III, una non insignificante digressione si impone.

Uno che gli vuole davvero bene, Mike Dunleavy Sr., ha detto: «Se dovesse mettere piede all'ONU finirebbe per scatenare la Terza guerra mondiale». Parliamo di uno definito arido dalla mamma, di uno che ha dato un pugno a una suora, di uno che secondo un giornalista «avrebbe preferito passare del sangue piuttosto che la palla a un compagno». Se il valore di un uomo risiede in quello che riesce a trasmettere ai figli, quello di Barry è misurabile nelle parole di uno dei quattro rampolli della dinastia, Drew.

«Brent è diverso da noi tre, perché a lui essere il figlio di Rick Barry piace».

Se invece quel valore è riassunto dal pensiero dei compagni di squadra, dobbiamo ricorrere a Billy Paultz, forlivese mancato per un cuore ipertrofico quanto la bocca.

«A metà squadra Barry sta molto antipatico mentre l'altra metà lo odia».

Immaginatevi cosa dovesse essere il duello tra Strom e il lamentosissimo Barry, due entità meno integrabili di acqua e olio. Nei playoff 1976 i Golden State Warriors difendevano il rocambolesco titolo conquistato un anno prima, e dopo aver eliminato in sei gare i Detroit Pistons trovarono sulla propria strada i Phoenix Suns. Nel primo tempo di gara 7 Ricky Sobers, guardia muscolare da UNLV, saltò improvvisamente al collo di Barry per regolare alcuni dei chilometrici conti accumulati durante la serie. Nessun Warrior fece vagamente finta di andare a difenderlo o perlomeno proteggerlo, e Sobers mise a segno un paio di ganci al bersaglio grosso. Joe Gushue, che arbitrava assieme a Strom, si diresse verso la zona della rissa per evitare il peggio ma il suo più esperto compagno di coppia lo frenò dicendogli sottovoce: «Non ti azzardare a muoverti, aspetto questo momento da anni!» Per i soli finali, Barry scioperò nel terzo quarto per protesta contro il comportamento dei compagni e i Suns vinsero partita e serie.

Gli allenatori per Earl si dividevano in due categorie, allitterate solo nella dizione inglese: Butchers (macellai) e Bitchers (lamentosi). Nel primo gruppo stavano quelli della vecchia scuola, gente che non si metteva alcuna vergogna a dubitare della tua moralità o della professione di *mammà* pur di metterti sotto pressione. I lamentosi erano invece quelli della goccia cinese, che a ogni fischio argomentavano con cultura e humor subdole avversative, raramente passibili di un provvedimento disciplinare ma non per questo più gradevoli della sabbia nel letto. Il capostipite dei Butchers è il leggendario Alfred Nicholas Cervi, giocatore tenace e allenatore tignoso. Così tignoso che quando i suoi Nationals vinsero il titolo nel 1955 i giocatori votarono compatti per non riservargli nemmeno un centesimo del premio spettante ai campioni NBA. Geniale antesignano che faceva giocare alle sue squadre un sistema con pochissimi giochi fissi, molto movimento e spiccato utilizzo del post alto e del gomito, il suo rapporto con gli arbitri non è mai stato facile. Il 20 dicembre del 1948 un suo giocatore, Jerry Rizzo, mise al tappeto l'arbitro BAA Ralph Fowler e venne per questo sospeso fino al termine della stagione. Cervi entrò in campo, non già per difendere il povero Fowler bensì per spintonarlo violentemente a propria volta, e venne lui pure punito dalla lega con ben 50 (sic) dollari di multa. Un altro macellaio, nel senso suindicato, è stato Alex Hannum, due volte campione NBA nel 1958 e nel 1967, che quando andava sotto nel punteggio aizzava il pubblico contro i due arbitri. E poi naturalmente c'era Red Auerbach, i cui duetti/duelli con Strom sono una storia nella storia. L'ultimo showdown è datato 9 giugno 1987, in occasione della quarta partita della serie finale. È quella decisa dal gancetto (*baby-sky hook*) di Magic Johnson a due secondi dalla fine sugli sviluppi di una contestata rimessa assegnata da Hugh Evans, il compagno di coppia di Strom quella sera, ai Lakers. Mentre Earl tornava negli spogliatoi il patriarca dei Celtics lo inseguiva nel corridoio dando fondo al suo inesauribile repertorio di insulti. Immaginatevi la scena, un quasi sessantenne in giacca della tuta e un quasi settantenne paonazzo in volto che lo infama come se non ci fosse un domani. Una scena quasi comica, che aveva bisogno solo di un altro tocco per diventarlo definitivamente. Red Auerbach tirava calci contro la porta dello spogliatoio urlando come un ossesso «sei un fottuto eunuco» al suo eterno nemico, che socchiuse l'uscio e fece spuntare fuori il volto angelico per un attimo, quello sufficiente a proferire poche ma sentite parole. «Arnold – disse Strom utilizzando il nome di battesimo che mandava Auerbach su tutte le furie – stai mostrando tutta la classe che ti ho sempre riconosciuto». E tutta la tensione, come neve al sole, si sciolse.

In occasione del training camp che precedeva la stagione 1977-78 Earl Strom si recò a New York in treno con una matricola, lui pure proveniente da Philadelphia. Il nome di quel rookie? Joey

Crawford, giovane arbitro che si era messo in evidenza durante lo sciopero impressionando i vertici NBA. Proprio lo stesso Joey Crawford che a marzo del 2016 è stato costretto a ritirarsi da un infortunio che gli ha impedito di finire la trentanovesima stagione nella lega con il botto. Joey aveva cominciato a fischiare assai prima di quel 1977 per seguire l'esempio di papà Shag e del fratello maggiore Jerry, entrambi arbitri delle Major League Baseball. Di Crawford, un po' ingenerosamente, si ricorda soprattutto la sospensione comminatagli da David Stern per tutti i playoff 2007 in seguito al diverbio culminato con l'espulsione di Tim Duncan, colpevole di aver riso in panchina durante uno Spurs-Mavs domenicale di regular season. «Vuoi fare a pugni?» chiese Crawford al caraibico in quel frangente, una condotta definita «inappropriata» da Stern nello spiegare il provvedimento preso. Quell'episodio spinse il fischietto di Philadelphia a lavorare con Joel Fish, uno psicologo sportivo che lo ha in seguito aiutato a migliorare il rapporto con i giocatori, gli allenatori e soprattutto con l'arbitraggio in quanto tale. Qualche anno prima un altro episodio aveva ammorbidito l'approccio del suo maestro e concittadino. Nel 1986 Earl aveva infatti visitato sul letto di morte Walt Peters, un caro amico che aveva fatto dell'arbitraggio un'autentica missione per trent'anni. Oltre a diciotto stagioni nella NFL Peters aveva diretto gare di college baseball e calcio, oltre agli Harlem Globetrotters, la lega portoricana e il college basketball. Per inseguire il proprio sogno, arbitrare un Super Bowl, era sceso in campo una volta a 49 gradi e un'altra a meno 51, ma pur dirigendo quattro finali di conference non era mai arrivato alla partitissima. Quando Strom andò a visitarlo al reparto psichiatrico del Philadelphia Pennsylvania Hospital, dove era in cura per una grave forma tumorale, lo trovò legato al letto perché aveva tentato più volte il suicidio e non era più in grado di comunicare verbalmente. Peters riuscì però a dare a Earl un bigliettino nel quale spiegava l'origine della sua condizione mentale. Quel bigliettino recava pochissime parole: «Non arbitrerò mai un Super Bowl». Un'ossessione che fece capire a Strom che bisogna andare oltre la prossima partita da fischiare, perché davvero si vive una volta sola.

«Certo che proteggo le superstar, senza di loro saremmo tutti senza lavoro». Con queste parole l'arbitro con il numero 12 rintuzzò una volta le proteste di un giocatore di Atlanta per l'ennesimo fischio a favore di Michael Jordan. Eh sì, davvero non ha mai perso un'occasione per dire qualcosa che lo potesse mettere nei guai. Nel paese dei balocchi che era l'NBA degli anni Settanta era possibile infatti che un arbitro del suo valore tenesse un paio di rubriche su giornali locali della Pennsylvania (!). Così, quando nel 1979 i Bulls licenziarono Larry Costello trovò naturale commentare l'esonero sul *Reading Eagle* con parole assai sarcastiche nei confronti di Jonathan Kovler, proprietario dei Bulls che gradì il giusto l'esercizio del diritto di critica da parte dell'aspirante giornalista. L'NBA multò l'elzevirista di dodicimila dollari dopo averlo sospeso per tutti i playoff, e una fulgida carriera da intrepido reporter si interruppe sul più bello dopo aver imparato che le agenzie dell'epoca erano in grado di rilanciare perfino il *Reading Eagle*. Questo modo di essere, oggettivamente quasi ingestibile, contribuì a peggiorare ancora di più i rapporti con i colleghi e i responsabili del settore. Mai il contrasto fu più duro che con Darell Garretson, l'uomo che gli aveva sfilato la maglia numero 10 e il ruolo di supervisor. Per Strom, lo *yin*, il faro da seguire era il buon senso e il feeling del veterano, utilizzando robuste dosi di quell'Elastic Power citato nella terza sezione del regolamento, quello che invita a decidere sulla base della propria scienza tutto quello che non è espressamente previsto nel regolamento stesso. Per Garretson, lo *yang*, ogni cosa doveva invece essere ricondotta a *The System*, quel sistema che con memo, regole e diagrammi rendeva uniforme il famigerato metro arbitrale. Vogliamo parlare dello scarso garbo istituzionale di Earl Strom? Tre anni prima di ritirarsi, quando Garretson era supervisor, si espresse così nei suoi confronti.

> Intanto Darell non dovrebbe arbitrare, non riesce più a muoversi in campo. Poi ha fatto diventare arbitro suo figlio (ancora in attività oggi dopo 29 stagioni, n.d.r.), che forse potrà diventare un arbitro adeguato, ma nulla di più. È il massimo del nepotismo, e in più ha messo Ronnie in una situazione impossibile. Con la sua gestione siamo allo stato di polizia, Bavetta e Kersey hanno paura della propria ombra.

Per capire quanto profonda potesse essere la frattura culturale tra i due approcci basta leggere quello che *The System* predicava rispetto ai rapporti con allenatori e giocatori.

> Gli arbitri devono astenersi dal parlare con giocatori, allenatori o trainer durante la partita, a meno che non sia strettamente necessario. In nessuna maniera gli arbitri devono intrattenere una conversazione

con gli spettatori. Durante i time-out devono stare lontani dal tavolo degli ufficiali di campo, non fronteggiare le panchine e non parlare tra di loro a meno che non sia strettamente necessario.

Per Strom questo significava ridurre gli arbitri a zombie o robot. Senza semplificare la questione e senza negare i suoi eccessi, trovare la giusta misura tra esprimersi ed essere autoritari è un problema che ogni direttore di gara deve affrontare. Nel caso di Strom autorità e credibilità abbondavano, ma non si può determinare quanto questo fosse riconducibile al suo modo di esprimersi. È una questione anche, se non soprattutto, di contesto storico. Ai vecchi tempi poteva succedere che al Cincinnati Gardens un tifoso troppo linguacciuto venisse fatto arrivare fino al corridoio degli spogliatoi per farlo prigioniero nello stanzino degli arbitri, in modo che Earl, Norm Drucker e Mendy Rudolph potessero assestargli un paio di cartoni a testa prima di buttarlo fuori stordito e confuso. Darell Garretson era diventato supervisor proprio per chiudere con quel mondo, ed era destino che le due convinzioni cozzassero violentemente una contro l'altra. Strom contestava il triplo arbitraggio, l'uso del video e il tentativo di standardizzare i fischi, tutte cose che hanno migliorato la performance degli uomini in grigio. Solo che arbitrare la pallacanestro è un esercizio obiettivamente impossibile: anche considerando solo chi conosce davvero il Gioco e non ha appartenenze, è del tutto normale che dieci persone vedano un'azione o una questione in dieci maniere diverse. Il basket, come il diritto, è altamente argomentabile quando si parla di regole.

Il giudizio degli arbitri NBA viene determinato così: 25% allenatori, 25% dirigenti NBA, 20% supervisor, 15% osservatori e 15% General Manager. Strom restava regolarmente in vetta nelle classifiche di allenatori e GM, che compensavano le valutazioni relativamente basse del mondo strettamente arbitrale. Lo stesso, per quanto è dato sapere, è avvenuto in questi anni per Joey Crawford, l'arbitro che qualsiasi allenatore, General Manager e giocatore avrebbe voluto avere in trasferta per una partita importante. Non perché prediligo un altro ideale di direttore di gara, ma diffiderei dal correre alla conclusione che i dirigenti arbitrali sono dei parrucconi e gli allenatori degli illuminati progressisti. La faccenda è assai più complessa di così: pensate a quante volte in campo ci siamo sentiti defraudati per poi scoprire, a mente fredda, che ci eravamo solo fatti portare troppo in là dalla passione. Con buona pace di Strom, che peraltro ha sempre ammesso i propri indifendibili eccessi, non rispondere con insulti agli insulti e con cazzotti ai cazzotti è il minimo sindacale della logica. Anche se con uno come lui o come Crawford, è stato tutto maledettamente divertente.

«Con il dovuto rispetto, non suggerirei mai a un arbitro di litigare con i giocatori e di ammettere i propri errori come fa Earl Strom». Quando a pronunciare queste parole davanti a tutto il gruppo riunito è il tuo massimo responsabile, Darell Garretson, significa che è ora di appendere il fischietto al chiodo. Sentendosi un estraneo rispetto a una lega che lo voleva troppo soldatino Strom decise che la stagione 1989-90 sarebbe stata l'ultima di una grande carriera e informò i vertici, chiedendo un regalo di addio: essere designato per il McDonald's Open di Roma, quello che portò al PalaEur Barcellona, Tracer e Jugoplastika assieme a

Denver. Per tutta risposta venne mandato a Terranova per la prima gara di pre-season dei Nuggets, che dall'isola canadese partirono alla volta della città eterna senza l'arbitro dimissionario, con tanti saluti al regalo di addio. D'altronde gli addii non sempre vanno lisci. Nel 1967 al mitico Cow Palace di San Francisco Earl aveva arbitrato con Willie Smith l'All Star Game, la cui grande attrazione era il ritorno in panchina del grande Red Auerbach, ritiratosi al termine della stagione precedente. SNI, Sports Network Incorporated, assicurava la diretta nazionale con la voce del grande Chick Hearn, e si era raccomandata in tutte le maniere perché l'immagine della lega uscisse rafforzata dalla trasmissione. Solo che Auerbach disse una parola di troppo a Smith e si beccò un tecnico, che lo spinse a dire una seconda parola di troppo. La Fiera dell'Est si concluse con il secondo tecnico e conseguente espulsione, non esattamente il tipo di pubblicità che l'NBA ed SNI avevano messo in preventivo.

La stagione di addio di Strom non fu così rovinosa, ma ci fu comunque una parentesi negativa. Il 24 novembre 1989 gli Spurs, in trasferta alla LA Sports Arena, avevano tre punti di vantaggio sui Clippers a un paio di secondi dalla fine. Charles Smith, ala che avrebbe poi chiuso la carriera proprio a San Antonio, lasciò andare un tiro prima della sirena insaccando, prima di ricadere appena oltre la linea del tiro da tre. Canestro buono certamente ma da due, pensò Strom. In assenza di aiuto da parte di Terry Durham e Tommy Nunez, i colleghi che rimasero muti pur pensando che quello fosse un tiro da tre, Earl convalidò due punti e assegnò la vittoria ai texani. Tornato in albergo, mentre stava sorseggiando un drink con un amico vide su ESPN il replay del tiro di Smith e per poco il contenuto del bicchiere non gli andò di traverso: il piede del tiratore era quasi mezzo metro dietro la linea, anche se il movimento lo aveva poi portato ad atterrare più avanti dopo il rilascio del pallone. Parlando di quell'episodio con Rod Thorn, all'epoca President of Basketball Operations della lega, Strom convenne che per una fattispecie simile aveva senso utilizzare l'instant replay. Proprio lui, convinto che gli errori facessero parte del gioco e non ci fosse spazio per la tecnologia, lasciò aperto uno spiraglio. Chissà, se quel giorno non avesse preso un granchio e se il suo carisma non avesse indotto i colleghi all'omertà, forse oggi non avremmo quindici fattispecie da instant replay e il Replay Center a Secaucus: non tutto il male viene per nuocere, da sempre.

Earl Strom ha detto che il requisito più importante per un arbitro è il coraggio. Se lo sia davvero è dibattibile, meno invece lo è che sia una condizione necessaria per fare un buon lavoro ad altissimo livello. Un arbitro coraggioso è un arbitro che non prende decisioni politiche, che non cammina sul filo dell'equilibrio, che evita di colpire la botte dopo aver mandato in frantumi il cerchio. Earl Strom è stato l'arbitro meno politico di sempre, e in quanto tale tutti lo volevano in trasferta ma nessuno in casa. Harvey Pollack, il guru delle statistiche dei 76ers nonché l'uomo che mise il foglio con la scritta «100» in mano a Wilt Chamberlain, aveva computato nel 43% le chance di vittoria lontano da casa con Earl in campo e nel 30% con chiunque altro. Per questo Pollack, che ci ha lasciato nel giugno 2015 a 93 anni, chiamava il suo concittadino «The Road Ref», l'arbitro da trasferta. «Se dovessi giocare per la mia vita fuori casa – disse una volta Dan Issel – vorrei che Earl Strom fosse uno degli arbitri». Una cosa normale per uno che quando era matricola con i Kentucky Colonels della ABA lo vide scaraventarsi sulle tribune del Louisville Armory durante un time-out per chiedere conto con le mani degli insulti che un tifoso gli stava riversando addosso. Alex Hannum fu il primo a chiedere ai suoi dirigenti di fare pressione per avere Strom sempre fuori e mai in casa, presto imitato dalla maggioranza dei colleghi. Messo a parte della cosa Earl spiegò ai suoi capi che l'unica cosa da fare era aumentare il numero di Road Ref: dategli torto…

L'ultima decisione di una carriera del genere non poteva che essere epocale e, ovviamente, a vantaggio della squadra in trasferta. È il 13 giugno 1990, NBA Finals. Sul 2-1 per Detroit si gioca a Portland gara 4. I Pistons sono avanti di tre lunghezze e a sei secondi e mezzo dalla fine Mark Aguirre commette fallo su Terry Porter per prevenire il possibile tiro da tre punti del pareggio (sì, Chuck Daly era allineato su posizioni «europee» già all'epoca). Strom segnala con gestualità degna di un grande teatrante la spinta dell'ex giocatore di Dallas, Porter fa 2 su 2 e sulla rimessa Jerome Kersey, Drexler e Drazen Petrovic non riescono a commettere fallo su Aguirre. Lancio in avanti per James Edwards, che per guadagnare altro tempo passa ancora più avanti a Gerald Henderson, l'uomo che permise ai Celtics di agguantare gara 2 delle Finali del 1984 con un leggendario recupero alla fine dei regolamentari. Quest'ultimo invece di palleggiare fino alla sirena segna con un elegante terzo tempo il canestro del più 3. Mancano un secondo e tre decimi alla fine e la regia CBS si sofferma su Chuck Daly, che ha appena cercato senza successo di dissuadere il suo giocatore dal prendere lo sciagurato tiro. Quando l'immagine torna sul campo i Trail Blazers hanno già rimesso e nessun difensore dei Pistons riesce a commettere un altro fallo tattico su Danny Young. Questi, appena dopo la linea di metà campo, si inventa un improbabile terzo tempo da tre punti. Fino a quel punto Young ha preso due tiri, sbagliandoli, ma stavolta gli Dei del Basket sono con lui e la palla, dopo una parabola altissima, si infila senza neppure sfiorare il ferro. Il Memorial Coliseum esplode pregustando un insperato overtime, mentre Strom, posizionato proprio all'altezza del tiratore, si reca al tavolo per conferire con Hugh Evans e Mike Mathis. Un altro avrebbe paura, si farebbe tornare in mente la magra di Los Angeles, cercherebbe di fuggire dalla responsabilità di una decisione così pesante. Un politico potrebbe anche farsi tentare dall'idea di dire: «Che se la vedano tra di loro all'overtime». Strom? Strom no. Dopo aver allontanato i numerosi questuanti è lui a decidere assieme ai colleghi che il tiro di Young è arrivato dopo la sirena. «This game is over!» urla il capo-terna. Assieme alla partita finisce anche una grande carriera, che un eventuale 2-2 nella serie avrebbe potenzialmente allungato di almeno 48 minuti, magari in gara 7. Un arbitro però è tale se pensa al Gioco prima che a sé stesso, e quell'uomo che va di gran carriera negli spogliatoi è stato davvero un grande arbitro, al netto di errori ed esagerazioni. «Con il Road Ref non potevamo mai vincere!» gli urla un tifoso dei Blazers strappandogli un sorriso dolce e malinconico. Il trainer di Portland gli porta il pallone-souvenir in spogliatoio. «Grazie – risponde Earl – avrei voluto prenderlo in campo ma mi pare non fosse il caso», prima di scoppiare nell'ultima risata da arbitro in attività.

Strom è stato il Charles Barkley degli arbitri, in campo e fuori. Alcune delle sue idee, dalla prima apertura all'instant replay fino alla proposta di allargare il campo visto il crescente atletismo dei giocatori, sono state modernissime. Altre, come l'ostracismo verso il triplo arbitraggio e quella che si potesse sempre e comunque fare di testa propria, retrograde. D'altronde i testardi sono così, prendere o lasciare. Uno normale si sarebbe fatto cambiare da quarantamila dollari di multa, dalle minacce di morte, dalla fronda interna e dalla poca carriera fatta. Appunto, uno normale. Quando a 66 anni il cancro se lo è portato via il basket si è ritrovato più povero. Un anno più tardi, nel 1995, la Hall of Fame lo ha accolto al proprio interno e per l'occasione ha ricordato a chi non lo ha conosciuto chi sia stato quell'arbitro con i capelli bianchi.

> Da quando Earl Strom ha preso il primo fischio NBA nel 1957 ha elevato la professione dell'arbitro con il suo solido giudizio, l'integrità e un vero amore per il Gioco. Strom non ha mai esitato a fischiare quel che vedeva, e il suo stile vistoso unito alla grande capacità di controllare la partita gli sono valsi il soprannome di Pifferaio Magico. La reputazione di onestà di cui ha goduto per trentadue anni gli ha fatto guadagnare il meritato rispetto di allenatori, giocatori e colleghi.

Un bel coccodrillo, che peraltro l'interessato avrebbe contestato, bastian contrario com'era. La sua vita e la sua carriera dimostrano che un testardo con un grande ego può mettersi al servizio di qualcosa che ama mettendoci anche un bel po' di spirito. Forse le migliori parole per ricordarlo le ha pronunciate Dan Issel.

> Molto prima di noi Earl ha capito che il basket professionistico è entertainment, non ricerca medica o ingegneria aerospaziale. Per questo non ha mai preso il Gioco, o sé stesso, troppo sul serio.

PETE NEWELL (1915-2008)

Coach Newell è la storia del Gioco. *Bill Walton*

Newell mi ha trasmesso la responsabilità, che noi insegnanti abbiamo, di condividere con gli altri le conoscenze che possono aiutarli.
Bobby Knight

Il basket è un gioco di rapidità, e se un giocatore non ha equilibrio non può essere rapido ed esita. E chi esita è perduto. *Pete Newell*

Pete ci faceva allenare così duramente che poi le partite diventavano un sollievo. *Rene Herrerias*

Quando si pensa ai grandi maestri del Gioco due nomi che vengono subito in mente sono quelli di John Wooden e Fred «Tex» Winter, come è sacrosanto che sia. In molti si sono giustamente occupati del padre del Princeton Offense, il grande Pete Carril, e quelli che vanno più indietro ancora celebrano Clair Bee, l'inventore della 1-3-1. C'è però un allenatore di cui si parla troppo poco rispetto al segno indelebile che ha lasciato. Perché senza Pete Newell il basket sarebbe diverso, non c'è dubbio. Per capirci, parliamo di uno che tra il 1957 e il 1960 ha battuto otto volte su altrettante partite John Wooden dopo avergliela giurata. Di quello così ossessionato che una volta arrivò a casa furioso dopo una lunga camminata accusando la moglie di non essere passata a prenderlo per sentirsi rispondere «ma caro, la macchina l'avevi tu». Del coach che ha vinto NIT, NCAA e Olimpiadi e messo in piedi la trade che ha portato ai Lakers Kareem Abdul-Jabbar. E infine di colui il quale in un'epoca di razzismo, partite truccate e dittatorelli che mettevano le mani addosso ai giocatori ha tenuto la barra dritta come un fuso, dimostrando che si poteva vincere comportandosi bene. Voglio dire, è Pete Newell e basta, ha perfezionato pressing, aiuto dal lato debole, uso delle guardie sul perimetro e ball movement, cos'altro vi serve? Capisco che non abbia vinto titoli NBA in panchina, non abbia avuto un best seller in classifica e sia vissuto prima di ESPN e dei social network, ma non conoscere la sua vita e le sue opere è categoricamente vietato a chi vuole davvero dirsi amante del Gioco. Perché quella vita è stata romanzesca e le opere di alto, altissimo livello. E perché i grandi almeno studiarli dobbiamo, che imitarli è riservato agli altri grandi.

Peter Francis Newell è nato a Vancouver il 31 agosto 1915. Mamma Alice e papà Pete sr. erano quanto di più lontano uno dall'altro si potesse essere, e forse per questo il fecondo matrimonio funzionò. Alla nascita del futuro Hall of Famer il capofamiglia aveva 60 anni, quindici più di Alice. La sua vita fu sconvolta dal ciclone che scoperchiò il negozio di famiglia di Richmond, nel Wisconsin, uccidendo due fratelli e costringendolo a emigrare in Canada. Un anno dopo la nascita del più giovane degli otto figli i Newell cambiarono ancora indirizzo, facendo rotta su Los Angeles. La giornata di Pete sr. cominciava alle 5 del mattino per essere puntuale alla Messa delle 6, e continuava quindi con la lettura del giornale, il lavoro come manutentore al Roosevelt Hotel di Hollywood, un po' di relax, la cena, il rosario delle 21 e la buonanotte. Mentre il capofamiglia si ritirava al piano di sopra in salotto cominciava la lunga notte per Alice, la cui fissa era trovare un aggancio con il mondo del cinema. Allo scopo invitava a casa ogni sera per una serata di carte, musica e bevute un'umanità tanto varia quanto improbabile. C'era sì qualche regista di terza categoria e qualche attore di quarta, ma gli altri erano perdenti di professione. Borseggiatori, truffatori, persone con gravi menomazioni, stuntmen e comparse giocavano a poker fino quasi all'ora in cui Pete sr. si svegliava, accompagnati al piano dalla voce celestiale di donna Allie. Nonostante il suo indubbio fascino però quella chance non arrivò mai, e l'intraprendente padrona di casa decise di orientare i propri sforzi sui figli per necessità. I bambini sul set venivano pagati cinque dollari al giorno in un tempo in cui con venticinque dollari al mese affittavi una bella casa. Due sorelle e un fratello di Pete fallirono l'audizione ma lui andò subito a genio ai talent-scout e comparve in una dozzina di film tra i tre ed i sette anni di età. Newell odiò con singolare ferocia ognuna di quelle esperienze, che gli negavano le amate partite di baseball con gli amici e lo costringevano a partire alle quattro del mattino da Central Los Angeles per raggiungere i teatri di posa. Se con il cinema il rapporto si chiuse presto, con le carte e il caffè fu invece amore a prima vista. Già a sei anni giocava qualche mano per gli ospiti mentre loro soddisfacevano i bisogni fisiologici, e a dieci era diventato un fuoriclasse di pinnacolo, bridge e poker. Merito anche delle quindici tazze di caffè che consumava ogni giorno, una dose che avrebbe stroncato un marinaio di lungo corso e che invece lui reggeva con grande facilità. A dieci anni.

Quando nel gennaio del 1931 papà mancò, nella casa a due piani all'angolo tra la 22esima e Raymond rimasero solo Pete jr., Dean e mamma Allie. Walter era morto tre anni prima per una tubercolosi contratta in Marina, Alice jr. era scomparsa per un attacco di cuore e gli altri fratelli e sorelle erano andati a vivere con le rispettive nuove famiglie. Improvvisamente la solitudine, resa più acuta dalla povertà, fece capolino nella vita di Newell. Una solitudine che gli sarebbe tornata in mente prima di ogni partita, quando la squadra era già in campo per il riscaldamento e lui rimaneva in spogliatoio a rimuginare. Nel corso della carriera quel momento sarebbe diventato sempre più agonico, fino a spostare in prossimità della palla a due la comparsa in campo, e non certo per fare passerella come il Principe Rubini. Un allenatore è infatti figlio delle proprie esperienze, e in campo porta sicurezze e paure come chiunque. Pete maturò le prime al tavolo del poker sorseggiando l'ennesimo caffè e nelle interminabili ore passate per strada a giocare con afro-americani, cinesi, ebrei e messicani, che convivevano senza alcun problema nel quartiere. A St. Agnes High School eccelleva come *left end* nel football e come *center fielder* sul diamante, al punto da fare una breve comparsata in una squadra di minor league collegata ai Brooklyn Dodgers. Il basket era poco più di un passatempo ma i compagni lo chiamavano già «The Professor» per l'attenzione che metteva nell'analizzare ogni minuzia relativa allo sport. In quel soprannome c'era ammirazione mista a terrore, perché ogni discussione con uno così era lunghissima e sfibrante. Tornano alla mente le parole del compagno di doppio di Giovanni Falcone alla Canottieri Palermo, raccolte dalla sorella del Giudice, Maria.

> Ogni volta che perdevamo mi chiedeva dove avessimo sbagliato, e soprattutto cosa avremmo potuto fare per evitare l'errore.

Nel 1954 Pete avrebbe tanto voluto andare al college ma la Grande Depressione aveva lasciato il segno sulle finanze di quel che rimaneva della famiglia. Dopo due mesi terribili come custode notturno di uno stabile venne assunto dalla Dollar Line, compagnia di navigazione a vapore che batteva le rotte trans-pacifiche.

Dal non aver mai abbandonato Los Angeles dopo esserci arrivato in fasce dal Canada si trovò così a visitare Shangai, Hong Kong, Honolulu, Manila e Singapore, il che contribuì parecchio all'apertura mentale che tutti gli hanno sempre riconosciuto. L'appuntamento con il college però era solo rinviato: nel 1956, con l'inseparabile amico Roger Kelly, si iscrisse a Loyola of Los Angeles, oggi Loyola Marymount, il college reso tristemente famoso dalla scomparsa in campo di Hank Gathers nel 1990. Allenatore dei Lions era Jimmy Needles, figlio della Baia e della strada, titolare di un commercio di liquori e meritevole di una cospicua digressione in quanto allenatore degli USA alle Olimpiadi del 1936, onore che si era guadagnato come vincitore, con la sua Universal Pictures, del torneo preolimpico tenutosi ad aprile al Madison Square Garden.

Arrivato in Germania dopo una traversata sulla S.S. Manhattan, Needles si era dovuto calare nell'agone olimpico assai prima della palla a due di apertura. Nel 1934 infatti l'ineffabile Renato William Jones (l'uomo dei tre secondi di Monaco 1972) aveva convocato il congresso FIBA di Lione, e con l'appoggio decisivo delle federazioni di Francia e Italia aveva varato in previsione della prima edizione del torneo di basket a cinque cerchi alcune bizzarre regole. Tra queste l'utilizzo di un massimo di sette giocatori per squadra, due sole sostituzioni per gara e il divieto di time out, oltre all'eliminazione dei tre secondi offensivi e dei dieci per passare la metà campo. Quando la nazionale americana arrivò a Berlino le avversarie, intimidite dalla stazza dei «giganteschi» Fortenberry e Schmidt (ambedue 2,03) cercarono di far passare una norma che avrebbe vietato la partecipazione a tutti i giocatori oltre l'1,85. Per fortuna Needles vinse il braccio di ferro politico, e almeno questo basketticidio venne evitato. Costretto dalle circostanze divise il roster in due tronconi, il primo formato dai sette della Universal Pictures che al Garden avevano superato 44-43 i McPherson Globe Refiners. I sei rappresentanti dei Refiners e l'unico collegiale, Ralph Bishop, facevano parte del secondo gruppo, che si alternò all'altro nel corso del torneo. Gli USA vinsero 2-0 per forfait contro la Spagna dilaniata dalla guerra civile e quindi 52-28 contro l'Estonia, guidata dai 21 punti dello «sleeper» Vinogradov, che stazionò 40 minuti sotto il canestro statunitense lasciando i compagni 4 contro 5 in difesa. Dopo il 56-23 sulle Filippine gli americani batterono 25-10 il Messico in una gara dominata dalla pioggia e dall'ingovernabile pallone fantozziano di marca Berg. Pioggia? Sì, avete letto bene, pioggia. Tra le decisioni prese sopra la loro testa a Lione c'era infatti anche quella di considerare ufficiale il terreno di gioco solo se all'aperto, per cui le partite vennero disputate su campi da tennis in terra rossa e sabbia. La finale contro il Canada si giocò su un acquitrino davanti a un migliaio di eroi, che in assenza di sedie dovettero sorbirsi lo «spettacolo» in piedi e senza ombrelli per non oscurare la visuale a quelli dietro. I sei dei Refiners e Bishop volarono sul 15-4 nel primo tempo prima che il nubifragio frustrasse un po' gli attacchi nella ripresa, chiusa su un pirotecnico 4-4. Fortenberry, il gigante che gli avversari avevano cercato di bandire, con otto punti eguagliò il fatturato totale dei ragazzi della foglia d'acero. Con il bagaglio di esperienze maturato a Berlino difficilmente qualcosa avrebbe potuto sorprendere coach Needles da lì in poi.

Per giocare a Loyola Pete Newell si assoggettò prima a fare il guardiano notturno di un parcheggio e poi l'autista del camion del latte, roba che in confronto alle traversate transoceaniche era un'autentica passeggiata di salute. Tra lui e Needles fu amore a prima vista, e rare erano le discussioni tra i due che durassero meno di 4-5 ore. Parlavano di tutto ma soprattutto di pallacanestro, ed è in quei colloqui che si ritrovano le radici del basket di Pete. Tra il 1937 e il 1939 Loyola vinse 32 gare perdendone 15, con Newell come sesto uomo a marcare la stella avversaria da lui spesso limitata grazie a una minuziosa analisi pre-partita che non si chiamava ancora scouting report. Segnare dei punti? Manco a parlarne. Anni dopo Florence, la straordinaria signora Newell, chiamerà ancora il marito 0-0-4-0 citando le sue statistiche come venivano riportate nei giornali dell'epoca con canestri segnati, liberi segnati, falli (a quattro si usciva) e punti in sequenza. È impressionante il contrasto tra il nascente genio analitico di Pete e le condizioni di fortuna in cui si praticava quel basket anteguerra. A Loyola la squadra si allenava e giocava inizialmente in un bungalow di 22x13 con i soffitti a meno di 5 metri da terra, fattore che contribuì in maniera decisiva a fare del suo tiro il più piatto, e quindi impreciso, della storia. La stagione seguente Needles riuscì a farsi affidare la sala da ballo del vecchio Santa Monica Pier: un bel miglioramento, se non fosse che l'edificio era pericolante e in caso di mareggiate l'acqua invadeva il campo di gioco, che dava direttamente sull'Oceano in uno dei lati lunghi. Nella gara contro Brigham Young del 1937 a causa del cattivo tempo la superficie di gioco era più ballerina del solito e i morigerati mormoni venuti da Provo vissero con una certa apprensione la serata, anche perché Newell e i suoi compagni per spaventarli gli dissero che andare lunghi dopo un contropiede poteva comportare un tuffo nell'Oceano. In quell'occasione la poco meticolosa organizzazione non consegnò le maglie, ma l'ingegnoso Needles risolse appiccicando con il nastro adesivo dei numeri romani sulle uniformi di fortuna. Newell ebbe il numero VIII e cominciò difendendo forte. Al suo terzo fallo, durante un'acconcia pausa in panchina, il coach staccò una striscia di nastro adesivo e il VII, cioè sempre Newell, fece altri tre falli prima di concludere la gara con altre due infrazioni commesse con il VI sulla schiena. Una magata che a mia conoscenza ha solo un eguale, meritevole di un *excursus* anche se ambientato a tutt'altre latitudini e in tutt'altra era.

Il 7 gennaio 1976 il Rabotnicki Skopje andava negli spogliatoi a Tours sotto 53-38 contro l'ASPO Tours campione di Francia nell'andata dei quarti di Coppa dei Campioni. L'unico vero centro della squadra, Dragan Radosavljevic, era già gravato di quattro falli, e senza di lui la sorte dei macedoni pareva segnata. Il leggendario coach Lazar Lecic escogitò però nell'intervallo di ovviare ai problemi del suo lungo. Zona 2-3 per evitare il quinto fallo? Difese speciali? Raddoppi? Naaaa, nulla di tutto questo. Davanti alla squadra attonita Lecic chiamò il masseur e gli impose di prendere le forbici per tagliare i folti baffi di Radosavljevic. Quindi impose al pivot di cambiare la sua maglia numero 14 con la numero 4 di Nikiforovic, non entrato nel primo tempo e titolare di una vaga rassomiglianza con la stella del Rabotnicki. Il vero Radosavljevic rientrò quindi con un altro nome, senza baffi e, soprattutto, senza falli. Nel mentre il brocco con la sua maglia, cui il massaggiatore aveva attaccato i baffi dell'altro alla bell'e meglio, saltava per la palla a due della ripresa senza che il ceco Heman e l'olandese Duchen, arbitri della tenzone, si accorgessero di nulla. «Radosavljevic» segnò un miracoloso canestro prima di commettere il quinto fallo (o primo che sia, se siete ancora con noi). Dal tavolo degli ufficiali di campo si alzò la paletta rossa con il «5» ma lo stranito Nikiforovic protestò vigorosamente, sostenendo che fosse solo la prima infrazione della sua gara. Lecic lo cazziò pesantemente al grido di «non cercare di prendere in giro i signori arbitri, possibile che non ti ricordi che avevi quattro falli?», prima di scaraventarlo in panchina con i suoi baffi posticci (che peraltro stavano già cadendo a causa del sudore). Il vero Radosavljevic rientrò sotto falso nome e numero chiudendo con 16 punti decisivi per contenere lo scarto, poi ribaltato a domicilio. Pensandoci bene coach Lecic meriterebbe di entrare a Springfield dalla porta principale.

Uno dei lasciti di Pete Newell è la *reverse-action*, ovverosia il set offensivo che ha utilizzato per gran parte della carriera ad alto livello assieme al *dove-tail* (solo per i nomi di questi attacchi meriterebbe il Nobel). Le parole sono importanti, vedi *Palombella Rossa,* e il coach non è mai stato timido nell'invitarci a usarle con proprietà.

Non crediate mai di aver inventato qualcosa nel basket, il che non significa che non possiate raffinare qualche idea che avete preso a prestito da altri.

I princìpi-base della *reverse-action*, poi da lui rifiniti nel corso degli anni, vengono da quelle discussioni con Jimmy Needles. Tutti pensiamo che Dean Smith abbia inventato l'attacco «4 angoli» per proteggere un vantaggio, ma quindici anni prima di lui Pete utilizzava a USF il «3-out, 2-in» predicato sugli stessi identici principi. Siamo però scappati un po' avanti con il racconto, perché avevamo lasciato Pete in campo a fare lo stopper e ce lo ritroviamo già in panchina a (non) inventare attacchi e difese. Il succo della storia è che giocare da professionista non era cosa per lui, da cui il naturale passaggio al ruolo di allenatore. Serviva solo l'occasione giusta, che dipende sempre dalla persona giusta.

Un grande viaggio comincia con un piccolo passo. Il primo lavoro di Pete Newell data 1940, quando mercé la raccomandazione del solito Jimmy Needles divenne allenatore di football, basket, atletica e softball a St. John's Military Academy, nella zona centrale di Los Angeles. In due stagioni non perse neppure una volta nella Military League, e stiamo parlando di tutti e quattro gli sport! Nel 1941 però, durante una partita All-Star di baseball, collassò in mezzo al campo dopo aver battuto un triplo a causa di una polmonite acutissima che lo fece dichiarare «rivedibile» alla visita militare. Ripresosi, nel febbraio del '42 entrò in Marina e con l'aiuto di Sam Barry, leggendario head coach a Southern California, venne assegnato alla base di Great Lakes, Illinois, dove si concentravano le attività sportive del corpo. Quattro dei giocatori di Barry a USC (Jack Gardner, Alex Hannum, Tex Winter e Bill Sharman) sono stati indotti nella Hall of Fame e il suo attacco *center opposite* è la base di quel triangolo laterale che uno di quei giocatori sviluppò qualche anno più tardi con discreti risultati ai Bulls e ai Lakers. Newell giocava per la squadra della base allenata da Tony Hinkle, che avrebbe poi lavorato a Butler con risultati straordinari, e a Great Lakes capitò un certo Red Auerbach. Non serve aggiungere altri nomi per capire che il pupillo di Needles ha vissuto le stesse esperienze che i pittori rinascimentali vivevano nelle botteghe dei vari Giotto e Perugino, confrontandosi con tutti quelli che hanno contribuito a fare di questo Gioco la meraviglia che è. Solo che qui eravamo in guerra, quella vera, e non nel Rinascimento. Una guerra che Pete vide da vicino quando un generale decise che anche le stelle del basket dovevano partecipare alle attività belliche (vedi capitolo 2). Il guardiamarina Newell combatté a Okinawa e Manila con il reparto Anfibio, prima che il conflitto terminasse e lui potesse tornare a fare quello per cui era nato: l'allenatore di pallacanestro.

Nel 1946, in cambio di tremiladuecento dollari annui, Newell divenne head coach dei Dons dell'Università di San Francisco. Ancora una volta dietro all'operazione c'era lo zampino del solito Needles, che come primo allenatore nella storia di USF aveva mantenuto solidi contatti con l'ateneo. Talmente solidi da permettere al suo protetto di battere la concorrenza di Hank Luisetti. Per evitare l'imbarazzo di una bocciatura pubblica di Luisetti, lui pure appena congedato, non venne fatto alcun annuncio ufficiale riguardo il basket e Pete venne presentato come coach del baseball, che effettivamente allenò in quel '46-47 assieme a tennis e golf. L'università, concentrata quasi esclusivamente sul football americano, gli mise a disposizione solo una palestraccia su Page Street con le finestre rotte e senza spogliatoi, ma lamentarsi era vietato. D'altronde i Gesuiti imponevano il voto di povertà a tutto il college, e lo sport non poteva fare eccezione. Che poi della pioggia che filtrava coach Newell non si curava, perché in mente aveva una cosa sola: New York City. «State con me – ripeteva ossessivamente ai ragazzi – e vi porterò al Garden», inteso come ombelico del mondo cestistico del tempo. Per «state con me» si intendeva «fidatevi del mio metodo», basato su un programma di condizionamento atletico alquanto impegnativo.

Se volete spaventare ancora oggi i componenti di una squadra di Newell vi bastano due parole, Hands Up, Mani Alte. È il nome dell'esercizio che rappresenta la base della sua filosofia, un esercizio tanto semplice quanto micidiale che il figlio di Alice utilizzava per insegnare il fondamento di qualsiasi difesa.

> C'è solo una posizione corretta per difendere: piedi che scivolano, ginocchia piegate e mani alte. La mano interna deve scoraggiare il tiro, l'altra va tenuta quasi parallela al terreno per deviare i passaggi. Il basket è come la boxe, il lavoro di piedi è identico e la chiave sta nelle ginocchia. In ambedue gli sport, appena abbassi le mani sei fritto.

Il primo giorno di allenamento Newell mise i suoi Dons in questa posizione e li fece scivolare in varie direzioni con una mano sempre in vista per tre minuti filati prima di fischiare la fine dell'esercizio. Ora, se tre minuti vi paiono pochi è perché non avete mai provato a fare una cosa del genere. Figuratevi quando, dopo trenta secondi di break, si ripartì per altri tre, stavolta con l'altra mano alta. Il secondo giorno i tre minuti diventarono quattro, quello seguente cinque e così via fino a dieci, per un totale di venti minuti di scivolamenti giornalieri, una Cajenna pura. Pete infliggeva ai ragazzi questa punizione nella convinzione che fosse la cosa più adatta a raggiungere un'abitudine, concetto di cui dava una definizione tanto semplice quanto efficace.

Non si può creare o cambiare un'abitudine con una parola o un gessetto, perché un'abitudine è un riflesso condizionato creato dal ripetere un'azione.

Il coach che vince viene descritto come imperturbabile, quello che perde come un cacasotto, ma la realtà è ben lontana da questi stereotipi. Rene Herrerias, il piccolo playmaker di quei Dons del 1946, dell'esordio ricorda le ginocchia di Newell che sbattevano una contro l'altra in spogliatoio. Lui e i compagni pensavano si trattasse di panico e invece era solo una delle tante manifestazioni del senso di responsabilità, che con le dosi industriali di caffè e sigarette assunte causava quelle conseguenze parossistiche. Quella tensione, da non confondere con la paura perché le parole sono importanti, durante le partite si scaricava su un asciugamano che mordeva come avrebbero fatto più tardi Jerry Tarkanian, Guy Lewis e John Thompson. Quella prima volta l'avversario era la USC del già citato Sam Barry con Hannum e Tex Winter in campo, non proprio pizza e fichi. Finì 57 a 41 per i Trojans e il primo canestro di USF arrivò dopo un quarto d'ora di orologio, festeggiato come un gol al novantesimo. Newell e Barry uscirono insieme dalla palestra, e lo scoraggiato Pete chiese al rivale ragguagli su un doppio blocco che gli aveva causato enormi problemi. Invece che dire quattro parole di circostanza coach Barry inscenò una lunga dimostrazione nel parcheggio utilizzando Florence, un amico di famiglia e una macchina per illustrare lo schema, che finì dritto dritto nel playbook dell'avversario. Una lezione di cui il rookie avrebbe fatto tesoro negli anni a venire non negando mai un colloquio tecnico a un avversario, per acerrimo che fosse, nella corretta assunzione che in panchina non esistono segreti se non per i deboli.

Dopo aver chiuso la stagione d'esordio con 13 vinte e 14 perse Newell si presentò al via del campionato '47-48 con una nuova difesa, di cui ancora una volta non si è mai voluto intestare la paternità.

> Tutti dicono che ho inventato il pressing, ma io so solo che prima di utilizzarlo non lo avevo mai visto sulla West Coast. Sono sicuro però che qualcun altro lo facesse altrove.

Come già ricordato, fino al 1937 dopo ogni canestro segnato il gioco riprendeva con una palla a due a centrocampo (che noia, che barba). I piccoli giocavano vicino a canestro in attacco ed erano etichettati come «forwards» perché al cambio di possesso rappresentavano la propaggine avanzata della difesa. Solo il pivot giocava sempre nelle vicinanze del ferro, mentre quelle che oggi chiamiamo ali, all'epoca definite «guards», portavano la palla in attacco e giocavano tra una linea di tiro libero e l'altra. Quando finalmente il legislatore pose fine all'atroce pratica della palla a due dopo la segnatura irruppe sulla scena la Seconda guerra mondiale, che mise in quarantena tutte le discussioni strategiche su una questione futile come il basket. Newell però si trovò in squadra due piccolissimi che non potevano mai prendere un rimbalzo in attacco e John Benington, una guardia incapace di palleggiare ma con buon tiro e attitudine al rimbalzo. Decise perciò di invertire le posizioni, mettendo i lunghi vicino ad ambedue i tabelloni e usando i due piccoli, Herrerias e Giudice, per aggredire la palla sulla transizione difensiva in modo da dare agli altri il tempo di ripiegare. Il pressing non nasce quindi come mezzo per rubare palla all'attacco avversario, ma come accorgimento per schierare la difesa. Le squadre avversarie prima non capirono la rivoluzionaria tattica, e quindi corsero ai ripari imitandola pedissequamente. Ci sarebbero voluti sedici anni prima di vedere un altro pressing originale, quello di John Wooden a UCLA con Goodrich, Erickson e Hazard a distruggere sul nascere l'attacco avversario come il Mago di Westwood aveva imparato sulla propria pelle dagli onnipresenti Rens (vedi capitolo 1).

La differenza è che mentre gli altri copiavano, Newell sperimentava. Seguendo i precetti di Needles la difesa dei Dons predicava quello che oggi chiamiamo «aiuto dal lato debole». Sulla costa Est nessuno insegnava a guardare insieme il pallone e il proprio uomo per portare aiuto in caso di necessità, e tutto si riduceva alla propria responsabilità individuale. L'ex guardiamarina insegnò invece ai propri difensori a vedere sempre avversario e palla, nella tanto elementare quanto corretta assunzione che nel canestro ci finisce la seconda. Semplice? Certo, adesso. Geniale? Certo, allora. Al termine di quella stagione, chiusa con 9 vittorie nelle ultime 13 gare, USF venne invitata al Madison Square Garden per il dicembre successivo: facendo come diceva lui, i Dons erano arrivati alla Terra Promessa.

Prima della stagione '48-49 arrivarono altri due rinforzi di grande peso specifico. Il primo, Pete Rozelle, «da grande» avrebbe cambiato la faccia del football NFL in qualità di commissioner tra il 1960 e il 1989. Newell lo scelse direttamente per fare l'addetto stampa, dimostrando un certo fiuto nella selezione del personale. Il secondo, Don Lofgran, era invece un attaccante di 1,98 con uno stile senza precedenti viste le dimensioni. Lofgran tirava in sospensione e come abbiamo visto nel capitolo 2 la pratica era eretica al tempo, figuriamoci per uno di quasi due metri. Newell fu tentato di correggere quella tecnica ma viste le percentuali di realizzazione decise di soprassedere, proprio come fece coach Everett Shelton con Sailors. Nuovi giocatori, un nuovo campo (il Cow Palace) e addirittura un trainer, considerato un lusso in una scuola gesuita: tutti gli ingredienti per fare il salto di qualità erano al loro posto. E ragazzi, il salto di qualità venne fatto. Nove vittorie nelle prime dieci gare, compreso un memorabile successo in overtime contro CCNY al Madison. In tribuna quella sera c'era il grande Joe Lapchick, non certo uno che prendeva il basket come un passatempo. Il coach dei Knicks si sentì ugualmente in dovere di andare negli spogliatoi e, dopo i complimenti di rito, consigliare a Newell di prendersela un po' più calma, perché altrimenti non sarebbe durato più di cinque anni in panchina. La ferma in Marina aveva dato al suo consumo di caffè e sigarette un'ulteriore spinta, e lo stress non aiutava: Lapchick aveva visto benissimo, ma l'interessato è sempre l'ultimo a rendersi conto dei rischi e il primo a minimizzare.

Il bilancio della squadra salì a 14-1, record che valse un invito per il prestigioso NIT. In quel 1949 il livello del torneo era stellare per la presenza di molti venticinquenni e ventiseienni che avevano visto la propria carriera cestistica interrotta dall'insorgere del conflitto mondiale. C'erano St. Louis con «Easy» Ed Macauley, il primo MVP di un All Star Game NBA, Bradley con Gene Melchiorre, Kentucky con Alex Groza e Ralph Beard. A soli vent'anni fu però Don Lofgran a dominare con il suo «tiro del canguro» (definizione della stampa newyorchese) che produsse settantacinque punti in quattro gare. Una performance davvero sorprendente alla luce della (notevole) quantità di drink con cui il cannoniere festeggiò ognuna di quelle storiche vittorie. Nei quarti USF sconfisse Utah 64-63 con una preghiera da dieci metri sulla sirena di Frankie Kuzara propiziata dalla genialata di Newell, che per l'ultima decisiva contesa sostituì il piccolo Herrerias con Joe McNamee (dopo quell'episodio la regola venne cambiata impedendo di far saltare un sostituto). Dopo aver battuto Bowling Green in semifinale, USF superò 48-47 nell'ultimo atto Loyola of Chicago grazie a un libero di Ross Giudice in sottomano con quaranta secondi sul cronometro. Pete aveva perso cinque chili durante il torneo, un segnale che l'orgoglio e la gioia gli fecero colpevolmente sottovalutare. Lofgran festeggiò invece con vari giri di scotch la nomina a MVP, pregustando i futuri successi da professionista e una vita da sogno. Per lui però la carriera NBA durò solo quattro stagioni in quattro squadre diverse, e nel 1976 il suo corpo senza vita fu trovato a Salt Lake City a casa di un amico, dopo varie vicissitudini con l'alcol e la giustizia. Suicidio od omicidio che sia stato, l'ennesima dimostrazione che il talento è nulla senza controllo.

Rileggere oggi le idee cestistiche di Newell è inebriante. La lucidità e l'originalità dei suoi convincimenti è commovente, deve essere la stessa sensazione che un musicista prova nello scoprire Mozart. Per lui lo schieramento offensivo doveva sempre essere complemento della difesa, per cui scelse il 2-1-2, con le guardie che si accoppiavano subito sul cambio di possesso e l'uomo in lunetta che faceva da valvola di sicurezza. Riteneva che ripiegare con le guardie fosse una scelta perdente per lo stesso motivo per cui i sei *defensive back* della difesa *prevent* nel football americano vengono così spesso battuti in profondità. Senza pressione sulla palla, era il suo ragionamento, nessuna difesa può avere successo, perché l'attacco ha troppo tempo e spazio a disposizione. Era il perfezionamento di quel concetto di pressing che, come abbiamo visto, prendeva le mosse da altre premesse. Vogliamo parlare di attualità? Oggi, lentamente, le difese NBA alla terza bomba in transizione di Steph Curry o Chris Paul si accoppiano subito per fermare la palla. Pete ci era arrivato, senza tiro da tre, nel 1950: non è meraviglioso tutto questo?

Dopo un'altra buona stagione e un altro NIT, stavolta perso, accettò l'offerta di Michigan State. La nobile decaduta della Big Ten offriva uno stipendio doppio rispetto ai diversamente generosi gesuiti, e con quello la possibilità di misurarsi con un altro tipo di basket rispetto a quello della West Coast. Steve Snyder, reporter della Associated Press, accolse il nuovo allenatore con parole da cui grondava il sospetto.

> Newell scoprirà sulla sua pelle che nella Big Ten questa bizzarra pratica di far giocare i piccoli lontano dal canestro non ha una singola chance di funzionare.

Tralasciando i commenti sulla competenza della stampa e sulle difficoltà dei grandi innovatori, non fu la tattica a rendere speciale quell'esperienza con gli Spartans. La squadra, reduce da un 4-18 nella stagione precedente, era impresentabile da tutti i punti di vista, con un solo giocatore oltre l'1,90 e per di più scarso. Eppure in capo a due stagioni Newell diede a quel gruppo una mentalità difensiva incredibile, a forza di «Hands Up» e allenamenti massacranti, e il suo impatto non si limitò a quei 28 metri per 15.

Proprio in quel 1950 Michigan State mise infatti in campo il primo giocatore afroamericano della storia, Reginald Ayala detto «Ricky», arrivato denutrito da Brooklyn e ripartito da East Lansing con una laurea decisiva per un clamoroso successo nel mondo degli affari. Ayala rimase abbacinato da Newell quando l'anno prima riuscì a procurarsi miracolosamente un ingresso al Madison per l'NIT e vide la vittoria dei Dons guidati da Rene Herrerias. Essendo alto 1,67 come l'oriundo messicano decise sul posto che avrebbe giocato a tutti i costi per quell'allenatore che non discriminava i piccoli. Quando espose la sua volontà a Pete si sentì però rispondere che con quei voti avrebbe potuto frequentare al massimo il riformatorio, altro che Michigan State. «Se li rendo accettabili mi prende a giocare per lei?» chiese Ayala, senza rendersi conto che quell'impegno preso per puntiglio avrebbe cambiato tutta la sua vita. La risposta affermativa di Newell mise in moto la catena di eventi che portò il futuro amministratore delegato di grandi ospedali a diventare il primo afroamericano a laurearsi a Michigan State in *Hotel management*, specializzazione scelta direttamente dal suo allenatore.

La storia di Ricky Ayala sembra tratta di peso da *Cuore*, ma non sarebbe completa se non comprendesse quanto accadde nel '53-54, l'ultima stagione di Newell a Michigan State. La squadra sembrava finalmente pronta a fare il definitivo salto di qualità ma un problema al cuore (con la minuscola) indusse Dick Wiesling a fermarsi. Ayala divenne quindi decisivo per le sorti della squadra, di cui era già capitano in quanto senior. Il suo ball-handling, che gli avrebbe fruttato un contratto con i Globetrotters, e la tenace difesa sulla palla lo rendevano insostituibile. All'epoca la Big Ten aveva però una regola che toglieva l'eleggibilità ai giocatori bocciati anche in una singola materia, indipendentemente dal profitto complessivo. Ayala era uno studente-modello ma il professore di ragioneria, Mister Lawrence, lo prese di punta e a metà dicembre gli affibbiò l'insufficienza. Newell provò in tutte le maniere a far recedere Lawrence, senza risultati. Ayala, disperato, si recò nonostante i venti gradi sotto zero a casa del rancoroso professore, che lo lasciò fuori dall'uscio a perorare la sua causa. Il piccolo brooklynese spiegò che senza l'eleggibilità avrebbe perso la borsa di studio e quindi la possibilità di laurearsi, oltre che di essere scelto dall'NBA, ma l'irremovibile Lawrence gli chiuse la porta in faccia, nel vero senso della parola. In quel college dove pure aveva lavorato in strutture ben più funzionali di quelle dei gesuiti della Baia Pete non sarebbe rimasto oltre: qualcosa si era rotto definitivamente.

Al momento della partenza il coach mise in valigia parecchi elementi che ancora oggi fanno parte del bagaglio culturale degli allenatori di tutto il mondo. Tutte cose perfezionate assieme al fido assistente John Benington, suo ex-giocatore a USF e nel 1962 co-autore di *Basketball Methods*, la Bibbia definitiva di chiunque si voglia dire allenatore di pallacanestro. Newell e Benington erano piuttosto avanti nell'analisi del Gioco, come dimostrano le parole del primo ricordando quegli anni.

Quando allenavo a East Lansing ho sempre insegnato il valore del possesso. Mettevo i titolari in difesa e le riserve in attacco, e giocavamo a dieci punti. I titolari dovevano pressare e ogni volta che forzavano una palla persa guadagnavano un punto, cioè il valore di un possesso. Invece che continuare a dire loro di non perdere la palla volevo che capissero quanto è bello recuperarla, in modo da apprendere la lezione in positivo. Ammonire i tuoi giocatori sulle cose che non devono fare è il motivo per cui così tante partite decisive vengono perse da squadre paralizzate dalla paura.

Non so voi, ma io quest'uomo lo amo, e vi giuro che mi commuovo ogni volta che rileggo queste cose così semplici e profonde al tempo stesso. Newell è l'allenatore che quando un suo titolare si lamentò dei ferri e del tabellone lo sostituì con uno assai più scarso, perché il pensiero negativo è l'anticamera della sconfitta. Come ha detto Sonny Means, suo capitano a Michigan State nel '52, era avanti di quarant'anni anni, e forse ha anche errato per difetto. No, uno così non poteva rimanere a Michigan State, era il momento di sognare la California.

Per California intendiamo University of California. Se mai siete capitati a Berkeley, codice postale 94720, e non avete amato l'atmosfera che si respira ho paura che non abbiamo moltissimo da dirci. Newell, per respirare quell'atmosfera, rinunciò a un quarto dello stipendio che percepiva a Michigan State. Beh, penserete voi, chissà che squadrone trovò. Nossignori, la sua prima stagione con i Golden Bears si chiuse con 9 vittorie e 16 sconfitte. Il record nella Pacific Coast Conference? 1-11, con le tre fortissime avversarie, USC, UCLA e Stanford, affrontate a rotazione quattro volte.

I Bears vinsero solo una delle ultime quindici gare disputate, 58-57 contro USC con un missile di Bob McKeen da centrocampo. Mettiamo un attimo in «pause» la vicenda: se dovessimo fermarci qui parleremmo di un allenatore che in cinque stagioni ha vinto 54 partite e ne ha perse 58. Cioè, secondo la cultura prevalente, di uno di cui dovremmo aver letto, visto e sentito almeno venti volte il nome e l'immagine vicino a titoli come «Panchina in bilico», «Ultima spiaggia per Newell», «Newell traballa, pronto Pinco Pallino» e via discorrendo. Non voglio sostenere che tutti gli allenatori siano uguali, perché non lo sono. E nemmeno che tutti gli esoneri siano fuori luogo, perché non è vero. Solo che qualsiasi valutazione basata esclusivamente sul risultato è sbagliata per definizione, in quanto incompleta. La barzelletta che «bisogna» mandar via l'allenatore perché lo vuole la piazza, perché non si possono mandar via dodici giocatori o perché ha perso lo spogliatoio è una patetica fuga dalle responsabilità. Chi lascia decidere ai risultati sappia che Gregg Popovich a Pomona-Pitzer ha fatto una stagione da 2-22 e che Phil Jackson è stato battuto da vari Carneadi in CBA e a Portorico. E poi oltre i risultati c'è l'uomo con il suo spessore. Newell avrà pure perso sedici gare nella prima stagione, ma fece anche il diavolo a quattro per difendere i diritti dei suoi giocatori afroamericani a non essere discriminati al momento di cercare un alloggio decente. In quel 1955, nonostante Bill Russell, K.C. Jones e Hal Perry avessero dominato la stagione precedente a un ponte di distanza, si riteneva normale che i neri non godessero degli stessi diritti dei bianchi. Secondo la vulgata del tempo un allenatore che si immischiava in queste vicende, oltretutto senza neppure un record vincente, era un mezzo pazzo. E invece era solo un brillante genio che precorreva i tempi in campo e fuori, come il futuro avrebbe dimostrato da lì a non molto.

Nel '55-56 i Bears rivoltarono la frittata vincendo 17 delle prime 21 partite prima di perdere le ultime quattro. Nel 1954 Newell aveva detto «è meglio che gli avversari si divertano ora, perché presto vinceremo la conference», e ora quelle parole suonavano assai meno illogiche. Di quella stagione si ricorda la creazione dei «Blues», ovverosia una sorta di squadra «B» che in gergo si chiama Junior Varsity (JV se parlate per acronimi). I cinque giocatori di questo terzo gruppo di merito avevano ogni giorno la possibilità di affrontare sia il primo sia il secondo quintetto in allenamento, e la regola della casa era che se rimanevi per almeno tre stagioni ti veniva garantita una presenza in quintetto-base per una partita. Per rispettarla Pete perse delle gare importanti, e altre le perse per punire con la panchina i ritardatari. Ancora una volta è la profondità della visione a lasciare basiti: il mondo è pieno di allenatori (e capi-ufficio, capi-reparto, capi-qualsiasi cosa) accondiscendenti o rigidi a priori. Meno pieno, aggiungerei purtroppo, di allenatori e capi che decidono se utilizzare bastone o carota a seconda di quel che è giusto, mettendoci la faccia. E che hanno ben chiaro che perdere una battaglia per vincere la guerra è strategia vincente.

Quante volte ci siamo sentiti dire «animo, non buttarti giù di morale» e abbiamo pensato che avrebbero dovuto dirci come fare? E quante volte lo abbiamo chiesto noi agli altri senza spiegare con quali modalità riuscirci? Il ragionamento di Newell era che invece il morale vada programmato e allenato come tutto il resto. Ne consegue che dare un premio a chi si è veramente impegnato, come i Blues, è una scelta vincente anche se ti fa perdere una partita. E lo è anche rispettare le regole di comportamento uguali per tutti, superstar o riserve che siano. Per spiegarmi meglio uso le parole di uno che conosce molto bene il tipo di lascito che Pete ha fatto al Gioco, tale Gregg Popovich.

> Per noi è facile capire chi è adatto alla nostra organizzazione e chi no. Cerchiamo gente di carattere, ma che diavolo significa avere carattere? Significa andare oltre il proprio ego, e dopo 4-5 minuti che parlo con una persona ho già capito se pensa a se stesso o capisce di essere la tessera di un puzzle. Vogliamo gente che partecipi, che non abbia problemi a esprimere dissenso. Gente che sappia gestire informazioni e non prenda mai le cose sul piano personale, perché altrimenti si crea un muro tra management e staff tecnico e tutti si danno la colpa a vicenda.

Ieri come oggi il morale si costruisce e non ha a che fare con l'equilibrio chimico degli uomini bensì con la cultura che respirano, che va allenata come attacco e difesa. Tutto questo non significa che con i diagrammi Newell ci pigliasse poco, anzi. Per non subire le stoppate di Bill Russell, fonte di inaudito scoramento all'epoca, utilizzò una variante della *reverse-action* in cui si attaccava solo sul lato opposto al futuro centro dei Celtics e lo si teneva impegnato su quello che era diventato il lato debole con una serie di blocchi. Una tattica che all'epoca era ancor più inaudita di quelle stoppate, e che contiene *in nuce* quel concetto di attività offensiva sul lato debole che rende oggi piuttosto valido il sistema offensivo di un'altra squadra di San Francisco, quella con la scritta «Warriors» sul petto. In quella gara contro i migliori Dons di sempre Newell si superò per inventiva. Per scoraggiare il temibile pressing degli avversari istruì l'uomo che marcava K.C. Jones a scappare avanti non appena partiva un tiro, oggi lo si definirebbe «leaking», per allontanare dal pallone il futuro allenatore dei Celtics. Per un po' il giochetto funzionò ma poi Jones capì che la sua pressione avrebbe impedito il passaggio all'uomo rimasto libero. Con un parziale di 15-0 USF andò al riposo avanti 20-16, e al rientro in campo Asplund uscì per falli costringendo Newell a mettere in campo Joe Hagler, un giocatore che dava il meglio di sé a ritmi bassi. Pete chiamò subito quello che oggi definiremmo un isolamento per lui, marcato da Russell, e quando coach Woolpert ordinò a Bill di stare lontano dal poco pericoloso avversario, per 90 lunghissimi secondi la palla rimase nelle mani del centro dei Bears senza che succedesse alcunché. Dopo quel minuto di stallo California segnò il canestro del meno tre, prima di subire due liberi. La situazione si ripresentò quindi identica, quattro attaccanti e cinque difensori sul lato debole fermi ad aspettare che Hagler decidesse cosa fare con la palla in mano, con quattordici minuti sul cronometro. A Woolpert, in vantaggio, tutto sommato la cosa stava bene. A Newell ancora meglio però, perché gli dava una chance di giocarsela nel finale senza dover affrontare il pressing asfissiante di San Francisco. Risultato: per 8 (otto) minuti nessuno si mosse.

Sul lato debole c'era chi faceva stretching e chi chiacchierava in mezzo all'area Russell aspettava e al prolungamento della linea di tiro libero Hagler stava fermo con la palla in mano, cercando di non muovere quel piede perno che gli arbitri curavano con maniacale attenzione nella speranza di liberare gli spettatori paganti da quell'incubo. Solo che con il passare dei minuti, invece di annoiarsi, i predetti spettatori capirono che di quella partita si sarebbe parlato anche negli anni a venire e la presero benissimo, tranne qualche esagitato che si avvicinò ad Hagler per vedere se provocarlo avrebbe sortito l'effetto di farlo muovere. Uno dei pochi episodi sportivi che si possano paragonare ebbe luogo al Velodromo Ganna di Masnago (Varese) il 27 luglio del 1968, quando durante la semifinale dei campionati italiani di velocità Giovanni Pettenella e Sergio Bianchetto diedero vita al record mondiale di surplace in una gara ufficiale. Chi come il sottoscritto seguiva la diretta curata dal leggendario Nando Martellini ricorda bene l'imbarazzo del telecronista costretto a raccontare il nulla mentre i tifosi entusiasti urlavano «o-ra, o-ra» sentendosi testimoni della Storia. Dopo 63 minuti e 5 secondi Bianchetto crollò a terra e dovette essere rianimato con i sali, mentre Pettenella guadagnava l'accesso alla finale come apprendemmo il giorno dopo dai giornali, poiché la RAI sospese la diretta causa esigenze di palinsesto. Alla Harmon Gym in quel 1956 le cose furono, fortunatamente, meno lunghe e drammatiche. Dopo otto minuti durante i quali Hagler si limitò a un passaggio per vedersi la palla immediatamente restituita, Newell chiamò time-out permettendo a tutti di sgranchirsi le gambe e mise in campo Washington, buon tiratore, al posto di Hagler. Le squadre ripresero posto sul terreno, Washington prese la palla al gomito e Russell ripeté la difesa passiva. Stavolta Washington approfittò della libertà per tirare, sbagliando di un nonnulla, e la gara si chiuse infine 33-24. Dopo quella lunghissima partita a scacchi l'NCAA avrebbe inserito la regola che obbligava gli attacchi a fare un movimento verso il canestro ogni dieci secondi, esattamente come la UCI, la Federazione Internazionale di Ciclismo, dopo i fatti di Varese ridusse il tempo dei *surplace* fino ai 30 secondi odierni. Con grande beneficio, nei due casi, di giocatori, velocisti, spettatori e palinsesti.

Quando California si radunava per l'inizio degli allenamenti a settembre l'uso dei palloni era severamente proibito. Newell metteva la squadra nelle mani di Don Bowden, primo americano sotto i quattro minuti nel miglio e studente a Berkeley, e il gruppo usciva di corsa dal Memorial Stadium per inerpicarsi sulle colline retrostanti. Bobby Wendell, il peggior corridore del gruppo, stava in fondo, mentre il migliore, Darrall Imhoff, dettava il ritmo della corsetta giornaliera di otto chilometri, perlopiù in salita o forte salita. Forma e spirito di corpo crescevano di corsetta in corsetta, ma Newell in tempi moderni sottolineò un altro effetto di quel trattamento.

> È curioso, oggi con tutti i nutrizionisti, i preparatori e gli scienziati i giocatori si fanno molto più male di allora. Noi non abbiamo mai avuto un problema a ginocchia o bicipite femorale, e raramente alle caviglie. Eppure non facevamo stretching, e giocavamo con grande intensità.

Sul punto più duro della collina molti andavano in crisi come i velocisti sul Tourmalet ma tutti ci riprovavano, e alla fine del primo mese di allenamento il fondo che i Bears avevano immagazzinato bastava per tutta la stagione. Nelle due stagioni successive all'introduzione di questo metodo California vinse 40 gare e ne perse solo 14, aggiudicandosi due titoli di Conference come Newell aveva predetto. Merito di giocatori come Larry Friend, Earl Robinson e Duane Asplund, delle corse in collina e dei venti minuti di «Hands up», ma anche di un sistema offensivo chiamato *reverse-action* su cui è il caso di tornare.

Di questo attacco lessi quindici anni fa in un bel libro di Bruce Jenkins, *A Good Man*, interamente dedicato all'incredibile vita di Pete Newell. Non è un libro di tecnica, eppure ricordo che leggendo le parole del coach sulla *reverse-action* ho provato qualcosa di particolare, una specie di epifania. Se Francesco Piccolo è diventato comunista al gol di Juergen Sparwasser nel '74 al Volkspartstadion di Amburgo, io sono caduto in deliquio per la tattica del basket leggendo quello che Pete Newell diceva per descrivere una cosa che non conoscevo. Da quelle parole usciva qualcosa di straordinariamente suggestivo, e per questo le riporto di seguito. NB: potrebbero essere state scritte stamattina da un allenatore vincente.

I nostri giocatori non si limitavano a eseguire la *reverse-action*, ma la capivano e ci credevano. Noi ribaltavamo la palla da un lato all'altro, costringevamo la difesa a muoversi lateralmente e così facendo aprivamo spazio vicino al canestro per servire un tagliante o il post basso, che poi avrebbe avuto a sua volta spazio per attaccare. Oggi, con il tiro da tre punti, ci sarebbe ancora più diritto di cittadinanza per questi princípi. Contro le difese aggressive bisogna usare i tagli in linea retta, mentre contro quelle più morbide va utilizzato il movimento laterale. Con la *reverse-action* un bloccante, un tagliante e un passatore lavoravano insieme, sintonizzati sulla stessa lunghezza d'onda. Il bloccante poteva occupare tre diverse posizioni, a seconda della difesa sul tagliante. E il tagliante aveva diverse opzioni, tutte predicate sulla scelta della difesa. Al passatore insegnavamo a leggere il difensore esattamente come lo leggevano i due compagni. Ci lavoravamo ogni giorno, finché i giocatori non reagivano istintivamente, senza utilizzare troppo la lavagna. Oggi gli allenatori fanno mille segnali ma il basket è basato sui counter (contromosse a quello che propone la difesa, n.d.r.), bisogna vedere e reagire. Funzionerebbe oggi la *reverse-action*? Certo che sì, e comunque funzionerebbe meglio di quel *motion offense* che ha sempre lo stesso ritmo, gli stessi tagli, gli stessi blocchi e un numero di *counter* molto limitato. In più noi la giocavamo con tre diverse velocità di ingresso, utilizzando molto il passaggio skip da un lato all'altro.

La modernità dei princípi suesposti è incredibile: quelle parole raccontano cose che Newell faceva 60 anni fa e che i vari Spurs, Warriors, Panathinaikos, CSKA e chi volete voi di questa decade hanno fatto per vincere, come faranno le grandi squadre dei prossimi 60. Come quest'uomo abbia potuto capirle allora rimane un mistero, ma è affascinante vedere come il senso del Gioco rimanga intatto nel corso dei secoli. D'altronde, se amate il basket potreste non aver sentito parlare della *reverse-action* ma certo il triangolo laterale lo conoscete, e giustamente date a Tex Winter, altro visionario dello stesso stampo, la sua paternità. Proprio Winter però ci ha raccontato della biblica genesi del *triple-post offense*. Il primo seme venne gettato da Walter «Doc» Meanwell, allenatore inglese di Leeds che allenò a Wisconsin agli albori del secolo ed ebbe tra i suoi studenti il già citato Sam

Barry. Non finisce qui, perchè lo stesso Winter nel 2000 riconobbe che la vera origine del suo sistema va fatta risalire al *center opposite* di Jimmy Needles, perfezionato dai suoi due giocatori di Loyola Phil Woolpert e Pete Newell.

> La base del triangolo è la *reverse-action* di Pete Newell, e per giocarlo efficacemente servono giocatori che conoscano il concetto di squadra e siano disposti a svilupparlo nel corso degli anni, come ha fatto Michael Jordan.

Già, Michael Jordan, perché non si può vincere senza giocatori. «A meno di non chiamarsi Pete Newell» disse una volta Jerry Tarkanian sintetizzando la stagione '58-59 dell'università di California. Una squadra, quella, che vinse senza fuoriclasse, senza tiratori e senza afroamericani (e non certo per razzismo). In quintetto c'erano Bill McClintock, un cicciotto ex-marine, Bob Dalton, ala di 1,90 che al liceo segnava sette punti per gara, Darrall Imhoff, centro che venne proposto a Newell dalla zia perché il coach ne ignorava l'esistenza, Al Buch, ebreo che tirava piazzato a due mani e Denny Fitzpatrick, ingegnere dal cervello fino ma atleta ben sotto la media. Se siamo onesti, conosciamo solo uno di questi giocatori (Imhoff) perché il 2 marzo 1962 alla Hershey Sports Arena Wilt Chamberlain gliene stampò 100 in faccia, inducendo Fitzpatrick a mandargli un telegramma con la dicitura «Congratulazioni per l'ottima difesa». Degli altri sappiamo che tre, il faceto Fitzpatrick, Buch e Dalton, sono diventati milionari, e finisce lì. In quella stagione il primo quintetto degli All-America comprendeva Oscar Robertson e Jerry West ma anche Bailey Howell, Bob Boozer, Bob Ferry, Bill Bridges o Rudy LaRusso erano giocatori che a California potevano giusto sognare. Con il roster di quella stagione per non finire sotto il 50% doveva andare tutto per il verso giusto. A meno di non chiamarsi Pete Newell.

I Bears chiusero la regular season con un solido 21-4, ma neppure vincere le ultime dodici gare consecutive permise loro di entrare tra le Top Ten del ranking. Nel break di fine gennaio Newell vietò per dieci giorni ai suoi giocatori l'accesso alla palestra, anche a costo di sacrificare un po' della loro condizione. Sempre per quel discorso del morale, alla ripresa delle operazioni utilizzò solo le riserve nella vittoriosa gara contro Santa Clara, dopo che per dare loro spazio aveva già perso sul filo contro la Kansas State di Tex Winter. La flessibilità si manifestava anche nel permettere ai giocatori di usare tra di loro un gergo basato sull'inversione delle sillabe delle parole, in modo da escludere il resto del mondo dal loro codice. Oppure nell'accettare un costante contraddittorio con Dick Doughty, centro di riserva arrivato a Berkeley senza borsa di studio che sfidava Newell su qualsiasi terreno. Nel già citato capolavoro del 1962, *Basketball Methods*, il coach elencò i suoi convincimenti alimentari con siffatta precisione.

- Massima puntualità
- Tempo limitato per stare a tavola
- Proibire il latte nelle otto ore antecedenti la gara
- Scoraggiare pasti pesanti nelle quattro ore antecedenti la gara
- Scoraggiare gli spuntini tra i pasti
- Proibire il fritto

- Limitare burro e caffè
- Se possibile mangiare sempre le stesse cose il giorno della partita
- Se qualcuno lascia del cibo nel piatto, cercare di capirne il motivo
- Fare esercizi leggeri dopo il pasto per favorire la digestione
- Incoraggiare una discussione non impegnativa durante il pasto
- Camicia e cravatta obbligatorie se si mangia in un hotel
- In caso di silenzio, tocca al coach animare la discussione

Tutti aderivano religiosamente a questi (e agli altri millanta) princípi newelliani, con la notabile eccezione di Doughty, la cui tipica conversazione a tavola con il coach era la seguente.

NEWELL: «Dick, devi mangiare anche la verdura, non solo la bistecca»
DOUGHTY: «E perché mai?»
N: «Per bilanciare la dieta»
D: «Parli tu che vai avanti a sigarette e caffè»
N: «Ma serve per la tua crescita»
D: «Pete, io sono 2,03. Tu quanto sei alto?»

Oltre all'irriducibile Doughty, la panchina era di livello assoluto. Joe Kapp, futuro quarterback dei Minnesota Vikings al Superbowl, aveva abbandonato il basket per dedicarsi esclusivamente al football ma c'erano grandi atleti come Bernie Simpson, campione NCAA di baseball nel '57, Jack Grout, Tandy Gillis, Stan Morrison e Jim Langley, una forza della natura che più tardi avrebbe visto una promettente carriera da professionista del golf interrotta da un terribile incidente. E poi Ned Averbuck, figlio di un custode anarchico di East Los Angeles il quale, nelle pause tra una pulizia dell'androne e l'altra, leggeva Marx ed Engels. Ned voleva andare a USC o UCLA ma il padre gli impose California, affascinato dai metodi di quel professore di pallacanestro che poteva aprire la mente del figlio ben oltre lo sport. Nessuna delle riserve segnò più dei 5,5 punti di media di Grout, ma parlare solo dell'attacco di quella squadra sarebbe di un'ignoranza crassa e agreste. I Bears segnarono meno di 64 punti di media, anche perché con il limitatissimo talento a disposizione non potevano mica giocare ai ritmi dei Suns di Nash. Agli avversari però di punti ne concessero 51 di media, mettendo in campo una difesa leggendaria costruita in allenamenti di inusitata intensità. Uno degli esercizi più temuti era «Repeat», dall'espressione che Pete utilizzava per azzerare il conto dei canestri fatti nelle discese a cinque. Se giocate o lo avete fatto, siete certamente familiari con l'effetto che fa sbagliare il tiro che farebbe terminare l'esercizio costringendo tutti a ripartire da zero. Beh, sappiate che anche questo metodo viene da Pete Newell e dalla sua inesauribile valigia delle conoscenze.

Quando i Bears arrivarono al Torneo NCAA del 1959 ebbero la chiara sensazione che la considerazione nei loro confronti non fosse, come dire, elevatissima. *Sports Illustrated* mise in fila le 16 partecipanti e valutò che California fosse la quindicesima. Nonostante le 21 vittorie il ranking nazionale vedeva i ragazzi di Newell al numero 11 e nessuno considerava la possibilità che quegli sconosciuti potessero fare strada. Eppure le prime due gare furono una passeggiata. Giocare a poche miglia da casa, al solito Cow Palace, ebbe un effetto energizzante sulla squadra, che con una difesa dominante superò Utah 71-53 e St. Mary's 66-46. All'epoca le palle perse non facevano parte delle statistiche ufficiali ma

Newell assicura che quelle compilate dal suo staff riportavano l'incredibile cifra «1» nel combinato di quelle due partite. Il premio per quelle vittorie fu la possibilità di sfidare a Louisville, nella semifinale nazionale, la Cincinnati dell'immenso Oscar Robertson. I Bearcats avevano segnato più di 84 di media in stagione, 33 dei quali grazie alle magie di «Big O». Per tutti California era una banda di sconosciuti, e Pete e l'amata Florence se ne accorsero quando andarono a prendere un caffè nel bar dell'albergo la sera prima della gara. In mezzo al locale c'era un tale che stava spiegando a un folto gruppo di astanti quale brutta fine i Bearcats avrebbero fatto fare a quei polentoni di California e al loro basket al rallentatore. Newell si avvicinò e chiese a uno dei presenti chi fosse quel signore così accalorato, ottenendo in risposta il nome di Ed Jucker, cioè il primo assistente di George Smith a Cincinnati. Jucker, che avrebbe poi condotto i Bearcats a due titoli NCAA nel '61 e nel '62 utilizzando una larga parte del sistema di Newell, non sapeva neppure come fosse fatto l'avversario che avrebbe affrontato di lì a poche ore, eppure lo derideva pubblicamente. Pete riuscì a fatica a convincere Florence a non attaccare briga con quell'impertinente e per tutta la giornata successiva giocò sull'episodio. «Forse dovremmo chiedere all'NCAA di annullare la gara» continuava a dire sornione, dimostrandosi un maestro di psicologia con pochi uguali.

Senza neppure chiedere il permesso al rettore portò a Louisville i «Cannon Fodder Five», il terzo quintetto della squadra, che seguì le gare in borghese dalla panchina perché solo in dodici potevano andare a referto. Con loro venne unilateralmente invitata anche la Straw Hat Band, la banda del college, che a seguito della cancellazione del volo da Chicago giunse a nove minuti dalla palla a due della semifinale dopo una disperata corsa in pullman con tanto di scorta della polizia. Non di sola psicologia era però fatto il game plan. Il fido Rene Herrerias aveva preparato con grande cura le schede individuali degli avversari, un compito un filo più difficile allora perché gli eventuali video erano in Super 8 e le varie Synergy e compagnia non esistevano. Newell, conscio del pericolo-scommesse, vietò qualsiasi telefonata in arrivo e partenza dallo Sheraton-Seelbach e intimò ai giocatori di piazzare tutti i biglietti-omaggio entro 24 ore dal loro arrivo per eliminare ogni distrazione. Tex Winter dichiarò a un giornale locale che nonostante Robertson avrebbe vinto California perché più solida, più equilibrata, migliore in difesa e con un Imhoff in grado di fare la differenza, ma tutti lo presero per matto. Quando le squadre si trovarono a centrocampo, Bob Dalton pensò di mostrare a Oscar Robertson quale fosse il suo grado di fiducia e si avvicinò al totem da Indianapolis dicendogli con aria innocente e sorriso angelico: «Ciao, mi chiamo Dalton. Tu come ti chiami?» Da qui in poi, meglio far parlare Newell e Robertson attraverso quanto raccontato nelle rispettive biografie.

NEWELL: La nostra idea era quella di pressare Robertson, perché Herrerias aveva notato che contro le difese aggressive Oscar portava la palla oltre la metà campo. Sperare di rubargliela era impossibile, lui aveva la padronanza di un Magic Johnson, ma la nostra idea era quella di farlo lavorare con un pressing appena accennato. Quando cedeva il pallone lo anticipavamo fortissimo, e quando batteva o se-

minava il suo difensore qualcuno ruotava subito su di lui. Tutti e cinque i difensori dovevano in ogni momento averlo nella propria visuale.
ROBERTSON: Pete Newell decise che io non li avrei battuti. Se giocavo sul perimetro mi raddoppiavano, se andavo in post basso mi giocavano davanti e gli altri zonavano dal lato debole, per cui dovevo vedermela con tre se non quattro avversari. I miei compagni erano liberi, ma Newell aveva deciso che loro potevano tirare con spazio, io no.
NEWELL: Oscar non segnò tanto perché gli lasciammo pochi tiri (sedici, cinque dei quali segnati, n.d.r.). Lui cercò di giocare all'interno del game-plan di Cincinnati senza forzare, e non provò mai a dominare la partita.
ROBERTSON: Newell fece tenere palla a lungo ai suoi attaccanti, in modo da ridurre drasticamente il numero dei possessi. Imhoff ci distrusse segnando 22 punti con 16 rimbalzi, io feci una discreta partita, con 19 punti, altrettanti rimbalzi e 9 assist. Non sono mai stato un solista, fin dalla scuola elementare mi avevano insegnato a passare la palla quando ero raddoppiato, ed è esattamente quel che feci.

Eh sì, proprio come Pete aveva previsto. I Bears segnarono i 64 punti della loro media stagionale, i Bearcats si fermarono a 58, 26 abbondanti sotto le abitudini, con un solo canestro dal campo di Robertson nella ripresa. California vinse tirando con il 36% scarso dal campo e meno del 58% ai liberi: c'è qualcuno ancora convinto che non sia davvero la difesa a vincere i campionati? Battendo Robertson e Cincinnati, Newell e California ebbero la possibilità di sfidare, con il titolo in palio, West Virginia e Jerry

West. Cioè l'uomo che compare stilizzato nel logo NBA e che in semifinale aveva segnato 38 punti con 15 rimbalzi contro i padroni di casa di Louisville, surclassati con un astronomico 94-79. All'epoca la finale si giocava ventiquattro ore dopo le semifinali del venerdì. Per Fred Schaus, allenatore dei Mountaineers, non era tanto un problema di recupero fisico quanto di preparazione della gara. Anche Schaus infatti, come gli avventori del bar dello Sheraton, era convinto che California non avesse una chance, e aveva quindi studiato quasi esclusivamente Cincinnati. Un piatto ricchissimo in cui ficcarsi per un motivatore come Newell, che intanto proseguiva con le sue pratiche poco ortodosse. Al pranzo pre-partita con bistecca di ordinanza i giocatori trovarono i trenta membri della banda e una dozzina di cheerleader, una delle quali familiarizzò a tal punto con Langley da sposarlo qualche mese più tardi. Ricordate la prima regola del decalogo dei pasti di *Basketball Methods*? Non si sta a tavola troppo, si arriva in perfetto orario e poi via a smaltire il pasto e riposare. Newell non aveva mai derogato a quella regola, ma fece uno strappo proprio prima della gara più importante della sua vita, un colpo di teatro degno di un grande regista.

Jerry West però era uno vero, anzi verissimo. Dopo nove minuti di gioco i suoi Mountaineers erano avanti 23-13, un punteggio inusuale per i Bears. Newell chiamò un time-out e fece tre sostituzioni in una volta. Dentro Bernie Simpson, Jack Grout e Dick Doughty, l'uomo con il quale bisticciava a tavola. Grout infilò subito un paio di tiri da fuori e finì con dieci punti, il doppio della sua media, ma fu Doughty a cambiare il match, ben al di là dei sei punti segnati. Il pressing dei Bears scompaginò l'attacco avversario tenendo West a secco per oltre otto minuti e producendo un parziale di 26 a 10 che mandò California al riposo avanti di sei. Secondo le statistiche ufficiose West Virginia aveva perso quattordici palloni, un numero strabiliante per la squadra di West e di Bucky Bolyard, il playmaker che aveva perso la vista dall'occhio sinistro in tenera età. Nel secondo tempo, cambiato l'asciugamano da mordicchiare, Newell riprese il discorso da dove lo aveva interrotto e Cal volò sul 49-36. Quello che pareva impossibile fino a mezz'ora prima, vincere il titolo nazionale, ora era a portata di mano per quell'improbabile squadra di semisconosciuti. La paura di vincere colpì un po' tutti, incluso il coach, che per una volta si dimostrò umano ordinando di far passare il tempo senza attaccare, un errore in una situazione del genere. In più West Virginia ricorse a un pressing furioso, raddoppiando la palla ogni volta che veniva portata verso la linea laterale dalla *reverse-action*, una tattica che colse obiettivamente di sorpresa Newell ed Herrerias.

Con tre minuti sul cronometro il vantaggio si era assottigliato a tre lunghezze, e la partita era ancora tutta da giocare. Nel momento del massimo bisogno però California sfoderò un possesso perfetto, nove passaggi senza mettere la palla per terra per costruire un tiro dai quattro metri segnato da Dalton. Un canestro di McClintock su rimbalzo d'attacco, due liberi di Bolyard e l'ennesima interferenza di Imhoff su un tiro di West, frutto di una rimessa dal fondo regalata agli avversari, apparecchiarono la tavola per il gran finale. Sul 69-68 Imhoff prese posizione in post basso ma vicinissimo alla linea di fondo, per dare una buona linea di passaggio al compagno. La palla arrivò precisa e il centro dei

Bears prese un tiro in semigancio molto facile, che però sbagliò perché l'angolo non gli permetteva di usare il tabellone. Lui e un compagno si gettarono a rimbalzo e Imhoff insaccò un tap-in di rara difficoltà per il più tre a diciassette secondi dalla fine. West Virginia impiegò parecchio tempo a segnare con Akers il canestro del meno uno, e quando Fitzpatrick, eroe di giornata con venti punti, sbagliò volontariamente il tiro libero, la sirena suonò senza che Jerry West potesse provare un tiro.

> WEST: Ricordo i problemi di falli di quel secondo tempo, il non aver potuto giocare quanto avrei voluto. Ricordo il tap-in di Imhoff, il canestro più fortunato che abbia visto in vita mia. E soprattutto ricordo l'ultimo pallone che cade nelle mie mani senza che possa prendere un tiro. Quello è stato l'inizio di qualcosa che mi ha seguito e tormentato per il resto della carriera: quando c'era una partita importante da giocare non volevo rivivere quella sensazione della Freedom Hall per nessun motivo.

Nello spogliatoio, mentre la banda suonava a tutto volume, Newell spiegava alla stampa il senso di quell'inattesa vittoria.

> Abbiamo dimostrato che il singolo non è la chiave del successo. Se tutto dipende da un solo giocatore viene meno il senso di appartenenza a una squadra e si creano gelosie e cattivi sentimenti. Voglio che i miei giocatori sacrifichino il loro successo personale per il bene della squadra, e siccome lo hanno fatto, la loro vita sarà migliore, perché basata su valori migliori. Ripensare a questa giornata sarà per sempre fonte di enorme soddisfazione per tutti loro.

La vittoria in quel campionato 1959 fece di Pete Newell un autentico eroe nazionale. A 44 anni non ancora compiuti era all'apice della parabola umana e professionale, riverito come un santone da giocatori, avversari, tifosi, giornalisti e semplici curiosi. Anche le medaglie più lucenti hanno però un'altra faccia, molto più oscura. In quei due giorni che cambiarono il mondo del college basketball Newell consumò quaranta tazze di caffè e sei pacchetti di Chesterfield. Cibo? Neppure a parlarne, non c'era verso che una briciola restasse nello stomaco. Il perfezionista che riusciva a sdrammatizzare per i suoi ragazzi tutte le situazioni, in privato definiva «camminata della morte» i pochi passi che separavano lo spogliatoio dal campo e «agonia» i quindici infiniti minuti prima della palla a due. Pete perdeva peso e sonno a vista d'occhio, e quelle rare volte che riusciva ad addormentarsi si svegliava di soprassalto urlando cose come «attento al tagliafuori, Imhoff!» spaventando la povera moglie. Il suo medico Del Minton, preoccupatissimo come Florence, gli disse senza mezzi termini che continuare così sarebbe stata una scelta suicida, nel senso più letterale del termine. I figli avevano abbandonato ogni velleità di rivolgergli la parola tra il giovedì pomeriggio e il sabato, salvo ritrovare il padre più premuroso e attento del mondo un minuto dopo la sirena e fino al giovedì successivo. E poi c'era un'altra cosa che lo rendeva nervoso: la fama. Quelle presenze forzate sul set da bambino gli avevano trasmesso l'odio per i riflettori e l'attenzione, e ogni volta che veniva acclamato dai tifosi o riconosciuto dai passanti per lui era una coltellata. Uno potrebbe pensare che la vittoria di Louisville sia stata fonte di pace, ma sarà meglio che quell'uno si ricreda. L'impreparazione di fronte al pressing a sorpresa dei Mountaineers fu fonte di severa auto-critica, e solo una vittoria contro West Virginia per 65 a 45 nel dicembre del '59, attaccando la difesa aggressiva alla perfezione e tenendo West a 1 su 5 dal campo, lenì in qualche maniera quella ferita ancora aperta.

Forse solo un uomo può davvero capire quello che Newell provava, Jerome Alan West. Lo stesso West che lasciò il campo in lacrime quella sera di dicembre, frustrato dalla difesa in anticipo di Tandy Gillis che non gli fece toccare palla. Anche lui aveva sognato di dimenticare una parte della finale ma il destino volle che Pete, così simile a lui, diventasse la sua nemesi. La parte razionale di West realizzava che quella sconfitta lo avrebbe migliorato perché gli avrebbe fatto capire che contro difese di quel genere bisognava mettere gli altri nelle condizioni migliori e vivere con le conseguenze. Al livello dei West e dei Newell però non esiste solo la parte razionale, anzi. «Un talento colpisce un bersaglio che nessun altro può colpire; un genio colpisce un bersaglio che nessun altro può vedere», ha detto Arthur Schopenhauer, spiegando bene perché alla lunga il genio soffre di solitudine. No, essere in campo o dietro la scrivania troppo a lungo è impossibile se sei un Newell o un West, devi mollare prima di impazzire o morire.

Dopo quella vittoria su West Virginia, la ventiquattresima di fila a cavallo di due stagioni, Pete ebbe modo di dichiarare che «una serie di vittorie ritarda il miglioramento della squadra, mentre una sconfitta fornisce voglia di reazione». Un discorso per nulla campato per aria, tanto che la sconfitta nella gara successiva contro USC diede il là a una nuova serie di diciannove vittorie, anch'essa però incapace di dargli piena serenità. Nel gennaio del 1960 Pete giunse all'unica logica conclusione possibile: per tornare a vivere doveva abbandonare la panchina. Lo avrebbe fatto al termine di quella stagione, come comunicò ai giocatori e agli amici più cari tacendo la circostanza al pubblico. La squadra non perse un colpo e arrivò alla Final Four battendo Idaho State, Santa Clara e Oregon con quasi ventitré punti di scarto medio. Nessuna delle tre malcapitate toccò quota cinquanta punti e per la seconda stagione consecutiva Cal fu la miglior difesa del paese con l'incredibile media di 47,9 punti subiti. Il gran ballo del college basketball si teneva per la prima volta a ovest di Kansas City, e giocare al Cow Palace per i Bears era come giocare in casa. In semifinale si ripresentò la sfida dell'anno precedente contro Cincinnati, reduce da un 27-1 in regular season grazie ai trentaquattro di media dell'imprendibile Oscar Robertson. Se nel 1959 i Bearcats potevano essere stati sorpresi da un avversario che conoscevano relativamente, stavolta California aveva tutta la loro attenzione. Il che non fece alcuna differenza, perché con Tandy Gillis nella parte di Bob Dalton la difesa cinque contro uno di Newell soffocò The Big O, tenendolo a 4 canestri dal campo (su 16 tentativi) per 18 punti. Le doppie doppie di McClintock e Imhoff garantirono a California un 77-69 senza ombre, mandando i Golden Bears in finale per la seconda stagione consecutiva. Niente rivincita con Jerry West però, perché West Virginia era stata eliminata da NYU nell'Eastern Regional, un'altra sconfitta che Mister Logo non digerirà mai. Tra California e il titolo ora c'era solo Ohio State, ma era un «solo» per modo di dire. I nomi di Jerry Lucas, John Havlicek e Larry Siegfried erano sufficienti per incutere timore, e la facilità con cui i Buckeyes avevano liquidato 76-54 in semifinale Satch Sanders e New York University erano garanzia di un valore assoluto. Fred Taylor, allenatore di Ohio State, aveva frequentato nell'estate precedente il clinic di Concordia, Minnesota, bombardando di domande il fresco vincitore del titolo NCAA. Fedele all'adagio «non ci sono segreti nel basket» imparato da Sam Barry, Pete era stato quanto mai prodigo di dettagli nell'illustrare i princìpi della sua difesa a Taylor. Quindi in finale California avrebbe trovato una squadra fortissima, con un allenatore che conosceva il suo sistema alla perfezione e che invece Newell ed Herrerias avevano appena visto giocare per la primissima volta: e fosse stato solo quello!

La semifinale contro Cincinnati era finita a mezzanotte passata e il traffico del venerdì sera tra il Cow Palace e Downtown rese le cose ancor più difficili, assieme alla chiusura del ristorante dell'albergo. I Bears si sedettero a tavola all'una e trenta in un posto di quarta a Market Street, per fare ritorno in albergo alle tre del mattino con una digestione complessa da affrontare. Quella nottata da tregenda ebbe l'effetto di far modificare all'NCAA il formato delle Final Four nella stagione successiva, aggiungendo ventiquattro ore di riposo tra semifinali e finali. Nel 1960 però la finale si giocava al sabato, e nonostante la sveglia alle undici a colazione Newell vide degli zombie al posto dei suoi giocatori. In campo, alla sera, fu anche peggio: Ohio State tirò con il 67% mandando in doppia cifra l'intero quintetto base, California ebbe un 2 su 15 dalla panchina e concesse un'orgia di lay-up agli avversari, un evento usuale quanto il passaggio di una cometa. I Buckeyes erano più forti, ma in altre circostanze i Bears non avrebbero mai perso 75-55. Quando Newell tornò in albergo sapeva che la notte sarebbe stata lunghissima, per la sconfitta e per la decisione presa a gennaio. Il rapporto intimo che aveva con lo stress era noto nell'ambiente, per cui Arthur «Dutch» Lonborg, pezzo grosso di Kansas e dell'NCAA, non si fece scrupoli a chiamare ben oltre la mezzanotte. Dopo le consolazioni di rito Lonborg venne al dunque, e in qualità di team manager olimpico gli propose di allenare la squadra universitaria All-Star che si sarebbe radunata il giorno dopo a Denver per i Trials olimpici. Pete disse che non se ne parlava nemmeno, ma Lonborg conosceva l'articolo e gli disse: «Fammi un favore, dormici sopra e poi domattina mi darai la risposta definitiva». Di chiudere occhio non se ne parlava, per cui l'unica cosa che restava era chiacchierare con Florence, l'unica in grado di far ragionare davvero quell'ammasso di nervi che era Pete Newell dopo le partite. Da una parte c'erano la voglia di relax e la difficoltà dei Trials. Dall'altra l'orgoglio di rappresentare il proprio paese e la chance di uscire di scena nella maniera migliore. Vinse l'orgoglio, ovviamente, e il giorno dopo Pete era a Denver. La sera andò a cenare in un ristorante italiano e spese una fortuna in nichelini per far suonare al juke-box, ininterrottamente, *Arrivederci Roma*. La voce di Mario Lanza che cantava «goodbye, goodbye to Rome» divenne la colonna sonora di quei giorni di duro allenamento, e anche i giocatori canticchiando sognavano di raggiungere la città del milione di caldi abbracci. Solo che la selezione della squadra e dell'allenatore era una faccenda ben diversa rispetto ad oggi.

Gli Stati Uniti entrarono a far parte della FIBA nel già citato Congresso di Lione del 1934 e la prima organizzazione che venne riconosciuta dalla Federazione Internazionale fu la Amateur Athletic Union (AAU). Da quel giorno vari enti avrebbero lottato strenuamente, senza successo, per conquistare il prezioso riconoscimento di FIBA e CIO. Proprio nei primi anni Sessanta la lotta divenne ancor più cruenta a causa del tentativo di varie componenti di matrice universitaria di togliere alla AAU un privilegio anacronistico. Solo nel 1972 però la FIBA revocò il riconoscimento alla AAU, e nel 1974 fu creato un nuovo soggetto, la ABAUSA (Amateur Basketball Association of the United States of America) con il leggendario Bill Wall come direttore generale, poi sostituita nel 1989 da USA Basketball, l'ente che ammise la NBA nel proprio seno.

Tornando a quel 1960, la situazione era piuttosto chiara: la AAU avvertiva la volontà dell'NCAA di minare la sua leadership e ne faceva la più classica delle questioni di controllo del territorio. La AAU controllava le date, i luoghi e gli arbitri dei Trials, e non a caso Newell, Jerry Lucas e Oscar Robertson dovettero raggiungere Denver direttamente da San Francisco, poche ore dopo aver giocato la Final Four. Nel 1948 il grande Adolph Rupp fu sconfitto dai mitici Phillips 66ers e dovette accontentarsi di fare da secondo a Omar Browning. Nel 1952 l'onore di allenare toccò all'oscuro Warren Womble, head coach dei Peoria Caterpillars, e il leggendario Phog Allen funse da vice per una squadra, tranne il compianto Clyde Lovellette, dominata dai giocatori AAU. Perfino lo squadrone che a Melbourne diede oltre 53 punti di scarto medio agli avversari, per quanto imperniato su Bill Russell e K.C. Jones, venne allenato da Gerald Tucker dei Phillips 66ers, con Bruce Drake (allenatore militare) come assistente. In quel 1960 il formato dei Trials venne modificato, portando il numero delle partecipanti da quattro a otto. La AAU ammise tre proprie squadre (ah, il sano e immarcescibile conflitto di interessi...), una formazione di militari con Adrian Smith, i NAIA All-Stars con il grande Zelmo Beaty, Ohio State in quanto campione NCAA e i College All-Stars di Newell con West, Robertson, Dischinger, Bellamy, Imhoff, Sanders e Arnette per citare solo quelli che poi avrebbero giocato a livello NBA. Per assemblare questa parata di stelle Pete ebbe ben due giorni, impiegati ad acclimatarsi il meno peggio possibile ai 1.600 e passa metri della Mile High City, scelta come sede del torneo per complicare ulteriormente il compito degli universitari. Per chiudere il cerchio, la formula venne sistemata in modo che i collegiali dovessero battere tutte e tre le squadre AAU per conquistarsi la Città Eterna.

Newell riuscì a malapena a spiegare ai suoi che l'unica maniera di vincere sarebbe stata giocare di squadra che si ritrovò in campo contro i leggendari Phillips 66ers. La vittoria dei collegiali per 96-79 mandò un segnale fortissimo a tutte le partecipanti, e il 103-88 contro Akron-Goodyear il giorno dopo, con ventinove punti di Robertson, confermò che non si trattava di un fuoco di paglia. La terza e ultima squadra da battere, i Peoria Caterpillars di coach Womble, era però la più difficile. I Caterpillars avevano demolito qualche giorno prima Akron per 115-99 nella finale del torneo AAU, con 30 punti di Bob Boozer e 28 di Don Ohl, due autentici fuoriclasse che assieme all'ottimo Allen Kelley formavano un trio eccezionale. In più gli All-Stars dovevano fare i conti con i blues del tormentato Jerry West, che dopo aver segnato dieci punti totali nelle prime due gare era entrato in una delle sue depressioni cosmiche. Pete se lo ritrovò davanti in centro a Denver, mani in tasca e sguardo assente. Jerry disse al suo allenatore che era triste perché aveva sognato per tutta la vita di andare alle Olimpiadi e dopo quelle due partite pensava di aver perso definitivamente l'occasione. «Niente paura – lo rincuorò Newell – il comitato ha già deciso che il quintetto base della squadra vincente andrà alle Olimpiadi in blocco, e io spero di riuscire a portare anche qualcun altro». L'incoraggiamento funzionò, assieme alla promessa di dare a West più spazio in attacco. Battere Peoria rimaneva però difficile.

I Caterpillars per l'occasione si erano rinforzati con Dan Swartz e soprattutto con Tom Meschery, ovverosia quel Tomislav Nikolayevich Meshcheryakov nato in Cina da genitori russi fuggiti durante la Rivoluzione che avrebbe poi giocato un All-Star Game NBA. Le voci di corridoio dicevano che Peoria avrebbe concentrato i suoi sforzi difensivi su Oscar Robertson provando a raddoppiarlo e intimidirlo fisicamente. Newell replicò brillantemente posizionando il centro in punta per creare spazio e farlo tagliare al ferro in caso di raddoppio. Un altro accorgimento vincente fu far giocare a due Oscar e West, attirando quindi il raddoppio dell'uomo di Jerry per dare a quest'ultimo ghiotte opportunità. Fu un massacro: 124-97 con 39 punti di West, 20 di Robertson alla faccia dei falli duri e 18 di Dischinger. Meschery e Boozer ne misero 33 in coppia, ma ormai i buoi erano scappati dalla stalla. Per la AAU fu un colpo durissimo ma i membri del Comitato di Selezione dissero a Newell che solo i cinque titolari sarebbero partiti per l'Italia. Pete rispose che in passato i membri della squadra vincente non erano mai stati meno di sei, per cui non avrebbe mai accettato di sedersi in panchina senza almeno sei dei suoi. Il tira e molla, condito da espressioni maschie, durò a lungo. All'allenatore venne infine permesso di suggerire sette nomi, dopodiché il comitato si riunì a porte chiuse per decidere il roster definitivo. Mentre Newell in corridoio fumava e beveva caffè ai soliti micidiali ritmi in lui cresceva la tentazione di rinunciare alla panchina, tanta era la rabbia di dover sottostare all'umiliante via politica alla formazione della squadra. Poi finalmente, verso le due del mattino, venne fatto entrare nella stanza e accomodare su una sedia di fronte al comitato come un teste reticente in una questura.

La prima domanda fu perché avesse messo in quintetto Imhoff al posto del più quotato Bellamy, e la risposta «perché l'allenatore sono io» mise subito le cose in chiaro. Un membro del comitato osò aggiungere che Bellamy era più forte di Imhoff, e Newell lo gelò dicendo che in quel caso lor signori avevano sbagliato la scelta del coach. Il silenzio si tagliava a fette e alla fine si scese a un compromesso. In squadra sarebbero entrati i cinque titolari e Bellamy, stop. Niente Satch Sanders, niente Jimmy Darrow (guardia da Bowling Green che aveva giocato un torneo favoloso) e niente Tony Jackson. Jerry Lucas aveva trovato un posto tra i dodici, negato invece a John Havlicek e Larry Siegfried sull'altare del Manuale Cencelli. Ai collegiali furono riservati sette posti totali, e neppure per stelle del calibro di Lenny Wilkens, Dave DeBusschere e Chet Walker si decise di far trionfare il merito. Adrian «Odie» Smith, futuro giocatore dei Cincinnati Royals, si aggiudicò il posto riservato alle Forze Armate, e Burdie Haldorson (Phillips Oilers), Lester Lane (Wichita Vickers), Allen Kelley e

Bob Boozer i quattro strapuntini AAU. «La più grande delusione della mia vita legata allo sport» definisce ancora oggi la non-convocazione John Havlicek. «La politica ha mostrato la sua doppiezza in una stanza fumosa» chiosò aulicamente Leonard Cahn sul *Rocky Mountain News* del giorno dopo.

Con ventotto giorni di tempo per prepararsi, le polemiche furono però archiviate in fretta. La squadra venne inviata a West Point per un training camp ben lontano dal glamour odierno. Quando i giocatori si recavano alla mensa invariabilmente trovavano le reclute sull'attenti da venti minuti con un paio di sergenti che gli urlavano nelle orecchie, senza che a loro fosse consentito muovere un muscolo. Newell non dovette insistere più di tanto sul concetto di disciplina, rinforzato in maniera efficace dagli emuli del sergente Hartman presenti in gran numero alla base. Dopo quel mese di sacrifici il gruppo partì da New York assieme alla squadra di atletica leggera alla volta di Ginevra, raggiunta al termine di quattordici ore di scomodo volo. Il senso del passaggio dalla nazione rossocrociata non fu chiaro finché qualche insider scoprì che gli svizzeri, pur di sfidare le stelle americane in amichevole, si erano accollati le spese del charter. Sabato 20 agosto gli USA demolirono 122-37 una raccogliticcia rappresentativa di studenti ginevrini. A Newell giocare andava comunque bene, non fosse altro che per familiarizzare con lo scivolosissimo pallone che sarebbe stato utilizzato a Roma, composto da diciotto spicchi di cuoio in luogo del pezzo unico in voga dall'altra parte dell'Oceano. Dopo un'altra amichevole-barzelletta a Lugano fu tempo di trasferirsi a Roma. Charter con posti speciali per gli atleti? Pullman Gran Turismo? Treno con carrozze riservate? Naaaaa.

Stavolta non pagavano gli svizzeri e gli strettissimi cordoni della borsa non permisero nulla di meglio che un bel viaggio in seconda classe, iniziato alle sei e mezzo del mattino alla stazione di Lugano.

Immaginatevi la scena: una dozzina di giganti disorientati in una terra che nonostante le gesta di Federale, Viganello e SAM Massagno non possiamo definire pazza per il basket. Naturalmente i giganti e i loro accompagnatori parlavano solo American English, e altrettanto naturalmente lo zelante personale delle FFS (Ferrovie Federali Svizzere) non andava oltre il dialetto ticinese. Le richieste di specifica rispetto ai posti da occupare si persero nei tentativi di supplire alle parole con i gesti, e la delegazione statunitense salì su un vagone a caso per non perdere il treno. Una volta a bordo la situazione divenne ancor più complessa: in mezzo a galline, agricoltori con il raccolto e varia umanità, i dodici giganti non sapevano dove andare. Il gruppone si muoveva ondeggiando paurosamente e intasando gli strettissimi corridoi in una scena apocalittica. Dopo dieci minuti, sudati come orsi, gli americani trovarono finalmente il proprio scompartimento, e alla fine il viaggio fu anche meno drammatico rispetto alle premesse iniziali. Qualcuno però per sgranchirsi le gambe si fece tutto il treno avanti e indietro, e con sommo dispiacere scoprì che in prima classe, belli come il sole, c'erano i membri della rappresentativa di atletica leggera. In quell'avventuroso trasferimento Oscar Robertson conobbe una realtà di cui non supponeva neppure l'esistenza. Le Alpi, la pianura padana, le valli e le colline lo stregarono come la nostra lingua, che cercava di apprendere con l'aiuto di un disco fin dall'inizio del ritiro a West Point. Abituato al paesaggio che vedeva sul treno tra Nashville e Indianapolis quando tornava a casa dopo aver visitato i nonni, il Bel Paese gli pareva ancora più bello di quello che è. «Al confronto Indianapolis è un po' piatta» dichiarò all'NBC appena arrivato nella capitale, battendo il record mondiale di *understatement*. Con grande soddisfazione la squadra americana prese possesso degli alloggi al Villaggio Olimpico, al lato di quel Corso di Francia creato per l'occasione. Newell era entusiasta dell'atmosfera e orgoglioso di rappresentare gli Stati Uniti in un consesso di quel livello, e per una volta anche lo stress della panchina sembrava meno gravoso nonostante le implicazioni extra-sportive di quei Giochi.

Per inquadrare quei giorni tra agosto e settembre del 1960, siamo a due anni dalla Baia dei Porci, in piena Guerra Fredda. Una sconfitta contro l'URSS in un gioco inventato dagli americani non era ritenuta accettabile (che poi Naismith era canadese, ma non stiamo a spaccare il capello in quattro). Nikolai Semashko, vicepresidente FIBA e pezzo grosso del Comitato Olimpico sovietico, si avventurò a dire che ormai il gap tra USA e resto del mondo si stava assottigliando, una dichiarazione che non sfuggì al callido motivatore che in Newell conviveva con il grande allenatore. Il secondo, mentre il primo lavorava di psicologia, cercava la maniera migliore di far giocare tutti quei campioni. Per creare movimento utilizzò in allenamento un esercizio che consisteva nel non permettere il tiro fino al suo fischio, che arrivava solo dopo una lunga teoria di passaggi, blocchi e tagli. Un altro accorgimento fu l'inserimento di Les Lane in quintetto per dare maggiore equilibrio alle rotazioni dalla panchina. Prima dell'inizio del torneo la federazione filippina, spalleggiata da diciannove consorelle, fece rimettere ai voti la comica proposta di vietare la partecipazione a Mondiali e Olimpiadi ai cestisti sopra l'1,85, proprio come nel 1936. Per fortuna stavolta non fu necessario un grande sforzo diplomatico per impedire che la patetica regola venisse sonoramente bocciata. A tre giorni dall'esordio, conscio di aver fatto quanto era necessario, lo scaltro Newell ordinò il rompete le righe: due giorni di assoluta libertà, che qualcuno utilizzò per visitare Parigi. Ancora una volta è impressionante la capacità di alternare rigore certosino e apertura mentale come solo i grandi possono permettersi di fare, incuranti di quello che diranno con il senno di poi i profeti di sventura del giorno dopo.

Di quelle Olimpiadi si ricorda la formula, tra le più arzigogolate di sempre. Le prime due classificate dei gironi preliminari da quattro furono ammesse alla seconda fase, mentre le otto eliminate si affrontarono in una fase a gironi per stabilire i piazzamenti dal nono al sedicesimo posto. Le otto della fase finale furono suddivise in due ulteriori sotto-gironi; le prime due passarono alle semifinali, mentre le escluse disputarono un girone all'italiana per la classifica dal quinto all'ottavo posto. Le semifinali furono disputate formando un sotto-sotto-girone e mantenendo validi i risultati della seconda fase. Le prime due disputarono la finale, mentre non fu giocata la finale per il terzo posto in quanto venne considerato il risultato in classifica del girone di semifinale. Chiaro, no? Una volta digerita la formula, più complessa di quella di Eulero-Cotes, l'ultimo ostacolo era il micidiale pallone italico che tenne Oscar Robertson, uno che avrebbe tirato con l'85% nella carriera NBA su quasi diecimila tentativi, al 68 % ai liberi. Un problema tutto sommato marginale, che lo stesso «Big O» risolse sentenziando che sarebbe stato utile appoggiarsi il più possibile al tabellone. L'esordio contro gli azzurri filò liscio come l'olio, dal 42-17 iniziale all'88-54 finale, con 17 punti di Adrian Smith e 16 di Oscar Robertson (17 per la squadra di Paratore ne fece Gianfranco «Dado» Lombardi). La seconda partita fu una passeggiata, e sul 78-14 contro il Giappone Newell decise di schierare una del tutto inedita zona 2-3. Ai giocatori che protestavano per la scelta venne fatto notare che l'umana pietà è un sentimento nobile, e il 125-66 finale (28 di Lucas) risultò molto più presentabile del massacro che si profilava con gli USA in pressing. Per darvi un'idea del divario che c'era, l'ottima Italia superò i nipponici 100-92 in una gara decisa dalle grandi prove di Gavagnin, Pieri e Riminucci. In mezzo tra due ciclo turistiche contro Ungheria e Uruguay, gli americani affrontarono la Jugoslavia di Korac, Daneu e Gjergja. Risultato: pronti, via 40-7. Finì 104-42 con Terry Dischinger a quota 16, 12 dei quali nei primi dieci minuti.

Per Newell avere un equilibrio tra i diversi realizzatori era un punto d'onore e il suo attacco democratico raggiunse l'obiettivo. Il 3 di settembre al PalaEur andò in scena il match che praticamente valeva la medaglia d'oro, quello tra URSS e USA imbattute a 5-0. Dopo la non-competitiva contro l'Uruguay un membro del Dipartimento di Stato entrò in spogliatoio e spiegò che la partita contro i sovietici non era come le altre, e che il Presidente aveva particolarmente a cuore che il risultato fosse favorevole. La formazione sovietica contava su tre grandi come Petrov, Volnov e Zubkov, oltre ai 2,18 per 153 chili del lettone Krumins, uno spauracchio per l'epoca. La tensione produsse un primo tempo a basso ritmo e punteggio, 35-28 per i ragazzi a stelle e strisce. West, che aveva perso il fratello David nella guerra di Corea del

1951, ancora una volta doveva fare i conti in campo con i suoi tormenti personali. Nell'intervallo Newell spiegò che continuare così avrebbe significato mettere il risultato nelle mani degli arbitri. Ergo, bisognava mettere la partita a nanna appena usciti dagli spogliatoi per non correre rischi. Detto, fatto: una raffica di palle perse sovietiche diede il là a un parziale di 28-4 che chiuse la faccenda. I 19 punti di West e i 16 di Robertson dimostrarono quali fossero le due punte di diamante della squadra, ma la forza del gruppo stava nella generale accettazione al 100% del proprio ruolo. Coach Stepan Spandaryan e il già citato Semashko avrebbero pagato quella sconfitta con la più classica delle epurazioni sovietiche, e il mondo del basket non avrebbe mai più sentito il loro nome.

Nella penultima partita, potremmo chiamarla semifinale ma non sarebbe corretto, gli USA ritrovarono l'Italia. Stavolta Lombardi si superò facendone 23 ma gli azzurri si fermarono a 81, esattamente i punti segnati in combinata dal meraviglioso poker Lucas-Robertson-West-Dischinger. Sommando il contributo degli altri gli USA chiusero a 112 guadagnandosi la finale, stavolta sì, contro il Brasile, peraltro battuto quel giorno dall'URSS. Dopo il successo la squadra uscì dagli spogliatoi con il morale alle stelle ma ebbe l'amara sorpresa di non trovare ad aspettarla nessun pullman. Con le pur modeste nozioni di toponomastica capitolina di cui disponeva Newell capì che farsela a piedi dall'EUR a Corso Francia non era un'ipotesi plausibile, e vagabondando nel piazzale trovò un autobus da requisire. Più che lo smozzicato «Olimpico Villagio» pronunciato in gramelot poté l'italica fantasia del driver, che immaginò dove fossero dirette dodici persone di quell'altezza.

Solo che l'autista era tanto intuitivo quanto pigro, e lasciò i suoi improvvisati clienti a qualche centinaia di metri dall'ingresso del Villaggio, in cui West e soci entrarono alle due del mattino del 9 settembre dopo una bella scarpinata. Nel frattempo Pete aveva scoperto l'inghippo: i membri dell'odiata AAU avevano preso il pullman della squadra per la fretta di rientrare, senza preoccuparsi di giocatori e allenatori. Newell mandò a letto i giocatori e poi, menando calci come un mulo contro le rispettive porte delle stanze, tirò giù dal letto tutti i fenomeni dell'AAU. I quali, allineati in corridoio come in un rastrellamento notturno, subirono l'ira funesta del Petide punteggiata da parecchi vaffanculo a uso e consumo dei giocatori che ascoltavano soddisfatti dalle proprie camere.

L'episodio rinsaldò ancora di più il gruppo, e la finale contro il Brasile del giorno 10 fu poco più di una formalità. I sudamericani erano superiori per la qualità dei nomi, da Mosquito e Rosa Branca a Boccardo e Sucar. A basket però non c'era storia, e storia non ci fu: con 23 punti di Jerry Lucas e undici uomini a punti gli USA vinsero 90-63 chiudendo trionfalmente l'avventura iniziata a Denver davanti al juke-box. Newell festeggiò l'oro con un commento da cui traspariva la sua capacità di guardare oltre il banale, si parlasse di basket o di altro.

> Mi pare che lo stile delle squadre che abbiamo incontrato rispecchi il sistema politico delle rispettive nazioni. I russi sono regimentati, solidi, hanno la mentalità di chi va a lavorare e non a giocare. I sudamericani corrono e segnano ma sono indisciplinati e non vogliono essere disturbati da banali necessità come quella di difendere. I giapponesi

sono sistematici e le individualità non hanno spazio per esprimersi. Italiani e francesi giocano come se si fossero incontrati per la prima volta in spogliatoio, e ogni volta che c'è un errore tutti scrollano le spalle dicendo che non è colpa loro. Noi ci abbiamo messo la gioia e il divertimento, quello che è mancato all'URSS.

Non lo definirei un capolavoro di *politically correct*, ma non si può negare che ci sia una base fondata in ogni asserzione. Prima di intonare davvero «Arrivederci Roma» ci fu il tempo per un ultimo bilancio di quella campagna: otto vittorie su otto, cinque uomini in doppia cifra di media, quasi 102 punti a partita, meno di 60 subiti, un margine di vittoria superiore ai 42 punti. Pur assaporando la gioia di lasciare la professione con un risultato del genere, in mezzo a quelle trionfali vittorie Pete vide qualcosa che dodici anni più tardi lo avrebbe fatto sembrare, ancora una volta, sciamanico.

Abbiamo messo in campo la miglior squadra di sempre ma gli altri paesi si stanno avvicinando. Prima o poi dovremo fare più attenzione a come selezioniamo la squadra olimpica, oppure ci lasceremo le penne.

Il dopo-Olimpiadi doveva essere tutto in discesa: ritorno in patria da eroe, un po' di relax e quindi il prestigioso ruolo di Athletic Director a California, con squadre di basket, football e baseball di altissimo livello. E invece andò tutto storto. Berkeley divenne un laboratorio rivoluzionario, e se nelle classi sembrava che nulla fosse cambiato fuori nulla era uguale a prima. Gli attivisti del Free Speech Movement, gli oppositori della guerra in Vietnam e le femministe presero in mano il campus, relegando lo sport a un ruolo di inferiorità. Newell, figlio di un'altra epoca e radicale nella sua fedeltà al paese, era uno dei tanti quarantenni che non era disposto a tollerare i modi della protesta, pur condividendo buona parte delle istanze. Mentre i telegiornali mostravano la Berkeley dei lacrimogeni la squadra di basket andava a picco sotto la guida di Rene Herrerias, alle prese con una situazione più grande di lui. Le università concorrenti avevano buon gioco nel dire ai genitori degli atleti più promettenti che mandare il proprio figlio a California avrebbe significato vederlo tornare a casa hippie, comunista o drogato. Per rimanere competitiva nel *recruiting* Cal assunse Jim Padgett, modesto stratega che però aveva grande affinità con gli atleti, soprattutto quelli appartenenti alle minoranze. Nel 1967, con la squadra in caduta libera, Padgett reclutò Bob Presley, afroamericano cresciuto in abietta povertà a Birmingham, Alabama. All'epoca il campus di Berkeley annoverava solo duecentoventisei studenti neri, molti dei quali direttamente provenienti dall'Africa, su una popolazione totale di trentamila. La giustificatissima rabbia degli afroamericani mancava di una leadership all'altezza, e l'esplosiva combinazione tra i due fattori espresse il proprio potenziale negativo attraverso Presley, persona tormentata dai demoni di droga e alcol e senza il background necessario per gestire un ruolo del genere. Mentre Presley si faceva crescere in testa quell'afro simbolo di ribellione, dentro la squadra montava una rivalità tremenda tra lui e Russ Critchfield, uno dei dieci bianchi del roster. All'esplosiva situazione serviva solo una scintilla per detonare.

Presley e Trent Gaines, bianco, saltarono un allenamento e vennero tenuti fuori dal quintetto nella gara successiva da Herrerias. Presley venne poi sospeso a tempo indeterminato a differenza di Gaines, provocando l'inevitabile reazione degli attivisti neri del campus. Questi ultimi strumentalizzarono il povero Presley facendolo diventare il simbolo dell'oppressione bianca. L'Amministrazione universitaria, sottoposta a forti pressioni, riammise il reprobo, ma come in un perverso domino i dieci bianchi abbandonarono per protesta la squadra, decisione in seguito alla quale gli atleti neri del college minacciarono a loro volta il boicottaggio dell'attività sportiva. Una situazione ingestibile, che venne ridotta a un contrasto tra destra e liberali, bianchi e neri, razzisti e non. Cioè a quello che non era, perché si trattava di giganteschi nodi complessi che venivano al pettine e che nessun coach, AD, atleta o college avrebbe potuto sciogliere da solo.

Herrerias e Newell, cioè quello che a Michigan State aveva messo in squadra Ayala, finirono nel calderone, bollati come reazionari. Il 12 marzo, nonostante tutti i giocatori fossero tornati in campo, Pete si dimise dalla carica, seguito a un mese di distanza da Rene. Tra i due ci furono delle forti incomprensioni, superate solo quando tornò la calma dopo quel periodo terribile in cui Berkeley perse l'innocenza. Al termine di una deludente carriera a California Bob Presley fu scelto al numero 143 del draft NBA del 1969, poco prima di essere trovato incosciente con i polsi tagliuzzati in uno stordimento causato da dosi non omeopatiche di marijuana e sonniferi. Lo si vide in Belgio e nelle Filippine, nella Western Basketball League e nell'ABA, senza però mai trovare la pace in campo e fuori. Dopo un burrascoso divorzio con la moglie, bianca, nel marzo del 1975 si gettò dall'Hawthorne Bridge di Portland e a soli 29 anni morì annegato. Chissà, se qualcuno si fosse occupato davvero di lui invece di sfruttarlo come atleta o improbabile leader politico forse la tragedia si sarebbe potuta evitare.

Per dimenticare quei giorni del '68 a giugno Newell firmò il contratto che lo legava ai San Diego Rockets come General Manager. La squadra guidata da Elvin Hayes centrò i playoff a sorpresa, salvo poi crollare nella stagione successiva. Nel giugno del 1971 un gruppo di investitori di Houston acquisì la franchigia e la trasferì in Texas, dove Pete non l'avrebbe mai seguita per motivi familiari. Fece ugualmente in tempo a lasciare la propria impronta, scegliendo nel draft del 1970 Tomjanovich invece del problematico Maravich e pescando al secondo giro il piccolo grande uomo da Niagara, Calvin Murphy, che sarebbe diventato la faccia dei Rockets negli anni a venire. Nell'estate del 1972 arrivò la chiamata da un vecchio nemico, Fred Schaus, il suo avversario in panchina nella finale NCAA del 1959. Schaus lasciava la carica di GM dei Lakers per tornare ad allenare a Purdue e propose a Pete un incontro con l'allora proprietario giallo-viola Jack Kent Cooke. L'ex venditore di enciclopedie a domicilio si innamorò subito della multiforme intelligenza di Newell e gli affidò una franchigia reduce dal titolo del 1972, quello delle 33 vittorie consecutive. La sua prima stagione si concluse con una sconfitta in finale per 4-1 contro i New York Knicks di Red Holzman. Una sconfitta salutare, perché lo convinse che il basket si potesse giocare «the right way» anche tra i professionisti.

Se levi Frazier non c'è un solo giocatore che possa crearsi un tiro da solo. Tutti i giocatori dei Knicks erano altruisti, tutti sapevano passare e bloccare e giocavano le migliori rotazioni difensive che abbia mai visto. Era una gioia vederli declinare il concetto di squadra così bene. I Celtics si affidavano di più alle individualità, i Knicks invece creavano tiri con il movimento lontano dalla palla.

In quei Knicks giocava un certo Phil Jackson, lui pure fulminato da Holzman sulla via del gioco di squadra. Credo non sia un caso che ai Lakers il coach con lo Zen nel cuore utilizzasse una serie chiamata *reverse-action*, che segnalava sfregando le nocche una contro l'altra. Quella stessa *reverse-action* che, come abbiamo visto, è per bocca di Tex Winter alla base del *triple post offense*. Tutto si tiene, insomma, e non potrebbe essere altrimenti.

Nell'estate del 1975, per l'ennesima volta, Pete Newell fu al centro di un cambiamento epocale. Kareem Abdul-Jabbar aveva fatto capire che non sarebbe rimasto a Milwaukee e le uniche due destinazioni possibili erano la natia New York e Los Angeles, dove con la maglia di UCLA aveva riscritto il libro del college basketball. Con West e Wilt Chamberlain appena ritiratisi i Lakers erano alla ricerca del grande nome, e i giorni di Elmore Smith erano numerati. Anche Bill Walton veniva da UCLA però, e anche lui poteva essere disponibile dopo essersi alienato parecchie simpatie a Portland professandosi hippie. Mentre Cooke parlava con Portland, Newell battagliava con Wayne Embry, storico GM dei Bucks. Dopo sei settimane di tira e molla dall'Oregon arrivò la telefonata: lo scambio per

Walton si poteva fare, stava ai Lakers decidere se finalizzarlo o meno. Cinque minuti dopo un'altra telefonata, stavolta da Milwaukee: Wayne Embry si era deciso, Abdul-Jabbar era disponibile. Newell e l'avvocato di Cooke saltarono su un aereo per Denver, dove contemporaneamente faceva rotta anche Embry, in quegli appuntamenti a metà strada che nel mercato nostrano sono più umilmente ambientati negli Autogrill a ponte. Lo scambio venne finalizzato proprio in aerostazione: ai Bucks Smith, Brian Winters e due scelte che sarebbero diventate Dave Meyers e Junior Bridgeman, ai Lakers Walt Wesley e Abdul-Jabbar, che sarebbe stato decisivo nei titoli dell'80, '82, '85, '87 e '88.

Rispetto al furto perpetrato da Newell, la rapina di Via Osoppo pare la sottrazione di un lecca-lecca a un bambino, anche per l'abilità con cui riuscì a tenere lontani i Knicks. Di quel trionfo Pete avrebbe visto i frutti solo da spettatore, perché nel 1976 il suo contratto quadriennale non venne rinnovato nonostante la principesca offerta di Cooke. Ormai ne aveva abbastanza dell'ingombrante ego del proprietario, che contro il suo avviso contrario aveva scambiato Keith Erickson con il decrepito Connie Hawkins, confermato Lonnie Shelton invece di Kermit Washington e tagliato Bill Bridges, giocatore di cui aveva una stima illimitata. In quell'estate del 1976 Newell aveva deciso di ritirarsi dal basket dopo quarantadue anni di grandi successi e altrettanto grandi rinunce, ma gli stipendi non erano quelli di adesso. Con l'amata Florence malata, dannate sigarette, non c'era però verso che potesse pagare le spese ospedaliere per lei e sostenere i quattro figli senza un impiego. I Golden State Warriors proprio in quei giorni avevano vissuto la tragica scomparsa del loro GM Bob Feerick, stroncato da un infarto la mattina del draft. Il suo posto venne assegnato a Scotty Stirling, che subito chiamò come consulente l'uomo che aveva ammirato fin dai tempi di USF. Newell divenne il braccio destro del proprietario Franklin Mieuli verso la fine del 1977, quando il declino della franchigia era già irreversibile. Non fu lui a scambiare i due futuri milanesi Joe Barry Carroll e Rickey Brown per Parish e McHale, e nella scelta di Russell Cross invece di Clyde Drexler ebbe un ruolo marginale. Quando Mieuli passò la mano a Jim Fitzgerald Pete, ormai sistematosi, diede l'addio al basket attivo per poter seguire meglio la moglie e la sua incertissima salute. Nel 1984 Florence mancò dopo una lunga e penosa malattia, lasciando il marito da solo a contemplare una vita senza partite e trade.

Newell si immerse in un ritmo tambureggiante di viaggi e clinic, attaccandosi al basket per soffocare l'incolmabile mancanza della donna con cui aveva condiviso tutto. In un anno predicò pallacanestro in Spagna, Italia, Giappone, Israele, Thailandia e Taiwan, oltre a concentrarsi sul Big Man's Camp, un altro dei grandi progetti che si devono al suo genio. Tutto nacque per aiutare Kermit Washington, massiccia ala dalla piccola American University che cercava di trovare spazio nei Lakers post-Chamberlain. Nell'estate del 1976 un Washington disperato per l'incapacità di apprendere movimenti di post basso approcciò Newell timidamente, terrorizzato dall'idea di disturbarlo. Pete rimase invece favorevolmente impressionato dal fatto che un giocatore NBA ammettesse di avere un limite e chiedesse aiuto. Visto che i Lakers avevano messo una croce su Washington e a lui le sfide impossibili piacevano, il coach acconsentì a svolgere tre sedute settimanali con Kermit presso la palestra di Loyola Marymount, il college che aveva cambiato il nome dai tempi in cui difendeva come un ossesso per coach Needles. Kermit si portò come apprendista Kiki Vandeweghe, attuale vicepresident of basketball operations per la NBA e al tempo freshman a UCLA. Don Ford, biondone dei Lakers che poi avremmo visto a Torino tra l'81 e l'83, chiese se poteva unirsi, e la poca brigata, tre giocatori più Newell, fu definitivamente composta. Appuntamento alle 7 e 30 del mattino, prima delle gare di Summer League, perché la vita del lungo che vuole migliorare non può essere troppo beata.

Appena Washington arrivò in palestra Newell lo testò con l'intramontabile «Hands Up», ma dopo tre minuti il giocatore dei Lakers stramazzò a terra. «Prima della fine della cura arriverai a venti minuti» sibilò Pete terrorizzandolo, cosa che però avvenne puntualmente. Washington voleva diventare come Paul Silas e Newell lo mise sotto tre ore al giorno, nella ben nota convinzione che solo le ripetizioni permettano di meccanizzare i movimenti. La notizia che lì si lavorava duro ma bene cominciò a circolare, e giocatori come Elmore Smith, Gail Goodrich e Tom Abernethy (poi a Brescia con Riccardo Sales) chiesero di unirsi al gruppo. Smith dopo un paio di sessioni disse «voi siete matti» e non si fece più vedere. Vandeweghe invece riuscì a resistere, e ancora oggi benedice quegli allenamenti da incubo ascrivendo a loro il merito delle tredici stagioni NBA giocate, con due convocazioni per l'All Star Game e oltre cinque milioni guadagnati (sì, gli stipendi d'antan erano un po' diversi).

Washington intanto divenne uno dei migliori rimbalzisti della lega e lui pure arrivò a giocare un All Star Game dopo aver dimenticato l'infausto pugno a Tomjanovich del 1977. Loro due e gli altri partecipanti a quelle sedute cercarono in tutte le maniere di convincere Newell ad accettare dei soldi in cambio del suo tempo, ma il loro benefattore fu sempre irremovibile. Il suo lavoro dentro quella palestra spiegava il perché del fallimento come Athletic Director a California: quando uno è un insegnante dentro, non sarà mai un politico. Il vero insegnante ha un fuoco che arde dentro, un fuoco che scalda gli allievi che riescono a non bruciarsi al primo contatto. Wayne Cooper, Chris Dudley, Jerome Whitehead, Kevin Duckworth, Tyrone Hill sono alcuni dei tantissimi che debbono gran parte della carriera che hanno fatto al Big Man's Camp. Per capire perché sia avvenuto questo, dobbiamo ancora riportare le parole del grande saggio.

> Allenare e insegnare sono due cose diverse. Allenare non mi ha mai attirato più di tanto, mentre insegnare è sempre stata la mia passione. Con il Big Man's Camp sono diventato un insegnante migliore perché all'insegnamento ho dedicato tutto me stesso, e non più solo una parte come prima. Ho sempre utilizzato il metodo di spezzare quello che dovevo insegnare in concetti di 1 contro 1, 2 contro 2, 3 contro 3 e così via, e per far questo il Camp è perfetto. Ho cercato di far comprendere a giocatori che non erano mai stati coinvolti intellettualmente non solo il «come» delle cose, ma anche il loro «perché». Ho lavorato sul concetto che come c'è la mano forte c'è anche il piede forte, e bisogna lavorare su quello più debole. Troppi giocatori deci-

dono cosa fare prima di ricevere, mentre bisogna guardare il canestro appena ricevuta la palla, leggere la posizione del difensore e quindi regolarsi di conseguenza utilizzando la contromossa (*counter*) giusta. Io insegno a tenere la palla al livello del petto, perché abbassarla significa confessare al difensore la propria intenzione di partire in palleggio e tenerla alta impedisce invece di metterla per terra. Insegno a utilizzare l'arresto a un tempo per poter scegliere il perno e a prendere posizione senza spingere, usando la gamba per proteggersi. Solo così si migliora.

Se non vi siete innamorati del gioco in post basso di Bernard King i casi sono due: non lo avete mai visto giocare oppure avete litigato da piccoli con il basket e non avete mai più fatto pace. Bene, quella meraviglia di movimenti e gioco di piedi non esisteva prima che King, superati problemi gravissimi con droga e alcol, si mettesse nelle mani del mentore che ogni giocatore sogna di avere. Nel 1979 Pete Newell venne indotto nella Hall of Fame di Springfield, non come allenatore ma come «contributor». Il ritiro a soli 44 anni, con quattordici di carriera alle spalle, non gli dava infatti le quindici stagioni che lo stolido regolamento prevede per i coach. Senza quei caffè, quelle sigarette e quell'odio per l'adulazione oggi staremmo parlando del più grande di sempre, non c'è dubbio. Meglio così per i 250 giocatori NBA che hanno beneficiato della sua istruzione individuale alle Hawaii. Newell grazie al ritiro ha passato il muro dei 90 anni, e a 89 era ancora in campo a spiegare a un diciassettenne Andrew Bynum come mettere i piedi e dove tenere il pallone. Per lui i giocatori moderni erano sovra-allenati e sotto-istruiti per colpa di allenatori troppo attenti alla tattica e troppo poco ai fondamentali. L'ammirazione per la sua grandezza non deve impedirci di rilevare che questo è uno dei possibili angoli di visuale, non l'unico. Pete è stato un feroce critico dell'NBA degli anni Ottanta e di David Stern, e anche senza condividere per forza tutto quello che ha sostenuto nessuno ha mai potuto sminuirne l'autorevolezza e la credibilità.

Peter Francis Newell non è stato un uomo perfetto, per il semplice motivo che non ne vengono prodotti (per fortuna). È stato fermato dalla polizia per guida in stato di ubriachezza, ha perso partite e sbagliato decisioni, ha faticato ad andare al passo con i tempi e ha avuto una rivalità cruenta con John Wooden e altri avversari. Il che non toglie che sia stato davvero speciale, come ci ha spiegato il suo discepolo più fedele, Bobby Knight.

> Ho incontrato solo tre persone che conoscessero davvero il basket. Non le stronzate che si raccontano sul basket, ma la sua essenza. Queste tre persone sono Clair Bee, Henry Iba e Pete Newell, che è stato quello che ha capito il Gioco meglio di tutti perché vedeva le cose. Molti guardano giocare e non vedono nulla, lui è diverso.

Nel 1989, con i Lakers sotto 3-0 nella serie finale contro i Pistons, Jerry West non rinunciò a partecipare a una cena di beneficenza organizzata da Newell per raccogliere fondi a favore degli studenti meno abbienti. Quando fu il suo turno di parlare l'allora GM dei Lakers scoppiò in lacrime ricordando l'impatto che il coach aveva avuto su di lui nel momento forse più difficile della sua vita.

«Genio è una parola di cui si abusa, ma Pete lo è stato. Mi sono sentito toccato da una persona speciale, anche se pure di questo aggettivo si abusa, e lo ringrazio per essere stato il padre che non ho conosciuto abbastanza».

Gli ultimi tre anni di vita e di lotta contro un tumore Pete li ha passati a Rancho Santa Fe, a casa di Earl Shultz, riserva dei California Bears delle mitiche stagioni 1959 e 1960. Schultz e il figlio Roger avevano organizzato per il 17 novembre 2008, un lunedì, un'intervista con Jerry West e il suo biografo, Roland Lazenby. Newell voleva rendere l'ultimo omaggio a una mente superiore e inquieta come la sua, ma cinque minuti prima dell'arrivo di West si spense con grande dignità tra le braccia del figlio. «Non ne fanno più di persone come Pete – ha detto una volta Rene Herrerias – hanno buttato via lo stampo dopo di lui, come Winston Churchill è stato un esemplare unico». Speriamo che non sia vero ma temiamo che il piccolo Rene, che lo aveva maledetto mille volte per la durezza degli allenamenti e l'esigenza delle richieste, abbia proprio ragione. Perciò l'ultima parola va lasciata a quell'esemplare unico, prendendo a prestito le parole che scrisse per la conclusione di *Basketball Methods*. Grazie Coach, per sempre.

Il basket è uno sport in continua evoluzione, che continua a crescere e richiede di mantenere una mente aperta e flessibile. È importante accettare le idee altrui come perfezionare i propri metodi, perché non esiste un allenatore che possa arrivare a conoscere per intero il Gioco. Fare l'allenatore presenta una sfida unica, quella di poter influenzare i giovani e lasciare un'impressione duratura. È una grande opportunità e una ancor più grande responsabilità, più importante di tutte le conoscenze tecniche e tattiche. Ci sono certe cose che per fortuna saranno sempre uguali: il rapporto allenatore-giocatore, lo spirito di corpo, il valore del lavoro in allenamento. Quello che i coach non devono mai dimenticare è che il vero successo non viene dalle vittorie, ma dall'amicizia e dal rispetto che il loro lavoro riesce a generare.

INDICE DEI NOMI

I SAGGI

Margherita Hack (con Nicla Panciera), *In piena libertà e consapevolezza. Vivere e morire da laici*

Marcello Massimini, Giulio Tononi, *Nulla di più grande. Dalla veglia al sonno, dal coma al sogno. Il segreto della coscienza e la sua misura*

Don Andrea Gallo (con Maurizio Fantoni Minnella), *Io non mi arrendo*

Alberto Vacca, *Duce! Tu sei un Dio! Mussolini e il suo mito nelle lettere degli italiani*

Mario Avagliano, Marco Palmieri, *Di pura razza italiana. L'Italia «ariana» di fronte alle leggi razziali*

Stefano Lucchini, Raffaello Matarazzo, *La lezione di Obama. Come vincere le elezioni nell'era della politica 2.0*

Richard Jacob, Owen Thomas, *Come vivere con un pene enorme*

Andrea Branzi, *Una generazione esagerata*

Dario Morelli, *E Dio creò i media. Televisione, videogame, internet e religione*

Maurizio Blatto, *Mytunes. Come salvare il mondo, una canzone alla volta*

Flavio Tranquillo, *Altro tiro, altro giro, altro regalo. O anche di quando, come (e soprattutto perché) ho imparato ad amare il Gioco* (5ª ediz.)

Giacomo Magrograssi, *I giochi che giochiamo. Le insidie psicologiche che intossicano la nostra vita*

Robert Greene, *Le 48 leggi del potere*

Alessandro Gilioli, Guido Scorza, *Meglio se taci. Censure, ipocrisie e bugie sulla libertà di parola in Italia*

Edoardo Boncinelli, Galeazzo Sciarretta, *Homo faber. Storia dell'uomo artefice, dalla preistoria alle biotecnologie*
Marco Pastonesi, *Ovalia. Dizionario erotico del rugby*
Andrea Sceresini, Lorenzo Giroffi, *Ucraina – La guerra che non c'è*
Antonio Carlucci, *1992. L'anno che cambiò tutto*
Andrea Branzi, *Introduzione al design italiano. Una modernità incompleta*
Larry Bird, Earvin Magic Johnson, *Il basket eravamo noi* (2ª ediz.)
Bruno Ballardini, *ISIS. Il marketing dell'Apocalisse* (3ª ediz.)
Franco «Bifo» Berardi, *Heroes. Suicidio e omicidi di massa*
Marco Bellinazzo, *Goal Economy. Come la finanza globale ha trasformato il calcio* (2ª ediz.)
Joseph LeDoux, *Il cervello emotivo. Alle origini delle emozioni*
Carlo Spinelli, *Bistecche di formica e altre storie gastronomiche. Viaggio tra i cibi più assurdi del mondo*
Marco Palmieri, *L'ora solenne. Gli italiani e la guerra d'Etiopia*
Angelo Mastrandrea, *Lavoro senza padroni. Storie di operai che fanno rinascere imprese*
Mario Arceri, *La leggenda del basket* (2ª ediz.)
Dan Savage, *American Savage. L'amore rende liberi*
Vittorio Demicheli, Giulio Mossobrio, Luigi Narbone, *Contro la paura*
Greg Steinmetz, *Il creatore di Re*
Matteo Cruccu, *Ex. Storie di uomini dopo il calcio*
Flavio Tranquillo, *Basketball R-Evolution*

Stampato nel marzo 2016
per conto di Baldini&Castoldi s.r.l.
da Grafica Veneta S.p.A. - Trebaseleghe (PD)